U0942966

文化传播

Cultural Communication

2020. 总第6辑

北京航空航天大学人文与社会科学高等研究院／文化与艺术传播研究院

蔡劲松　主编

北京航空航天大学出版社

图书在版编目（CIP）数据

文化传播. 2020：总第6辑／蔡劲松主编. --北京：北京航空航天大学出版社，2020. 12

ISBN 978-7-5124-3390-8

Ⅰ. ①文… Ⅱ. ①蔡… Ⅲ. ①文化传播-丛刊 Ⅳ. ①G0-55

中国版本图书馆CIP数据核字（2020）第219600号

文化传播. 2020. 总第6辑

责任编辑：邓　彤
责任印制：秦　赟
出版发行：北京航空航天大学出版社
地　　址：北京市海淀区学院路37号（100191）
电　　话：010-82317023（编辑部）　010-82317024（发行部）
010-82316936（邮购部）
网　　址：http：//www. buaapress. com. cn
读者信箱：bhxszx@163. com
印　　刷：北京九州迅驰传媒文化有限公司
开　　本：710mm×1000mm　1/16
印　　张：17. 25
字　　数：274千字
版　　次：2020年12月第1版
印　　次：2020年12月第1次印刷
定　　价：58. 00元

如有印装质量问题，请与本社发行部联系调换
联系电话：010-82317024
版权所有　侵权必究

《文化传播》编辑委员会

主　　编　蔡劲松

编　　委（以姓氏拼音首字母为序）

蔡劲松（北京航空航天大学）
曹　莉（清华大学）
范　英（北京航空航天大学）
范　周（中国传媒大学）
方　铭（北京语言大学）
谷曙光（中国人民大学）
胡象明（北京航空航天大学）
李明德（西安交通大学）
李铁铮（北京林业大学）
李汉平（北京林业大学）
刘后滨（中国人民大学）
龙卫球（北京航空航天大学）
陆　地（北京大学）
沈湘平（北京师范大学）
沈旭昆（北京航空航天大学）
施　诚（首都师范大学）
田川流（山东艺术学院）
邢　文（达特茅斯学院）
张耀南（北京航空航天大学）
郑晓齐（北京航空航天大学）
周　星（北京师范大学）
朱　承（华东师范大学）

编辑部成员　王佳发　李　帅　刘建新

目　录

CONTENTS

前沿视点

经典与通识

学术观察

学园·书评

前沿视点

文化身份自信与文化交流的紧迫性

王岳川 *

【摘要】 当代中国需要以文化崛起作为持续发展力，在崛起中确立中国“文化自信”，确立中国“文化身份立场”重建的重要性，提升文化软实力，推进文化自信建设的文化使命。

【关键词】 大国崛起　文化身份　文化自信　文化交流

当代中国要真正实现“大国崛起”，不仅要以经济崛起作为支撑，更要以文化崛起作为持续发展力。这一历史的重大战略，无疑需要我们自身的文化身份自信和文化软实力的建设。

古希腊神庙廊柱上镌刻着一句神谕：重新认识你自己。如何重新为世界所认识，有赖于重新认识自我，重新发现有异于西方文化的中国文化——重新发现东方。我在20年前就提出“发现东方”这一跨文化跨国际理念，并于2002年出版著作《发现东方》，力图将中国文化的新世纪阐释传达给世界。事实证明，中国文化在海外有着广阔的前景和文化知音，那种全盘西化时代的历史一页，已经翻过去了，中西互相对话、互相倾听的时代已真正到来。

但由于冷战模式的对抗，中国崛起引起一些国家不安和担忧，“中国

---

* 王岳川，北京大学书法艺术研究所所长，北京大学中文系文论室主任，教授、博导，享受国务院特殊津贴专家。中国书法家协会理事兼教育委员会副主任，北京书法院副院长，国际书法家协会副主席。香港中国文化研究院院长，澳门大学人文学院客座教授，复旦大学等10所大学双聘教授。

威胁论”“中国分裂论”“修昔底德陷阱”式论调频频出现，“接触”“平衡”“围堵”“遏制”等对策，已经由潜在隐蔽变成越来越公开遏制对抗中国。究其深层原因，除了美国的西方中心主义霸权主义沉渣泛起以外，近代以来的中西文化交流中我们“拿来”大量西方文化，却没有对西方相应的文化交流。这导致对中国的正面诠释与充分说明一再被延误，导致无视、误读与曲解中国。因此，中国文化自信中的中国文化的身份确定以及发现东方非常迫切，势在必行！

一、在大国崛起中确立中国“文化自信”

在我看来，中国特色与西方的“三争文明”——人与人之间竞争，群体之间重斗争，国家之间多战争；中国特色意味着“三和文明”——家庭和睦，社会和谐，世界和平。强调合作共赢为核心的新型国际关系，从亲诚惠容、有容乃大、和谐相生中体悟到人类命运共同体意识，并引领世界走上和平的大道。

中国风格强调多元并生，和而不同；己所不欲，勿施于人；己欲立而立人，己欲达而达人。注重人类命运共同体意识，坚持和平、发展、合作、共赢思想，构建人类命运一荣俱荣、一毁俱毁的利益共同体。与此相联系的中国气派，则秉承大同世界、仁者爱人、四海之内皆兄弟的精神，将中国梦和世界各国的美好梦想相互连接，将亚太、欧洲、非洲多个经济圈连在一起，让人类远离战争、饥饿，感受和平幸福。

在当今动荡不安的世界中，必须指出的是，中华文化的优势在于：关注人本身，仁者爱人，和为贵，通过协调以减少纷争，但是需要人们具有普遍的道德自觉前提，不断修身提升自我。而西方文化的优势在于：法律条款可操作性强，但放任纷争使得这个世界自然生态和精神生活方面危机不断。中西各有文化优势，不能厚此薄彼。

近代以来，中国学界对中西方文化优劣的争论非常激烈，可谓言人人殊，但总体上看，严复比较偏于西方，钱穆比较偏于东方中国。

严复在中西比较中，对西方文化更加亲和，认为：中之人好古而忽今，西之人力今以胜古。中国最重三纲，而西人首明平等；中国亲亲，而西人尚贤；中国以孝治天下，而西人以公治天下；中国尊主，而西人隆民；中国多忌讳，而西人重讥评。其于财用也，中国重节流，而西人重开源；中国追淳朴，而西人求欢虞。其接物也，中国美谦屈，而西人多发舒；中国尚节文，而西人乐简易。

钱穆则更多地强调中国文化精神价值层面，认为，西方人看重部分，中国人则看重整体；西医重血、中医重气；西人重脑，中国人重心；西人重外力，中国人重内力；西人从商，中国人务农；西方学术分门别类、中国学术则道学一体；西方崇尚个人、中国则讲究人群之总体。

季羡林的观点则更具有中国的身份立场："东方的思维方式，东方文化的特点是综合；西方的思维，西方文化的特点是分析。……在西方，从伽利略以来的四百年中，西方的自然科学走的是一条分析的道路，越分越细，现在已经分析到层子（夸克），而且有人认为分析还没有到底，还能往下分。东方人则是综合思维方式，用哲学家的语言说即西方是一分为二，东方是合二而一。""西方是'头疼医头，脚疼医脚'，'只见树木，不见森林'；东方是'头痛医脚，脚痛医头'，'既见树木，又见森林'。说得再抽象一点：东方综合思维的特点是：整体观念，普遍联系；西方的分析思维模式正相反。"

在我看来：中国文化曾经滋养了西方文化，"四大发明"对西方影响深远：火药武器为西方市民用大炮轰开贵族城堡立下汗马功劳；造纸术、印刷术传入西方，文艺复兴才有可能；指南针传到西方，使得地理大发现成为可能。文化自信要看到历史上西方文化受中国文化影响巨大：西方文化受东方文化影响颇深，欧洲文明来自东方，希腊罗马文化的理性精神有着东方的痕迹；15 世纪末，拜占庭传来古希腊文献抄本，西人从神学蒙昧中醒来；中国印刷术的传入使得文艺复兴时期弘扬人文主义理想；孔子仁者爱人思想影响了文艺复兴的"人"的主题，赞扬人的伟大价值，重视人的尊严，成为西方人觉醒和高速发展的契机。当务之急，我们需重建文化自信，对传统文化有四重态度：首先，要看看我们几千年的文化，哪些需要坚决抛弃；其次，看看哪些文化变成了文明碎片，需要整合起来变成可以集中使用的"文化群"；再次，看看几千年的文化中，哪些是可以弘扬光大、有生命力的文化；最后，要看看哪些文化经过与西方思想碰撞以后变成新的文化形态，这些文化形态不仅滋养中国，甚至有可能变成世界的共识框架。

一般认为，中西文化各层面大致有以下几个区别：第一，文字造字方法，中国人以象形字为主，西方人则是拼音文字为主。学术界过去一直认为，拼音文字为高，现在这一偏颇获得纠正。国际上有一种看法认为，象形文字更具有具象思维特色，更成为后现代时期的一种文字思维和书写方法。第二，从欲望和满足的心理学角度看，中国大多通过节制自己的欲望和需求，来适应有限的资源。己所不欲勿施于人，君子喻于义，小人喻于利，等等。而西方则强调尽可能满足个体欲望，面对不断增长的欲望，需要对有限的资源进行尽可能地开发，以满足人的无限欲望。为了满足个体疯狂增长的欲望，不择手段，甚至垄断和战争就成为近代西方常见景观。因此，西方强调私人财产的唯智，但常常陷入利己主义之中；中国人强调仁者爱人，唯情，但是造成了开后门、裙带关系等各种不良社会关系，法制建设需要更漫长的时间。第三，西方崇尚“硬权力”而导致“三争文化”——极端的个人主义导致的“竞争”，极端的竞争导致残酷的“斗争”，恶性的斗争导致大面积“战争”。20 世纪两次世界大战都起于西方现代大国，无须多说。中国则是强调“软权力”的“三和文化”——对天下而言强调“不战而屈人之兵”的“和平”；对国内而言强调“和谐”，对家庭而言强调“和睦”。第四，从艺术美学角度看，中国画大开大阖，泼墨写意，气势如虹，中国书法大气盘旋笔歌墨舞；西方油画讲究的是人体比例和光学原理，呈现出中西方写意和写实的不同美学风格。西方强调真而美，中国强调善而美。中国人从先秦就强调“言志论”、“意境论”，艺术上采取“散点透视法”，注重在虚实相生中，勾画出无画处皆成妙境，其美学原则是“气”“神”“象”“骨”“味”“妙”“虚”。西方人从古希腊时就强调“模仿论”“冲突论”，强调悲剧与崇高的美学范畴。

无论如何，西方一方独大的时代、一方霸权的时代已经过去了。在新的大国形象建构和中国文化原则逐渐获得普世化价值的世界，我们要坚守中华文化的文化自信和精神价值立场，传承中华文化不可篡改基因，展现中华审美文化风范和特色。我认为：和平对话、双赢互动是唯一选择。面对中西迥然不同的两种文化，我们无须徒费精力去分辨哪一种文化更为优秀。在我看来，所有文化都各有所长，从而孕育了各自不同的文明。也各有自己的文化盲点，致使两种文化均需取长补短不断发展完善。但是，东方和谐和平文化精神可以遏制西方丛林法则的战争精神，用和谐文化减弱冲突文化的危害。在战争频仍而恐怖主义遍布世界的今天，在人类文化在西化主义中面临“单边主义”“霸权主义”的情态下，在人类精神生态出现价值空洞和生存意义丧失的危机中，在全球遭遇地缘战争威胁和核战爆发危机时，我们必得思考人类未来究竟应何去何从。

文化强国必须有“文化自信”。1993 年 8 月 24 日至 9 月 4 日在美国芝加哥举行的“世界宗教议会第二届大会”，6000 多名来自世界各地的宗教领袖出席会议，200 名与会代表经过广泛讨论，通过了《全球伦理宣言》。《宣言》从世界各大宗教和文化的道德准则中，提出了全人类都应当遵循的一项基本要求：“每个人都应受到符合人性的对待！”并以耶稣的名言“你们愿意人怎样待你们，你们也要怎样待人”和孔子的名言“己所不欲，勿施于人”作为支持。

笔者认为：中国在新世纪应当站起来传播自己的新文化理念：天人合一、生态美学；知行合一、注重实践；中和之美、不偏不倚；和而不同 、多元共生。这意味着：中国学界应该放弃那种文化失败主义和文化自卑主义，在中西对话与倾听文化之旅已然到来时，走和谐文化之旅！可以说，在中国崛起之后，需要一种跨国文化阐释的声音，一种来自学术团体具有广阔文化视野的声音，一种有着中西交流善良愿望的互体互用的声音。

二、中国“文化身份立场”重建的重要性

在错综复杂的当今新冷战语境下，须重视呈现中国文化身份，增强文化自信心。“文化身份”意味着某种文化只有通过自己文化身份的重新书写，才能确认自己真正的文化品格和文化精神。这种与他种文化相区别的身份认同，成为一个民族的集体无意识和精神向心力，也是拒斥文化霸权主义的前提条件。身份危机体现出一个时代的文化精神的总体危机。

“文化身份”有不同的理解角度：一种是本质论的，狭隘封闭；另一种是历史的，包容开放。前者将文化身份视为已经完成的事实，构造好了

的本质。后者将文化身份视为某种正被制造的东西，总是处在形成之中，从未完全结束。文化身份意味着一种文化只有通过自己文化身份的重新书写，才能确认自己真正的文化品格和文化精神。这种与他种文化相区别的身份认同，成为一个民族的集体无意识和精神向心力，也是拒斥文化霸权的前提条件。

文化身份是“他者”在自我文化的对照中出现的。对应着不同的被重组和建构的现实，今天很多人都不断地修改自己的文化身份。文化身份隐藏在社会的各种力量和抗争之中，由内部差异决定，如性别、种族、阶级、年龄、语言、绿色、和平、消费网络，以及存在价值等，都与文化身份紧密相关。同时，文化身份还同若干词语紧密相关，如“身份体系”“身份建构”“身份重建”“身份危机”“身份冲突”“身份认同”等。正如有些学者所认为的，身份尤其是文化身份，它使得一个人、一个群体、一个民族或一国人民和“他人”“他群”“他民族”“他国人民”区别开来，不仅是生存的地域，还有很多其他因素。

文化身份是从儿童身份或者从童年的记忆开始形成的。一个人在家庭、学校、社会中，逐渐形成自己具有民族烙印的感觉方式、思维方式、行为方式，当其成长起来成为民族话语的担当者时，他的民族身份就成为显意识。他在本民族文化共同体中，在参与社会的物质生产和精神生产的过程中，形成了统一的文化意识。这样，无论他走到天涯海角或任何一个国家，都无法放弃自己的集体意识和母语经验。

另外，还有一种在本国内相对于其他民族的群体身份，这种地方区域性的群体身份认同，具有本地语言文化特性。这种群体身份从属于国家文化身份认同，和自我身份一样，它包括价值观念和价值体系。一个人要拿起笔来写作并通过这种写作传达自己的思想，从这种思想中传达出这个民族对世界进程的看法，它就必然包含着价值观念和价值体系。于是它的伦理原则、世界观、人生观、个人的理想、宗教信仰都成为其价值体系的核心部分，也是其文化身份的核心部分。还有他的生活方式，他在西方的时候，生活方式有可能全部西化。也有可能保持了中国的传统习惯、衣食住行、饮食习惯、居住方式和交通方式，这些只要些微的区别就可以看出来。

立足于“发现东方”是中国学者的使命，但并不意味着不再关注西方。仅仅“发现”还是不够的，还当有“发现”生命内核以后的“文化互动”式对话。西方是一个强大的他者，是中国学者做学问的一个巨大语境，所以要去不断地关注和“拿来”。“拿来”仍是几个世纪之内中国学者的任务之一，但任务的核心是开始自己说话。只有这样的双向互动，才能增加东西方两个世界的接触。阿兰·佩雷菲特曾经说过一段沉痛的话：“如果这两个世界能增加他们间的接触，能互相吸取对方最为成功的经验；如果那个早于别国几个世纪发明了印刷与造纸、指南针与舵、炸药与火器的国家，同那个驯服了蒸汽并即将驾驭电力的国家把他们的发现结合起来，那么中国人与欧洲人之间的文化交流必将使双方都取得飞速的进步，那将是一场什么样的文化革命呀?”那种自我保守的僵化，或者自我虚无的殖民心态都已经过时。需要的只能是开窗（拿来）和开门（输出），才能使那种所谓“聋子对话”的时代成为过去。

可以说，东方文化身份表明了中国立场的正当性。当务之急在于文化身份的确立，即在重视经济发展的同时重视中国文化的整体性发展。如果中国经济日益发达，而文化却不断萎缩，必然会因经济和文化发展不平衡而导致结构性内耗。因此，今天需要全面振兴传统文化和创造新文化，为了减少东西方之间的“文化误读”，需要坚持文化的可持续“输出”，从而形成文化和经济均衡发展。在全球化中抵制一体化神话，彰显东方文化身份，重申中国文化立场，是实现中国梦的重要步骤！

当前中国经济日益崛起，已经成为全球第二大经济体，但是经济并不能决定一切。历史表明，富起来往往成为战争导火索：南宋以来，中国是世界 GDP 最高的国家，一直到清朝中叶中国的经济占了世界的三分之一。但是富国不等于大国，大国不等于强国，强国不等于霸权之国。南宋的 GDP 虽然很高，但是却被元朝灭亡了；明朝的 GDP 也很高，但是被清朝灭了；康乾盛世以后中国的 GDP 一度很高，但不久就被英国打败，并且是败仗不断。一个富国在丛林法则的狼群战术中是更危险的，一个真正击不败、打不垮的民族，必定是精神的强者，而不仅仅只有财富盈门。

中国今天的文化软实力如果上升到国策并落实到微观的战略实施中，中国的文化气象将在复兴之后而获更新。“发现东方、文化交流”，应该说从文化的意义已上升到与时俱进的时代意义。“攻心为上，攻城为下”，今天的国泰民安，仅仅靠军事、靠技术、靠经济是不够的。有史为鉴，秦始皇奉行法家吞并六国，秦朝却仅 15 年就走向灭亡。汉朝独尊儒术，延续了四百年。我们不能忘了“武能平天下，文亦安邦”的祖训，所以，富国要走向强国，前提是必须创新，要有民族精神和文化自信。

在我看来，一个国家在经济振兴和强大的同时，文化建设变得空前关键。从经济到文化的崛起是一个国家发展的重要战略。只有经济和文化同时振兴，人文科学和自然科学同时并重，才能不断增强民族文化凝聚力，创造有价值的新思想新体系，其大国形象才能春风化雨般和谐服人。最近十年是中国全面认真制定文化交流和发展的时代。如果中国失去了这个机会，被动挨打就在所难免。因为国际不允许一个重经济和重军事的中国崛起，只允许重文化中国的崛起。此时，中国要有自己的文化自觉，去发现自己，发现自己在世界中的位置。但发现是困难的，因为要认识一个熟悉而陌生的自我。

中国文化可持续发展，关系到大国未来。前沿学术对话可呈现当代中国思想变迁踪迹：无论是从经济上清理跨国资本运作与文化霸权的关系，还是从文化上看数码复制时代的精神世俗化、平面化问题；无论是厘清美国全球化时代正在走向衰竭，还是提出应该尊重中国在亚洲具有的独特文化意义——东亚的现代性中价值观与信仰，都意在强调西方必须重视中国声音，我们不能再让享乐主义和消费主义败坏国家精神。

一旦有了文化自信之后，如何将文化责任意识和历史使命意识落到实处，怎样才能实现我们的文化强国之梦，不仅需要国家进行文化战略的顶层设计，也需要社会各层面的鼎力支持，更需要民众个体的亲力亲为。知行合一方为正途。思想意识必须转化为行动实践，我们的文化软实力才能落到实处。中国今天的文化软实力如果上升到国策并落实到微观的战略实施中，中国的文化气象则将在复兴之后而获更新。所谓的知行合一，要靠坚忍不拔的毅力往前推进，在行动中排万难而不断地坚持下去。我们的文化思想应该从空泛、空谈中超越出来，从纯粹知识考据中挣脱出来，去审视现实急需解决的问题，去关注生存所面临的危机。

对我们这个民族而言，首先要强调的与其说是“理论思维能力”，毋宁说是“独立思想能力”。思想能力是重要的，但行动的能力、实践的能力、落实和贯彻的能力也同样重要。中国当代的思想家，不缺乏喧嚣与热闹，缺乏的是冷静与凝思和积极的、富有成效的行动——确定文化身份立场态度和文化交流工作，殊为重要。

在当今，“全球化”与“现代化”是中国的重要现实语境。当前，作为世界第二大经济体，我们的“经济资本”已经日益强大，我们的“文化资本”却不容乐观。文化资本和象征资本严重滞后于经济资本的提升，而后者才是一个国家成为强国形象、能真正服众的辨认标记。一个世纪以来过分的崇洋西化，使得中国自身的文化身份出现了辨识危机，在西方强大的话语压力下、在对传统的虚无的批判中，将传统变成一堆垃圾。一种文化没有了存在地基和精神之根，就失去了向心力和亲和力。

随着中国综合国力的增强，中国的国际地位显著提升，进入新世纪“文化中国”的时代，即注重在国际事务中展示东方文化的独特思维方式，将文化命运和中国的命运联系起来，进而将文化中国的命运和整个世界的最新发展联系在一起。在新世纪的国际化与平台上，我们应该抓住时机重塑有独特魅力的中国形象。

三、提升文化软实力　促进文化交流战略

21 世纪已经过去了 20 年，伴随着全球化浪潮的风起云涌，文化已成为民族、国家持久发展的新动力，也成为最引人瞩目的国际话题之一。人们更加趋同于这样的共识：越是世界化，越需要民族化；越是现代化，越需要多样化；越是科技化，越需要人文化；越是经济全球化，越需要文化本土化。文化是人类的生活方式，是民族个性的表征。一个人没有文化就会轻飘飘，一个国家不重视本国文化则会危机四伏，一个民族如果文化沉沦而削弱文化软实力，其处境将极其危险。

大国形象包含四重形象：经济形象、政治形象、军事形象、文化形象。中国形象中的经济形象是辉煌的，政治形象正在赢得越来越多的国家信任，军事形象也正在崛起和获得认同，但是文化形象却处于不利之境。可以说，大幅提升中国文化软实力，强化东方强国的文化软实力，迫在

眉睫。

东亚各国对中国18世纪以前的文化佩服之至，但是对20世纪以后的文化却充满隔膜，有意误读甚至敌视。为什么近些年来亚洲国家会出现诸多的文化争端？其重要原因是在全球化语境中，各国文化的发展必须求诸己身，进而是各地、各国文化自觉的表征，也是各地各国开始认识到文化力量之后有意识的自觉行为。现在许多国家除了经济方面的争端，还在打文化仗。于是，不仅是在经济上、政治上争大国话语权，而且在文化上争首发权成为亚洲文化的新动向。实际上，全球化中的“文化争端”是“文化冲突”的先兆。

这些年来，中国遭遇的东海、南海危机、台海危机，表面上是美欧国家搅局中国海洋，使得领土争端和资源争夺问题日益复杂化。而深层原因，是整个东亚“去中国化”倾向加速，进而抑制中国崛起，用“美国文化圈”取代“汉字文化圈”。南海一些国家唯美国马首是瞻，因此，我们只有“再中国化”和“重建汉字文化圈”，诸多问题才能逐渐明朗并良性解决。在世界宗教激进主义倾向日益抬头，美国走上霸凌主义老路的危险时刻，我们既不能走狭隘的民族主义道路，也不能走抄袭西化的道路，只能在宽容中和、立己达人中走以中国自身为主、吸收世界优秀文化、守正创新的“文化强国路”。发现东方，意味着强国文化身份重建与中国文化复兴紧密相关。同时还意味着，中国文化守正创新是国家综合实力提升的重要标志，也是推动世界自然生态和精神生态和谐均衡发展的基本保证。

面对文化争端，我们面临的首先是一个增强民族文化凝聚力、增进文化自信的问题。只有经济和文化同时振兴，人文科学和自然科学同时重视，才可不断输出中国有价值的新思想。中国文化历经冲击而不崩溃，就是因为中华文化的根本精神就是吐纳吸收，自我创新，有一个大胃口，能容纳古今中西各种东西。今天当务之急要做的是“发现东方”的工程，就是要考察中国文化哪些部分已经死亡了或永远死亡了？哪些部分变成博物馆的文化而只具有考古学的意义？哪些部分变成文明的断片可以加以整合到今天的生活中？还有哪些文化可以发掘出来，变成对西方一言独霸的一种补充、一种对西方的质疑和对话？当然，“发现东方”是要发现经过现代化洗礼的东方，不是要怀旧，也不是要退守，更不是张扬狭隘的民族主义，而是要将中国当代新问题在整个世界范围内的新框架中重新提出，并重新去解读中国传统文化的诗性哲学和独特理论。

可以说，西方对东方现代性的垄断将随着中国全面崛起消逝，在国家软实力和硬实力同步发展的不久的将来，人类将反省一个世纪以来的“东方西方化过程”，而开始“西方东方化”的和平过程。即用中国的“三和文明”对话或取代西方的“三争文明”。中国崛起不是中国越来越像西方，而可能是西方世界开始吸收中国的经验智慧。

作为正在崛起的大国需要广泛的文化交流，以避免文化冲突升级而导致文化战争，并在国内学术界和国际文化领域寻求双重对话，将20世纪的“全盘西化”转化为21世纪“中西互体互用”。东方和谐和平文化精神可以避免西方丛林法则的争斗，用和谐文化减弱文化冲突的危害。在战争频仍而恐怖主义遍布世界的今天，在人类文化在西化主义中面临“单边主义”“霸权主义”的情态下，在人类精神生态出现价值空洞和生存意义丧失的危机中，在全球遭遇地缘战争威胁和核战爆发危机时，我们必得思考人类未来究竟应何去何从。作为东方大国应该深思，中国文化应该怎样创新，并站在人类思想的高度来思考人类未来走向，文化创新和超越应该成为新世纪的人类文化精神坐标。东方文化守正创新必然使西方文化单边主义和军事霸权主义遭到质疑并走向终结。

古今历史证明，中国文化从来不是高势位地征服别人。文化是一种对等交流的东西，近代中国科技和制度一度落后，并不意味着中国的文化精神和思想学术就一无是处。中国文化作为中国思想中精微的部分，能承载21世纪独特的中国本土精神，并可对人类未来发展尽一份文化重建之功。中国在努力学习西方科技现代化的同时，应该从一个世纪的“文化盲视主义”进入当代中国“文化发现主义”的精神自觉层面，文化创新变得非常重要。

文化创新的主要障碍之一是妄自菲薄，这是对内而言。对外而言，中国文化形象模糊不清，甚至危险可怖。内部的虚空与外部的游移不定是中国最大的文化安全问题。文化创新是要培育一片生态世界，阳光与雨露、内部的协调和团结、外部的蒸蒸朝气是中国文化健康发展的必要保证。新的文明时代将是一个后传统的时代。传统文化中的精髓，比如和合文化等观念依然对这个世界产生重要的作用。中国的文化创新也必将迎来一个崭新的开始。随着太空文明时代的逐步发展，随着文化世界观的逐步拓展，中国文化艺术将走向健康的发展道路，从体系创新、范畴创新到文化创新，时代给中国的最大的使命就是建构中国文化精神和重塑中国形象。

我们处在一个伟大的变革时代，时代给了中华文明以新的机遇。我们应该抓住机遇，以大文化视角审视当前世界文化的“游戏规则”，探讨中国文化主动参与“游戏”的可能性，同时也不放弃对规则的修改权。《礼记·中庸》有言曰：“凡事预则立，不预则废。”文化事业要发展，文化交流须先行，被动应对绝对不行。

有人认为，西方没有文化输出而风行天下。这种说法是不负责任的。我认为，在福柯和德里达之后，任何所谓的历史必然性都应该接受我们的质疑，西方真的没有进行有意的文化输出吗？他们的文化是自然而然地被全球认同的吗？我认为不是这样，任何既定的结构和中心都是人类行为的后果。西方文化在全球的被接受也有一个漫长的过程，也是西方人自觉地文化输出达到的结果。至于第三世界国家能否进行优质的文化交流，这涉及经济实力与文化之间的关系问题。我认为，文化交流与国家的经济实力之间是有联系的，但后者并不是文化交流的决定性因素，事实上甚至在西方国家的综合国力赶超中国之前，他们的文化输出就开始了。可以说，在现代以前，文化输出已经存在。

英国在成为日不落帝国的同时，也将英国文化、语言、价值观念、生活方式甚至文学艺术渗透到了帝国势力所能达到的每一个角落。在殖民地，英国通过殖民教育培养了一批本土的英语精英阶层，时至今日英语也是许多国家的官方语言。文化扩张成为英国政治扩张的重要支柱。法国则从路易十三时代起，就将文化称霸与称霸等量齐观。法兰西优雅的礼仪与文质彬彬的气质，使其成为欧洲风尚的准则。1635 年路易十三时期的首相黎塞留创立了法兰西学院，其目的就是保卫和弘扬法兰西语言和文化。法国对文化推广工作的高度重视，使法语在 18 世纪成为欧洲上层社会的语言，无形中又强化了法国作为“文明标准”的国家文化形象。

在实践层面上，我认为文化传播机制是一个大问题。美国文化借助全球化的契机传播到世界每一个角落，可口可乐、麦当劳、微软、美国大片几乎无孔不入，而亚非拉的原生态文化丧失了抵抗能力，只能逐渐边缘化或者被改造；非但如此，在WTO、世界卫生组织、世界银行等国际组织，奉行的法律依据和程序也几乎是美国法律的翻版。有意无意之间，美国文化的逻辑已经改造了人类的思维、情感、认同、审美、交往甚至家庭生活。美国用“三片文化”——薯片、芯片、大片——征服了世界。这“三片”在IT界、媒体界、影视界无疑是一场革命，是美国在全球做大的一个模式，包括它的文化输出，都是大规模的。从1996年开始，美国的文化产业已经超过航空、重工业等传统领域，成为美国最大的出口产业。美国的文化产业已经占美国GDP的25%左右。这一点就可以说明，美国花了多大力气来做全球文化洗脑和大规模宣传。

与美国相比，迄今为止，我国的文化产值所占GDP的比重还很小。在这种情况下，中国的文化传播应该有一批人来做。而且，中国的文化教育应该重新制定，制定大国20年文化发展方略和方案。我相信，随着国家文化体制改革的深入开展，局面会有所改观。

四、文化自信的使命：“传播中国文化”

韩国从新世纪开始从废除汉字转向恢复使用汉字，并在中小学推行1800个汉字教育；日本在“脱亚入欧”的喧嚣后让日本学生重新开始学习汉语，每年都有数万日本学生接受汉字水平考试；越南与中国的边贸十分火热，汉语成为与英语同样的热门外语；新加坡政府近些年来引导民众“讲华语运动”，新一代华人使用普通话的现象日益普遍。可以说，新一轮的汉语热，说明了中国周边国家对中国未来的信心，中国的发展将带动周边东亚国家的发展。

这些仅仅是再中国化的表面现象，实际上，再中国化仍然需要做出深度的分析。表面的中国文化很简单，无非是学习汉语，练习书法，记忆一些中国的历史、文化知识这种中国文化是表层的，也是元素化的，不是整体性，但这一层次具有不可忽视的重要性。因为这些元素虽然呈现断片化，但对一个人的影响却是潜移默化的。也许某个外国人看到一个汉字就萌发了对中国文化的由衷热爱；一上来就强行灌输中国文化有多好有多美，那无疑是拒人于千里之外的。

再往上是传播中国文化的中层模式，中国文化成为日常生活准则，比如礼仪文化、孝顺父母、尊老爱幼等等。其实，这些传统美德离我们越来越远了。见义勇为，却被诬陷。施以爱心，却被欺骗。曾经有学者疾呼人文精神失落了，其实这恰恰是传统文化精神失落的表现。传统的道德、道义观念并没有深入人心，肆无忌惮地为所欲为、贪污腐败，这些是传统中国道德精神所颂扬的吗？这世界还有谦谦君子吗？还有淡泊名利的老庄精神吗？还有“先天下之忧而忧，后天下之乐而乐”的士大夫精神吗？

最后，传播中国文化的高层模式——中国文化的理念与精神。其实，中层模式就已经触及这个问题了。秉有中国文化的理念与精神的人，就是传统的中国文人、君子乃至圣人。秉承中国文化的理念与精神的国家，就是和平的国家，尽管并没有真正实现。

元素化的中国文化、生活的中国文化、精神的中国文化，是中国文化的三个层次。对文化中国的外围而言，它们多停留在元素的中国文化上，有可能抵达中层和高层模式。但是，中国文化并非灵丹妙药、法力无边，仍然要对它有审慎的反思：中国文化的中国究竟是哪个中国？可以说，中国文化充满着巨大的文化空间和思想空间，并没有一个绝对的、抽象的、完美的中国存在在那里，让我们高枕无忧地随取随用。

当代中国的一些食洋不化的全盘西化者，无视中国崛起的事实，坚持西方的月亮比中国圆。这种后殖民心态使得他们将自己的姓名改成洋名，对坚持中国文化创新的学者加以打压，听到“中国元素”就指责为封建保守，见到“中国经验”就称为民族主义，谁提出“中国文化身份”就给谁扣上“文化保守主义”的帽子，如此种种，不一而足。这种文化虚无主义与文化失败主义的情结与“去中国化”的逻辑，具有内在一致性。

中国作为一个大国是历史选择的，不是谁想成为大国就成为大国的，而是基于各类物质和文化的条件的。没有一定的国土、人口、经济、历史、文化做保证，成为大国是不可能的。而具备了相应的国土、人口、经济、历史、文化，不想成为大国也不可能。作为被历史所赋予的大国，中国究竟路在何方？值得任何一个中国人去思考。

未来世界中国文化何处去这一重大问题，不仅涉及中国的和平发展，也关系到整个世界的和谐发展。近代中国文化发展，遭遇到西方霸权话语的“合法性”暴力，他们制订政治尺度和文化条约，我们只能遵守执行。一手拿枪一手拿《圣经》的西方征服者，通过战争获得了西方文化话语的高势位，迫使中国文化全面失效，并一直游离在世界文化话语规则制定的边缘。当今，国际间的经济、技术、军事竞争正显现为“文化竞争”，或者说那种可见的国力“硬实力”竞争，已逐渐被更隐蔽的文化“软实力”竞争所遮掩，这无疑是国际文化未来的大格局。对此，我们不可不察！应该把国家战略的建构和文化外交方略的制定联系起来，在可持续的文化发展和精神生态平衡中，将东方文化的和谐精神不断播撒向整个世界，在中国文化的世界化进程中，使中国文化整体创新成果世界化，成为人类不可或缺的精神元素。

因此，中国需要重新认识自己在世界文化中的位置，意识到中国不应该满足于人类物质生产加工厂的地位，也不应该基于若干个人财富积累走一条非可持续发展道路。我们应通过提升个体的文化修为，促使民族文化逐渐走向自觉、自信、从容、高迈，不再渴望中国文化走向“西化”，而是渴望中国文化获得新能量和大发展，成为真正的大国文化，进而提升人类内在新境界。

中国文化的伟大历史使命是：完成从一个世纪的“拿来主义”之后的文化交流。在文化对象、文化接受方式、文化传播机制、文化价值功能都产生转变的时代，真正的思想文化前沿践行者，当通过自己的思考，为新世纪中国文化实践和理论的自我创新和传播，提供坚实的文化观念和价值重建地基。文化传播并不是宣扬民族主义，而是相信多民族文化可以并存而不相害。历史上有过多次“中国文化热”，在可持续的文化传播与交流以后，明天或许会再次出现。未来的亚洲将有 50 亿人口，占整个人类的一半，不断腾飞的经济和和谐安康的生活显示了文化的向心力。中国作为一个东方大国，应该在欣赏西方优秀文化乃至人类优秀文化的同时，去思考随着中国经济崛起，如何发展才能让文化创新与传播成为国家“软实力”快速增强的精神基础。

一个明智的领导集团在“中国威胁论”“中国崩溃论”“中西对抗轮”的噪音中，应该有魄力和眼光来参与调整世界文明进程。在西方将中国作为对手的关键时代，我们强调和平共处，更应建立中国文化可持续发展的战略。

中国新诗形式探讨

乔延凤*

【摘要】 本文从新诗形式的美学研究、坚持新诗形式的规范与诗体多样性运用原则、中国新诗新体的美学探讨、形成诗界统一诗体认知的几个共识等维度，就中国新诗诗体形式的形成及发展进行分析探讨。

【关键词】 新诗　诗体　规范性　多样性　美学探讨

中国新诗自诞生初，关于其形式的探讨，就一直没有停止过。

初期的粗粝，含有草创之美，也有不美的一面：失去规范，缺乏应有的约束，抒写只剩自由，渐离诗质，与社会、读者疏远，失去了它的社会存在空间。

今天这一问题已越来越引起诗界、理论界的关注。

新诗新形式的尝试，前人已有过不少努力：郭沫若将惠特曼式抒写与中国诗融合，闻一多提出“音乐美、绘画美、建筑美”三美主张，李季用二行民歌体写《王贵与李香香》，阮章竞用四行一节体写《漳河水》，绿原融入剧情的《叫卖》，徐志摩《再别康桥》、戴望舒《雨巷》等的新诗音乐性、形式美尝试，以及后来马雅可夫斯基式台阶诗体的移用等等，都在新诗形式、音乐性上做了探索；而穆旦等九叶派则融入现代技法，毛泽东更是直接将旧体形式进行现代再造，抒写现代内涵……本文将就此问题

* 乔延凤，中国作家协会会员，国家一级作家，《诗歌报月刊》原主编。长期从事文学创作、编辑出版及在安徽大学、合肥师范学院等高校从事教学工作。

进行一些探讨，重点谈诗体的规范与多样性运用，以推动中国新诗诗体形式的形成与逐渐走向成熟。

一、新诗形式的美学研究

诗体形式的美学研究，究竟涵盖哪些内容？

从不同的视角，会产生不同的理解。

形式上有自然之美、对称之美，二者是对立的统一，皆指向诗歌形式的和谐之美。

1. 不僵守形式合乎自然之美

中国的山水园林，多讲究自然美；西方的山水园林，多讲究几何对称。

其实，诗歌形式有似于此，闻一多的“建筑美”，即与此相关，而二者之间又是相统一的，皆指向和谐之美。

自然、对称，二者同时影响着诗歌的形式。

它们是辩证的统一，这与诗歌的内容（包括情感）密切相关。这就要求，讲究形式，又要不僵守形式。

我们不妨试读一下陈子昂的《登幽州台歌》：

> 前不见古人，
> 后不见来者。
> 念天地之悠悠，
> 独怆然而涕下！

把它变成全五言：前不见古人，后不见来者。念天地悠悠，独怆然涕下！

形式上守住了五言体，二者所表达的情感并不完全一样。全五言形式，是个约束；放开来，就是自然美。

古今许多大诗人皆明白这个道理。他们的诗，约束有度，自然从容，从不以形式害意。

艾青提倡散文美，其用意也出于诗要自然表达。

《红楼梦》里香菱学诗一节，黛玉告诉她："若是果有了奇句，连平仄虚实不对都使得的。"讲的也是这个道理。

形式与内容不可截然分开，二者之间是化生关系，在诗歌创作的过程中，客观外物主体化，主观精神客体化，内容与形式就已经融合在一起、不可分了。

细细读读陈子昂这首诗，就会发现，有"之""而"，与无"之""而"，读出来的感情不一样；而感情实际上是诗的内容，形式与内容分不开。

规范成五言体，守了五言形式，就失去自然天成了；失去了形式的可变性、多样性，只僵守形式，不利于诗人的精神创造，这首诗就是个明证。

2. 诗体规范与多样性运用相统一，一部诗歌史就是如此

诗歌史上，诗体规范与多样性运用相统一，普遍存在。

诗人创造性的精神劳作，需要诗体规范与运用的多样性相统一。

诗体一经产生，便有了相对的独立性，便于诗人们用于多样体式的创作。

中国源远流长的诗歌，为诗人们的精神劳作，提供了众多的诗体形式。旧体还活着，新体就产生了。

旧体新化，就是通例。旧体不仅可以写旧内容，亦可以容纳新内容。

《毛泽东诗词》已经产生了广泛的世界性影响。

他是个通古今之变的人，他改造、运用的就是中国古典诗词的旧形式，直接把旧形式与现代性相融合。

据统计，截至20世纪末，国外"已经出售的毛泽东诗词达7500万册，完全比得上有史以来所有用英语写作的诗人的诗集的总和"，与一些自我标榜的"现代诗人"相比，真是"桃李无言，下自成蹊"。南京大屠杀国家公祭仪式上集体诵读的《和平宣言》一诗，作者冯亦同，用的是四言体，中国诗歌源头的四言体与现代内涵、表达相融合了。这些，都说明

了诗体的相对独立性，以及诗人改造、运用多种诗体形式的客观性和重要性。

试图用某一种形式来一统天下，往往是由于忽视了诗歌史上这种诗体运用的客观规律。

中国历代的大诗人皆各体兼备，运用自如，非如此不能适应他们的创造性精神劳作。

屈原的《离骚》《天问》《国殇》《涉江》，长短兼备，《离骚》《天问》皆成大气象；两汉梁鸿的《五噫歌》，将《诗经》《楚辞》的语言形式杂糅，创造出了新的表达强烈感情的诗形式；汉乐府《上邪》，短短几句，二、三、四、五、六言都有，呼天抢地，震天动地；李白的《蜀道难》《将进酒》《战城南》《宣州谢朓楼饯别校书叔云》及乐府《杂曲歌辞》，三、五、七、九言全用到；杜甫《自京赴奉先县咏怀五百字》《茅屋为秋风所破歌》，各形式都运用自如；白居易的《琵琶行》《长恨歌》《卖炭翁》，《大林寺桃花》，各体兼备；苏轼诗、词、曲、歌、赋，样样精通；柳永、姜夔等，不仅精通词谱形式，尤以自度曲的形式，独步词创作的新形式；曹雪芹的《红楼梦》，诗、词、曲、诔、铭、赋，涵盖各体；郭沫若的《湘累》《棠棣之花》《凤凰涅槃》《立在地球边上放号》，长短、诗剧皆有；艾青的《古罗马的大斗技场》《光的赞歌》《礁石》《鱼化石》，长短皆有；毛泽东的《沁园春·雪》、七律《长征》《解放军占领南京》《送瘟神二首》，大气磅礴。除此之外，他还有含民歌体的《八连颂》……守大体，又随心而用，这是通则，如此方能自由创造，纵横恣肆。

二、坚持中国新诗形式的规范与诗体多样性运用的原则

我们坚持新诗形式的规范，就是要建立新诗应有的体式约束，避免新诗失范而自由泛滥，渐渐地脱离诗质，与社会、读者疏远，失去它应有的存在空间。

吕进先生提出多建诗体的主张，是开放性的，有远见的，符合当今莫

衷一是的诗坛现状。可以以此逐渐形成大家的共识，为新诗体的诞生营造出良好的氛围和生态环境。

诗友们对多建诗体也有着浓厚的兴趣。

我为凝聚诗心，形成共识，为新诗新形式的诞生，做了一些努力，主持了两个诗歌平台的点评工作。从诗友们写的作品中，看到了不少创新的诗形式：

如乌篷船平台出现的，就有一二一、一四四一、双三一三、三四五、三三三体等形式（常见的两行、自由体未包括在内）。

试举几例：

（湖南）刘年《青稞颂》（一二一）

晒黄了贝叶经的阳光，晒黄了青稞

刚刚在拉路寺礼佛的女人
回到白龙江的左岸，又向青稞躬下了身子

收割的女人，独自散发着十亩的金光

（湖南）高宏标《乌篷船》（一四四一）

应该是在画里

那些静止的水，还保持着原始的冲动
倒影模糊了群山
两岸的花瞬间怒放，我看见的火焰　在河中舞蹈
穿蓑衣的老者 一辈子，等待一条鱼 像只鸬鹚一样

河流经过之地，乌篷船无法抵达
先祖依靠水和土地，繁衍稻谷、麦子和遗训

我手中那些柔软的水草
治疗隐隐作痛的乡愁，像一剂中药

我想摘下面具，回家，回到摇晃的乌篷船

（湖北）莲叶《乌篷船》（双三一三）

我六岁。顶多六岁半
我坐的乌篷船
篷是半圆形的，颇有点透明

临近小满。如果春天走得慢一点就好了

夜间睡在船舱中，听水声橹声
以及乡间的犬吠鸡鸣
也都很有意思

船已走远。但菩萨一直在
在温柔的星空下
我们随流水迁徙

月光在我额头移动着指尖

我从未想要，获得什么
但真切的流逝
正透过乌篷船的明瓦靠近饮水的月亮

（北京）聂权《流浪儿》（三四五）

用粉笔

在水泥地上
画一个妈妈

然后蜷缩在她的肚腹中睡去，像
依偎着她
也像仍然在她体内
舍不得出生

简笔画的妈妈
那么大
她有漂亮长发、蝴蝶结
有向日葵一样的圆脸庞
和弯弯笑眼

这些诗，内容与形式都不错。我看中了他们的形式尝试。这反映出他们对建设新诗体的浓厚兴趣，表明诗歌形式探索有着广泛的民意基础，群众中蕴藏着极大的积极性、创造性。

诗坛应广开诗体形式探索之路，不以门户之见要求别人。

诗体形成的因素是复杂的，总体是由社会生活、政治、经济、文化、教育等的需要、外来文化的影响和吸纳等因素综合形成的。

这个过程是在漫长的积累中完成的。

诗体建设，既是一个自然形成的过程，又是一个可以积极促进的工作。我们一定要依照诗歌发展的客观规律来努力，不消极等待，也不操之过急。

在当前新诗诗体的建设中，应当积极做好综合研究、规范、促进、融合的工作。

相关的文化部门，有志于中国新诗发展、繁荣的诗人，都应当重视诗体建设，积极投身到这项工作中来。只要我们共同努力，新诗就会迎来繁荣发展的新局面。

三、对中国新诗新体的美学探讨

中国新诗的诗体形成，应遵循中国源远流长的诗歌自然美、对称美相统一的规律。

对称美、自然美，遵循的是自然法则。

诗歌形式的对称美、自然美，即源于此自然法则；对称美、自然美又是相统一的。

这与世界的万事万物常见到的存在形式一般是对称的情况相一致：上下、前后、左右、内外、往来、正反、天地、阴阳、雌雄、男女、老幼、轻重、快慢、粗细、中外……莫不如此。

具体到一个人、一座房、一棵树、一匹马、一头牛、一条鱼、一只鸭、一座山、一条河、一件家具、一辆汽车、一列高铁、一艘航母、一艘飞船……基本都是对称的，人们平时看习惯了，就形成了审美的客观基础。审美是人类主客观相统一的一种认知、评判尺度。万物莫不如此，诗歌的审美也当然会遵循这个原则。

中国源远流长的诗歌，四言、五言、七言，形式上莫不对称；词（长短句），长短虽不对称，但成为双调，上下又对称了；小令往往连在一起，一首固好，连用更佳。毛泽东《十六字令·三首》，回肠荡气；李季的两行体、阮章竞的四行体、新月派的建筑美，讲究的都是对称美。

而这又须与自然美统一起来，屈原、李白、杜甫、白居易等创作中的种种自然运用、变化、宋词中的种种变化、元曲中增添衬字，等等，皆属于遵循了自然美的原则。

同一个体，也有自然变化，如同是《满江红》，就有九十三、九十一、八十九、九十七等不同字数的十三个变体，同样遵循了自然美。

新诗的诗体形式，也不要僵守一个形式，应当遵循对称美、自然美相统一的规律。

四、形成诗界统一诗体认知的几个共识

为了促进新诗诗体建设，我们可以在大原则、大体例、大形式的规范上，多做一些有益的统一引向的工作。

诗的根本特征、根本文体要求有哪些呢？概括起来，大致包括四个方面：音乐性、语言、蕴含、表达。

1．诗歌音乐性

音乐性是诗的生命。

细论之，诗歌不可不借助于音乐性。

音韵又可以是多样的，句尾韵、句中韵、首尾韵、重音押韵、转韵、互韵等等。这些应当在创作中，在客观外物主体化、主观精神客体化的过程中体现出来，并运用自如。

无论古代歌谣，还是骚体、风体、乐府，都一脉相承，音乐性和诗原来与歌舞一体相关，诗是从原始歌舞而来的，就永远不能摆脱音乐性，何况感情表达，音乐更加有效，诗歌必须借助于音乐性，

现在出现的一些自我标榜的“现代诗”，根本无音乐性可言，只是分行排列的文字而已，通篇充斥的是逻辑思维，根本不具诗的形式；不具诗歌形式，就不能称其为诗。

2．诗歌语言

诗歌的语言是文学语言，不是口语。

这种文学语言，是诗人在创造性的精神劳作过程中，自然产生的主客观相统一的语言。

诗歌的意象，就是由这样的语言所创造出来的。

诗要有情趣，要有“一唱三叹之音”，要低回往复，缠绵不尽。诗歌的语言必须具备这样特点，它是一种充满了作者个性和创造性的文学语言。

今天非诗泛滥，不能不说与诗歌语言上的误导有关。

一些人将诗写者引向语言的迷宫。

芜杂的口语，是一种呈现自然状态的语言，只有当我们选择、吸纳入我们的诗歌创作中来，才能够形成文学语言。文学语言，是已经融入作者个性和创造性的语言。

口语是一座富矿，有着无比的生动性和丰富性，但它同时也是芜杂的，需要我们去开采，去提炼，才能成为进行创作的文学语言。

诗坛上曾一度泛滥的“口水诗”“垃圾诗”，与不懂得文学语言与口语的区别不无关系。

当然，“口水诗”“垃圾诗”“颓废诗”的产生，还有诗歌内容上的问题。诗歌的内容同样需要选择、提炼，需要有精神气度的统领。

诗歌是一种最具有民族性的文学样式，它的语言表达形式，和一切艺术一样，有其自身、内在的规律。

语言上不可误入歧途，把语言弄得脱离大众，将人民群众喜闻乐见当作耳旁风，一味搞自己的象牙之塔，就必然会遭到大众的冷遇，失去读者，被广大民众所抛弃，边缘化。

3．诗歌意蕴

诗歌除了音韵上的要求、语言的要求，还有意蕴上的要求。

诗歌中的意蕴，应当努力在有限中体现出无限，在偶然中蕴藏着必然，在个别中包含着普遍。

意蕴是内藏的，看上去作者并没有写，或并没有完全写，读者却从中领会到了，甚至领会到了比作者想要表达的还要多。

有了意蕴，诗作才充满诗意，充满意味。诗的意蕴，是诗人个性的活生生的体现。它有时并不确定，具有多指向性、模糊性，作者本人都未必能说得清。它与作者的气质、个性，精神气度密切相关，是作者个性的直接现实。

内蕴是诗意之所在，诗味之所在，诗的不尽魅力之所在，诗之为诗之所在。它外化为形式，体现作者的个性。读李白、杜甫的诗不一样，道理就在这里。

鲁迅称司马迁的《史记》为“无韵之离骚”，朱光潜说要从优秀的小说中读出诗来，都是说它们中有与诗某些想通之处。这相通之处，主要就是指它们的意蕴，作者将不尽的内涵隐藏进了他内蕴之中，读者须用心地去领会、体味。

有了音韵，就成为诗了；可见音韵的重要，它是区别《史记》、小说的文体标志。

4. 诗歌表达

诗歌和散文的分别不单在形式，也不单在实质；它是同时在形式和实质两方面表现出来的。

就形式说，散文的节奏是直率的无规律的，诗的节奏是低回往复的有规律的；就实质说，散文宜于叙事说理，诗宜于歌咏性情，流露兴趣。

事理是直截了当、一览无余的；情趣是低回往复、缠绵不尽的。直截了当的事理宜用“叙述的语气”；缠绵不尽的情趣、情思宜用“惊叹的语气”。在叙述语中，事尽于辞，理尽于言；在惊叹语中只是情感的缩写，情溢于辞，读者可凭想象而见弦外之音。这是诗与散文表达的根本分别。

这就是诗歌内容与形式是化生关系、不可分的原因，所以，将诗句改用散文语言表达，往往意思能转换出来，而诗的情思却荡然无存了。

为了表达诗的情趣，诗人们采用了音乐的众多形式：旋律、和声、交响等。旋律、和声、交响，都是诗中出现过、运用过的，回环不绝形成旋律，所谓“众和”即和声，所谓“乱曰”即交响。

用回环往复的表达形式，看似形式问题，实际又与诗歌音乐性、内容相连，回环往复形成旋律，这是音乐性；回环往复又能出感情，这就和内容相连。

这四方面的要求，既是约束规范，又是创造、创新所必需。

此外，诗歌还必须符合审美要求，这就将内容约束也包括进来了。

形式、诗体的约束、要求，主要针对的是伪诗、非诗，审美的约束、要求，主要针对的是劣诗、颓废诗、垃圾诗、色情诗。当然，形式也应包括在诗歌审美的约束之内。

只要我们在大体式上形成共识，把握住诗与非诗的界限，又在具体创作中，坚持新诗形式的规范与多样性运用相统一的原则，广开诗路，提倡多体式创造，遵循诗歌发展的客观规律，为新诗诗体建设添砖加瓦，积极地做好各项促进工作，新诗成熟的诗体，就会顺利地形成，迎来新诗辉煌的新局面。

真诚地希望这些大的规范能够形成诗界的共识，以期对中国新诗的发展、新诗的诗体建设，产生积极的意义。

我们如何与这个时代说话

——数字媒体时代价值传播方法

荆玉成*

【摘要】 当今时代，面临着学习的时序、时间的时序、空间的时序、供需的时序、选择的时序等多重关系的重大改变。做好企业文化和宣传思想工作，本质上是价值、观念、信仰的传播，大前提是要学会与这个迅速变化的时代说话，学会与他人有效地沟通交流，增进数字媒体时代的价值传播。

【关键词】 数字媒体时代　企业文化　传播方法　价值

进入2019年11月份，中国通信行业有三件事引起世界媒体的关注。第一件事是11月1日，中国三大电信运营商宣布，5G正式进入商运，当天有1000万5G用户上线运行。他们还宣布，到明年末，50个中国大中城市将建50万个基站，实现5G全覆盖。第二件事也是11月1日，这一天，工信部宣布，中国正式启动6G概念研发。第三件事是上周，华为推出了5G折叠屏mate x手机，国内上线仅仅1秒钟就一抢而光，在新加坡等地，购买这款手机的队伍排起长龙。

过去的这个周末，我问清华毕业的一位博士，5G究竟给我们带来了

---

* 荆玉成，现任国家电力投资集团有限公司企业文化总监，中国电力文学艺术工作者联合会副理事长，从事企业文化工作30余年，曾获中电联“创新大奖”及中企联全国优秀企业文化特等奖等。本文系作者2019年11月21日在“2019电力文化产业发展论坛”开幕式上的主题演讲。

什么？他告诉我三件事：一是5G实现了低延迟，这意味着真正的万物互联时代来到了，也意味着真正的人工智能时代来临，如下载1个G的电影只需几秒钟，无人驾驶就在眼前；二是我们每个人都成了皇帝的新装，每个人的所有数据互联以后都在云上，我们每个人都赤裸裸地悬于天空之下；三是信息即能量，5G的速度大约是4G的100倍，根据系统科学“老三论”中信息论的基本原理，维持信息的传输和存储，5G将需要巨量的能源。5G的基站是4G的5倍，5G每个基站的能耗是4G的5倍。数字媒体传播时代的到来，正如德国韩裔哲学家韩炳哲所说：它将“极大地改变着我们的行为、我们的感知、我们的感情、我们的思维、我们的生活”①。对此，我有以下几点感受。

学习的时序关系发生了重大改变。农业社会，是孙子向爷爷学习农耕经验；工业社会，儿子要跟父亲学徒；信息社会，全世界是平的，父子之间开始平起平坐；第四次工业革命的今天，父母等长辈要向儿子、孙子等晚辈学习，60后、70后要向80后学习，80后要向90后、00后学习。

时间的时序关系发生了重大改变。木心在《从前慢》中描述道：“从前的日色变得慢/车，马，邮件都慢/一生只够爱一个人。”②2017年我去意大利培训，三周时间，结束时我发现：越远离你工作的中心城市，时间变得越长；越远离你的上级领导，时间变得越长；越远离家人亲朋，时间变得越长。今天，一切都快了，车快了，邮件快了，短信、微信、电话等工具让人类生产、生活的所有节奏都呈加速状态。从前春种夏耕秋收冬藏，春夏秋冬四季分明，周而复始。今天北京金融街仅剩下早上潮水般涌来的人流，晚上日暮时分又潮水般退去的冷清，最终每天只剩下潮涨和潮落两个简单动作，变成了1和1两个抽象的数字。如今，时间轴被大大压缩了。

空间的时序关系发生了重大改变。半个世纪前，我出行主要是步行或者坐我父亲的马车；上初中我开始骑自行车；后来上大学，坐着绿皮火车用20个小时从东北县城来到北京；20世纪90年代，我在铁道部工作，到

① 韩炳哲：《在群中——数字媒体时代的大众心理学》，中信出版社，2019年6月版。

② 木心：《云雀叫了一整天》，广西师范大学出版社，2009年1月版。

济南出差，距离480公里，特快列车用7个小时时间。如今北京每天有115趟高铁到达济南，最短的才82分钟，发车间隔最短的只有5分钟。今天的中国因高铁的出现，城市间的距离一下子缩短了。飞机、高铁、高速公路织成的交通网与信息网、互联网及物联网的重叠交织、互联互通，将这个地球的空间也大大压缩了。

供需的时序关系发生了重大改变。我们已由短缺时代向过剩时代转变。我的童年和青年时代，什么都匮乏，吃穿用度什么都需要凭票。现在是过剩时代，在享受着快节奏发展带来的物质极大丰富的同时，人们心理也在经受着这个过剩时代的煎熬。在短缺的时代，人们专注于吸收和同化；而在过剩时代，人们专注的是如何排斥和拒绝。如今中国经济一个很大的问题就是产能过剩，我们的肥胖、"三高"等一系列病症，都与营养过剩有直接关联。韩炳哲认为："由过度生产、超负荷劳作和过量信息导致的肯定性暴力不再是'病毒性的'。由过量肯定性引发的排斥反应是一种消化神经上的功能异常和障碍。"① "无论是抑郁症、注意力缺陷多动症或疲劳综合征都指向一种过度的肯定性。"②不管我们愿意与否，我们正在成为数字媒体的俘虏，正在成为过剩时代的俘虏，正在被过剩时代霸凌。每个人一台智能手机就是一个证明，数字时代正在牢牢地统治我们这个世界。

选择的时序关系发生了重大改变。今天，"去中心化"已成为大势所趋，个人的宫廷拔地而起，每个人都成为一个小宇宙，选择权越来越掌握在每个人的手里。2018年，全国登记离婚人数增长了380万对，离婚率已经连续15年上升，离婚对数与结婚对数的比值达到了38%。③在企业里，员工的主体地位突然增强，培训、薪酬、表彰等传统激励方式受到严重冲击，年轻人一言不合就拂袖而去，只要他感觉不爽。

我们做企业文化和宣传思想工作，本质上是观念、信仰的传播，做好数字媒体时代的价值传播，大前提是要学会与这个迅速变化的时代说话，

---

① 韩炳哲：《倦怠社会》，中信出版社，2019年6月版，第9页。

② 韩炳哲：《倦怠社会》，中信出版社，2019年6月版，第13页。

③ 《中国经济周刊》，2019年第6期。

学会与我们的同事有效地沟通和交流。在这里，与大家分享几种方法和工具。

第一，价值观——我们在这个世界行走的终点

在国有企业中，价值的传播，首要是宣传党的方针政策，宣传党的主张，宣传总书记思想。就企业而言，价值传播的范围，一个重要点就是企业核心价值观。

现实的问题在于两个方面：一是我们往往注重"活动"本身，忘掉或忽视企业价值观的传播；二是过于注重传播的形式或者媒体的方式。总之是舍本逐末。

我们不管走得多快、走到世界哪端、形式如何创新、方法工具如何迭代，都要自始至终怀揣价值观这个魂。我们所有的活动，都要自始至终注重价值观的注入。我们国家电投每年的"新春和会"，从舞台两侧的对联，到节目单的细节设计，从"新春和会"的主题，到每一个具体节目，都一直凸显国家电投"和文化"的价值理念。

第二，平视——价值观传播的价值转变

数字媒体时代，使得我们工作的主体和客体，过程中涉及的人、内容和工具，都在发生彻头彻尾的改变。当下最为重要的是观念和视角，要从过往的高高在上，转变为当下的平起平坐，工作最好的切入点是温度，最重要的方法是尊重，最正确的态度是平视。

12 年来，我们办了一本杂志《和》，创刊时我和同事们就讲，希望任何一位同事拿到这本杂志，就像老友在北京后海或三里屯，点上一杯咖啡或者一杯啤酒，边喝边聊，讲述自己的故事，分享各自生命的快乐与忧伤。所以，平视就成了 141 期《和》杂志的态度。

将这样一种平视的价值取向贯穿始终，《和》杂志就有了自己的特点：第一，每期只有几百字的董事长言，不登长篇讲话。不是今天不登，是从创刊那天起就如此。"董事长言"这个栏目每期从董事长当月所有讲话中，挑选最有思想、对集团公司发展最有指导意义的一段话刊登。第二，图文并茂。第三，《和》杂志定位是企业文化内刊。很少刊登新闻类、业务类等文章，主要在传播企业文化上发力。第四，《和》杂志形成了独特的文化胎记。包括封面北宋大书法家米芾的"和"字，著名平面设计师旺忘望的封面设计；封二是永远的青山绿水，以及“中国的清洁能源，我们的精神家园”的传语；封三是向日葵，以及“生命离不开太阳，生活离不开能源”的宣传语。《和》杂志上述四个特点的核心和灵魂，是好看、耐看、平视，翻开一页就看得进去，然后爱不释手。

第三，真诚——过剩时代最后一块压舱石

由短缺到过剩，中国仅仅用了40年就发生了惊天逆转。当我们面对未来的时候，我们有两块生活的压舱石：一块是常识，分析和评判是非的知识。一块就是真诚，这是我们在信息过剩时代，与自己相处、与他人相处的法宝和利器，尤其是我们每天要面对面与我们的工作对象——同事相处。

在我们每年举办的“国家电投好故事”这个活动中，从全集团层层选拔10名左右员工奋斗创业的好故事，最终以“国家电投好故事品读会”的形式，向全集团13万全员推荐。我们强调“四个好”——写好、讲好、听好、传好，但大前提是真诚。比如写好，我们要求好故事一定是有血有肉、带着生活气息、带着生命味道，一定是一个完整、真实的故事。比如讲好，一定请本人来讲，不要居高临下，不要拿腔拿调，平时给父母亲、朋友怎么说话就怎么讲，这也是真诚。我们的“第一届好故事品读会”回放量达40万人次，为什么？真诚的魅力。

第四，流量——流量即群众路线

大家耳熟能详的是“推特之王”特朗普，现有粉丝6644万。12月13日，原创加转发的推文，一共发推123条，大部分内容是对众议院弹劾听证会的攻击，也嘲讽了瑞典环保少女格里塔，劝她“冷静点”；到了凌晨他还给英国首相约翰逊送去胜选祝贺。有的朋友熟悉许知远，他办了一个《十三邀》，最新一期采访陈冲，播放量是100万。上一期采访倪大红，播放量是300万。目前《十三邀》总播放量超7亿。窦文涛的《圆桌派》，三年来总播放量6亿。也就是说，数字媒体时代，流量成为一个最重要的衡量指标。

与流量相伴而生的是粉丝，粉丝也是有级别的。比如罗振宇2015年就宣布，他的跨年演讲《时间的朋友》要连办20年，并且推出了99张定价4万元的20年联票，和300张定价3万6的19年联票。当然这些票早已被一抢而光。买这些票的粉丝不是一般的粉丝，也不是 VIP 粉丝，而是 VVIP 粉，通常叫超粉。

宣传思想文化工作，如何把“客户”即我们的干部职工吸引来，变成粉丝甚至超级客户，这就是我们的本事。第一是搭建平台。把广大干部员工吸引到线上来、到平台上来，大家在一个平台上拥有一个共同感兴趣的话题。第二点是互相交流。利用互联网独有的打破时空隔阂的魅力，实现员工平等、相互自由的沟通交流。第三点是平台 + 交互 + 直播，就构成了宣传思想工作的一种新模式、新方法。2015 年我们重组后，每年搞一次“国家电投好声音”，向 13 万员工征集原创歌曲、演唱及比赛的活动，每年要历时 3~4 个月，最后演变成“由一首歌到一项文化工程”。第二届国家电投“好声音”，四场区域赛直播每场有 15 万人次收看，总决赛直播有 43 万人次收看，五场比赛共有过百万人次收看，这样的效果是传统礼堂演出无法想象的。

第五，媒体——话语即权力

话语权是价值传播最本质的属性。“话语即权力”是法国思想家福柯说的。话语权是一种什么权力呢？话语权是一种软权力，是以传播和扩散的方式发生效力的，不是通过外在的强制力量，而是以春风化雨、润物无声的方式，将思想、观念、思维方式和价值取向传递给受众，然后逐步变成自己的认同，支配他们的思想和行为。福柯说：“这个世界归根到底是语言的世界，谁拥有了话语权谁就能主导这个世界。”①

话语权很重要，但归根结底是靠实力说话的。我一直认为，宣传思想文化工作创造价值，主要体现在输出观念、输出价值、输出文化、输出思想上。宣传思想文化工作是党赋予的权力，我们一定要用好这个权力，然后通过正确的渠道和载体，把价值观传播出去，让话语产生力量。

国家电投有 9 个企业媒体。今年元月 2 号创刊《国家电投报》，目前已发行 44 期，周报，8 个版，每期 5 万字，44 期总计 220 万字。11 个月时间，刊登了 400 多个二三级单位的典型做法，推出 400 多位先进人物事迹。这份报纸深受集团上下的欢迎。我们这个团队对这 9 个企业媒体，就

① 〔法〕米歇尔·福柯：《话语的秩序》，肖涛译，中央编译出版社，2001 年版。

像对待自己孩子一样，格外珍惜，并且全身心地去呵护。

第六，图像——用另一种眼光描述世界

人，是感官动物。5000 年前的人面鱼纹陶盆和 2000 年前纳米比亚的推菲尔泉岩画，都是通过图像这种方式记录了人类最初对生活的内心感知。图像作为承载信息最丰富的一种媒介，在人类探索智慧的历史中，一直占据重要地位。

今天，只靠文字来传递知识、情感和价值的时代已经过去，我们应学会理解图像的力量。视觉化思考大师丹·罗姆说："通过听觉获得的信息，只能记住 10%；透过文字，是 20%；经由图像，则可以记住 80%。"①大家应该记得苹果公司的一个最具震撼力的电视广告《1984》，这是乔布斯以图像为武器，对 IBM 统治的 PC 旧世界的宣战。

数字媒体时代是一个泛图像时代，图像传播占据着人类信息传播活动的主导地位。美国《新闻周刊》10 月 30 日说，美国青少年平均每天看屏幕 7.4 小时，还不算做功课。进入 5G 时代，图像传播变得更加轻而易举，随心所欲。正如约翰·伯格所说："历史上没有任何一种形态的社会，曾经出现过这么集中的影像，这么密集的视觉信息。"② 每个人都开始意识到，智能手机给了我们更多的自由，但也从中产生了一种近似于灾难的倦怠，越来越多的人从早上醒来到晚上睡去之前，大部分时间都被手机占据。我们与智能手机及众多数码设备之间，有着一种近乎痴迷的强制性关系，它们给了我们自由，但这种自由恰恰也成为每个人的枷锁。结论只有一句话：我们已经进入图像文化统治的时代，这个时代即由主动审美的时代变为被动观看的时代。

过去 12 年间，我们运用数字图像开展宣传思想文化工作，让这种被动观看镶嵌到宣传思想文化工作过程中去，赋予它更多的力量和价值：一是纸质传播中由文字为主转变为图文并茂。由于图片的数字化，图片的选择和应用就显得轻而易举，信手拈来。《和》杂志三分之一篇幅是图片。二是大型活动中注重主视觉的设计。我们的好声音、好故事、新春和会、

---

① 〔美〕丹·罗姆：《一页纸创意思考术》，郑澜译，中信出版社，2017 年版。

② 〔英〕约翰·伯格：《观看之道》，戴行钺译，广西师范大学出版社，2015 年版。

宣传思想文化峰会等活动的主视觉中，都会将企业的核心价值观念和企业性格色彩，融入其中并且放大凸显，用艺术语言进行彰显宣示，从而达到意想不到的效果。比如第一届“国家电投好故事品读会”的主视觉，我们第一眼看到的是企业 logo“绿动未来”的红绿相间主色彩；第二眼看到“为和而来”四个大字；第三眼看到副标题；第四眼看到企业 logo；第五眼看到“为和而来”的英文。总体上给人的第一感觉是红与绿释放出强劲的冲击力。三是让影像价值在传播中担纲主角。每一个重大活动，我们都会花力气策划、摄制、创作与主题相关的影像宣传片。今天我们带到会上来的企业官方宣传片《转型奋进中的国家电投》，全面展现了 4 年来集团公司转型发展、绿色发展、创新发展、共享发展的历程，企业官微发布后，点击量超 6 万。

第七，常识——常识是第二真理

过剩时代，我们不缺知识，缺的是常识；我们不缺真理，缺的是常识；我们不缺信仰，缺的是常识。任正非说：“不管时代如何变化，我们都要种地打粮食。”华为之所以强大，就是常识的力量。比如，我们的党建工作，也有回归常识的问题，我概括为“三个回归”：一是回归政治工作的本源；二是回归常识真理的本源；三是回归科学管理的本源。一段时期，有人将党建工作与经济工作、团青工作等用同一种态度去看，用同一种模式去抓，就是没找到它的政治工作本源。国务院国资委郝鹏书记讲，党建工作是一门科学，是个大学问。是一门科学，那么，它就要回归科学管理的本源。实际上，数字媒体时代的价值传播，一个重要的观念、方法，就是要尊重常识、回归本源。常识就是真理，常识就是力量。

丝绸之路视域下中国多元文化的形成与发展

陈光军*

【摘要】重提丝绸之路是具有远见卓识的高明之举，在经济交流、发展的同时我们必须同等地重视丝绸之路的文化交流作用。回顾丝绸之路的历史就可以领略到丝绸之路对中国文化之形成、发展的重要作用。在当今世界上各种文化形态此消彼长的激烈角逐中，中国优秀传统文化必须在同世界各种文明的交流融合中延续。历史表明，一个优秀民族或国家都当以博大的胸怀对待与外来文化的交流。在中华文明五千年的历史长河中，几乎每一个时期都没有中断与外国文明的交流。因此，中国传统文化在同外来文化交流的每一个时期都会形成具有独特时代风貌的文化形态。

关键词：丝绸之路　文化交流　多元文化

2013 年 9 月，习近平主席在哈萨克斯坦纳扎尔巴耶夫大学发表演讲，首次倡议欧亚各国用“创新的合作模式，共同建设‘丝绸之路经济带’”。十八届三中全会审议通过的《中共中央关于全面深化改革若干重大问题的决定》也明确指出“推进丝绸之路经济带和海上丝绸之路建设”。中国再推“新丝绸之路经济带”具有重大意义。首先是对营造良好的周边环境，加强同亚洲国家建立良好的国际关系有促进作用。其次，对中国同区域内国家地区之间经济建设、发展，包括基础设施在内的全方位互联互通，推

* 陈光军，四川民族学院康巴发展研究中心副教授，研究方向为民族文化与思想政治教育。

进区域合作水平等方面具有战略性意义。

笔者认为，重提丝绸之路是具有远见卓识的高明之举。在经济交流、发展的同时，我们必须同等重视丝绸之路的文化交流作用。回顾丝绸之路的历史就可以领略到丝绸之路对中国文化之形成、发展的重要作用。在当今世界各种文化形态的此消彼长的激烈角逐中，中国优秀传统文化必须在同世界各种文明的交流融合中延续。

中外各个国家的历史表明，一个优秀民族或国家都当以博大的胸怀对待与外来文化的交流。在中华文明五千年的历史长河中，几乎每一个时期都没有中断与外国文明的交流。因此，中国传统文化在同外来文化交流的每一个时期都会形成具有独特时代风貌的文化形态。

一、先秦时期中外文化交流的萌生和发展

夏商时期中原文明就与外国文明有了联系。公元前 21 世纪，中国第一个奴隶制政权——夏王朝建立。《尚书 · 大禹谟》中说“无怠无荒，四夷来王”，说的是居于夏族四方的夷人部落认同了夏王朝的统治。这说明在夏朝时中原与外部部落已有了一定的政治关系。商王朝建立以前，先民以善经商为特点，活动范围很广。在商王朝建立以后其民族活动范围得到进一步扩大，据《商书 · 伊尹》记载，成汤时四方民族都来朝献，同时也把商文化向各地传播远至贝加尔湖。商文化通过游牧民族的往来传播，向北、西北传至叶尼塞河、阿尔泰山和吐鲁番盆地。在西伯利亚西部地区最早接触到了中亚的娜马兹加文化、欧洲的塞伊玛文化。这一条西北民族的迁移路线成为早期中国与西方来往的通道之一，为中外文化交流做出了贡献。① 在史料记载中最为著名的当数周穆王西巡这一典故。当今被称为玉石之路的文化交流之路就应该起于此时。周王朝建立后，一些处于“荒服”地区的戎狄“以其职来王”，即携带当地宝物来朝见周王。在《穆天子传》中记载：“甲午，乃绝俞之关镫。”以后周穆王又进行了一系列的活动，有观春山之宝、观黄帝之宫、持木华之种归种、酬西王母等农商外

① 林红、王镇富：《中外文化的冲突与融合》，山东大学出版社，2010 年版。

交活动。

先秦时期不仅有中原文化的外传，而且还有外来文化的进入。如斯基泰文化的传入。史料证明商代晚期“斯基泰艺术”已经影响到了中国北方民族的艺术创造。到春秋战国时期，中国北方地区的器物纹饰明显吸收了“斯基泰艺术”野兽题材。

二、丝绸之路与汉唐盛世多样文化的形成

（一）张骞与丝绸之路的开辟

张骞是西汉著名的外交使节，中国历史上第一个中亚地理探险家，是汉中城固人。今陕西汉中城固博望镇有其墓。2014 年 7 月 6 日我们参加文学院组织的暑期教学实践活动，参观张骞遗迹，使我深刻体会到这位历史老人的高尚。张骞早年事迹，史无明载。他应召时身份是“郎”，也就是宫廷侍从。出使西域成功后，荣升为“太中大夫”，后来封为“博望侯”。张骞的官场生涯不太顺利，随李广出征匈奴时兵败犯下死罪；将功折罪，赎为庶人。不久，汉武帝派他第二次出使西域，再获成功，官拜“大行”，列入九卿。张骞似乎无缘享受高官厚禄，从西域回来仅一年多（公元前 114 年）便与世长辞。司马迁对张骞出使西域给予极高的评价，誉为“张骞凿空”①。

汉武帝建元三年（公元前 138 年），张骞率领百余人的庞大使团从长安出发，取道陇西，踏上通往遥远的中亚阿姆河的征程。② 河西走廊和塔里木盆地当时在匈奴的控制之下，张骞一行被匈奴人扣留。匈奴王给他优厚的待遇，许配胡女予他为妻，但张骞一直保留着汉朝使节的身份。在匈奴人的监视下，张骞过了 13 年的囚禁生活，终于有机会逃脱，西行数十日来到费尔干纳盆地的大宛国。张骞第一次出使西域取道天山南麓，也就是后来丝绸之路中道。《史记·大宛列传》中提到罗布泊西岸的楼兰和塔

① 林红、王镇富：《中外文化的冲突与融合》，山东大学出版社，2010 年版。
② 于博：《张骞出使西域与丝绸之路的开辟——从敦煌壁画谈起》，《文史知识》，2015 年第 8 期。

里木盆地北部库车东边的仑头（今新疆轮台），但是没有提到喀什喀尔河的疏勒。故知张骞是从楼兰途经今天库车、阿克苏、温宿等地，在别迭里山口越天山到纳伦河，然后南行费尔干纳盆地的大宛国。大宛国王早就听说汉帝国富庶广阔，当他得知张骞要出使大月氏后，便派翻译和向导护送张骞取道康居到大月氏。

张骞的第一次出使西域的一个重要使命就是说服征服大夏国的大月氏人攻打阻断东西通行的匈奴，以保持各国的安定。虽然没有成功，但是他的中亚之行使得中国人了解到帕米尔高原以西还有另一个文明世界。张骞详细地介绍了帕米尔高原以西的大宛、康居、大月氏、大夏等中亚国家的风土人情。他还了解到汉帝国南边是身毒国（今印度）。身毒国和四川、云南已有民间往来，四川的“蜀布”和“邛竹杖”运到身毒国后又转运大夏。张骞对中亚诸国的描述十分详细，司马迁的《史记·大宛列传》和班固的《汉书·西域传》就是根据张骞的报告撰写的。

张骞未能说服大月氏与汉结盟，便向汉武帝献计派使团和伊犁河流域的孙乌联盟，得到汉武帝的支持。汉武帝元鼎元年（前116年），张骞率领一个由三百人组成的使团出访伊犁河流域的孙乌。此前霍去病和卫青率汉军大败匈奴军队，匈奴人逃亡蒙古草原以北地区。天山南北通往西域之路已不存在匈奴的威胁。所以张骞出访西域取道天山北麓，也即丝绸之路北道。这条路从长安出发，经敦煌和楼兰，向北到吐鲁番盆地，然后沿天山北麓西行，经伊犁河谷、昭苏草原，到达孙乌国首都——赤谷城。这座古城目前已不在，但孙乌王墓在伊犁河流域被发现。

张骞第二次出使西域，最远到达孙乌；张骞的副使分别访问了大宛、康居、大月氏、大夏、安息、条支、奄蔡、身毒、于阗、扜弥等西方国家。张骞第一次出访西域了解到中亚诸国“其地无漆、丝”，所以他第二次出使带给诸王的礼品包括“牛羊以万数，齑金币帛直数千万，多持节副使，道可便遣之旁国”（《汉书·西域传》）。丝绸就这样被大批运往中亚和西亚各国，这也是丝绸之路西传，有案可稽的第一批中国丝绸。张骞从西域引进了优良的马饲料苜蓿和优良的马种大宛马，这为加强中国骑兵的作战能力无疑起到革命性作用。

（二）丝绸之路与汉代文化形态

中国文明经过汉唐两代的盛世已经初步具有多元的形态，而这种多元化形态的形成与汉唐两代开放的政治文化战略有不可分割的关系。在汉代，我们首先要看张骞的西行——丝绸之路的开辟。张骞的出使虽然是以政治外交为目的，但是他两次西域之行所开通的联通中国与西域乃至欧洲的交通道路，为中国文化、经济的繁荣有着重要作用。今天我们应当看到丝绸之路对历史上的中国乃至世界文明的巨大推动作用。

首先就汉朝来说，张骞的西域之行第一是达到了预期的政治目的。其次给中国引入了丰富物产。最主要的莫过于对汉代文化的重要促进作用。在科学技术极度落后的封建社会里，丝绸之路上新事物的传入无疑扩大了国人的眼见，突破了人们对世界的认识界线。尤其是后来佛教的传入，对中国文化影响最深。我们知道佛教最早传入中国是在公元前 6 世纪左右，但与中国的儒家学说有所冲突，所以传入之初还不具有影响力，在东汉以后佛教才得以为大众所接受。佛教还对文学有一定的影响。在音乐舞蹈等艺术方面，新的乐器如琵琶的传入、新的舞蹈如西汉末期赵飞燕所舞《归风送远曲》、雕塑绘画等已经带有西域风格。

（三）魏晋南北朝时期的文化融合

魏晋南北朝时期中原与少数民族的大融合为隋唐文化鼎盛繁荣做了铺垫。魏晋南北朝时期的佛教文化在中国历史上是最为繁盛的，佛教文化不但以其深奥的宗教理论和独特的思辨方式影响到中国传统哲学思想的发展，而且随着佛教的进入，佛教艺术也被中国社会广泛接受，极大地丰富了中国古代文化宝藏。此外，佛教对中国人民的生活、风俗习惯也有很大的影响。今天，这种影响仍旧存在。佛教文化是传入中国的最早外来文化。它一旦进入中国，很快就被中国文化所吸收，成为中国文化的一部分，如禅宗文化。① 不仅如此，在魏晋南北朝时，西域的游牧民族也通过

① 刘敏、岳亮：《丝绸之路与中西文明交流》，《文史天地》，2016 年第 8 期。

丝绸之路与中原文明有了大规模的接触，相互影响、融合。

（四）丝绸之路与隋唐文化形态

隋唐时期社会环境相对安定，陆上丝绸之路在南北朝战乱时期相对衰落之后又有了新的发展机遇。

从长安到罗马的君士坦丁堡这条西北丝绸之路约 11000 公里，至唐代进入繁盛期。它的特点在于对丝绸之路的贸易由中原地区政府的支持鼓励变为由中央政府直接经营管理。唐王朝在从河西走廊的凉州直到天山西北各条大道上都建立了驿站来确保丝绸之路的畅通。西北丝绸之路的起点长安城是当时的国际大都市、中外文化交流的中心。在长安聚集着世界各国的大量人口，其中有商人、使节、探险者等各种职业的人员，这无疑对文化交流有积极的作用。

首先，西域的农产品传入中国，如棉花、石榴、大蒜等。先进的农业技术也得到了输出。其次，中国的手工业技术如冶铁、造纸、丝织、陶瓷等也得到外传。西域的药方等医术也通过丝绸之路传入中国。第三，乐舞等艺术的彼此融合形成了新的艺术形态。隋九部乐以龟兹乐为主，唐十部乐以西域乐为主。第四，宗教思想方面，随着西北陆上丝绸之路的繁盛，祆教、景教、摩尼教、伊斯兰教等外来宗教也在唐时相继传入中国，丰富了中国的宗教文化。最后，在天文历算方面，唐代西行求法形成高潮。这时期印度僧人把阿拉伯数字首次传入中国，印度的笔算法和三角函数也于此时传入中国。唐高僧科学家一行所造新历《大衍历》明显受到印度天文历算的影响。

西域文化的传入对这一时期文学形态的形成有重要意义。唐代立国者李氏家族有着鲜卑血统，又长期在北边居住，受胡族文化的深刻影响。唐代加速了汉胡文化的融合过程，安史之乱之后，防胡的思想在主张儒家思想的韩愈那里有所上升。但道统论的主张，对于宋代以后形成的正统的意识形态和内向的心态可能起着主导作用，而对于唐代社会生活却没有影响。中外文化的交融并没有被切割。在整个唐代，外来文化被广泛接受。由于大量的外来移民与商业往来及宗教、风俗、文化的传播，西方文化对定时的中国有一定影响，丝绸之路沿线的城市从饮食、服饰、音乐和舞蹈生活各方面，都体现了中西文化的混合。中外文化交流所造成的这种更为开放的氛围，对于文学作品的繁荣及文学风格的多元化发展，都具有重要价值。①

三、丝绸之路与中国多元文化氛围的形成

世界历史证明，一个民族如果善于吸收他民族的优秀文化，那么它的文化必然是具有先进性且丰富多彩，汉唐文明有力地证明了这一点。而丝绸之路为中华文明成功吸收融合外来文明提供了必要条件。

在汉代，自张骞两次出使西域之后，陆上丝绸之路畅通，中国与中亚以及与罗马帝国的经济文化交流达到了前所未有的高度。与此同时，汉王朝与东南亚和南亚的交流也发展起来。从历史上来看，文化交流与经济交流联系在一起。在中国与西域各国繁盛的贸易往来的同时，中国文化与西域各国的文化相互交融，形成了中国独特的文化形态。陆上丝绸之路对中国乃至整个世界历史上有着极其重要的意义。

首先，全面开通了横贯亚欧大陆的东西大道。中国同中亚、印度地区多个国家建立了直接的官方联系，双方之间的各种往来得到当局的支持和保护，从而使东西方之间经济文化交流的规模和范围不断扩大，而且使丝绸之路长时间保持畅通。

其次，汉朝和西域建立了直接而且稳定的官方关系，使得东西方文明开始进行全面的接触与交汇。张骞出使西域之前，波斯人和希腊人通过武力征服把自己的文明带到中亚，并且进一步沟通了印度文明，但与中国文明天各一方。张骞通西域以后，古老而独特的中国文明基本上是以和平的方式流布到广大的中亚地区，并在那里与波斯文明、希腊文明、印度文明实现了对接；丝绸之路成了连接世界各大文明的主要纽带和各文明相互交融的重要平台。

再次，丝绸之路扩大了中华文明在世界上的影响力，中国的优秀文明

① 袁行霈：《中国文学史》，高等教育出版社，2005 年版。

成果得以在世界上流传。不仅如此，丝绸之路的开辟也加强了中华文明对世界文明成果的吸收，汉唐能有如此的盛世与丝绸之路的开通有着必然的联系。

最后，张骞通西域冲破了中国传统地理观念的束缚，一举打开了国人的眼界，拓宽了世人的视野，从而引发了一场思想认识上的革命。张骞不仅带回了西域的物产，还带回了西域的风土人情等大量信息。国人看到了华夏地区以外的世界，人们的思想更加开放，包容性增强了。

四、中国对外开放应有丝路精神

丝绸之路的开辟以及世代相传的中外往来传统是中国历史上对外开放的象征之一。什么是丝路精神呢？笔者认为就是开放包容的文化交流心态，并且积极地推动这种交流。汉唐盛世就是这种精神的很好证明。

季羡林先生说："随着人类的不断进化，文化交流的范围就越来越广。完全可以这么说，如果没有文化交流，人类社会就无法进步。"文化交流促进人类社会的进步是一个不争的事实，任何时代都需要一个博大的胸怀来面对多元的人类文明，并积极地同各种文明成果接触、融合。这样才有可能做到与时俱进地发扬本民族的传统文化。

在我们今天大力促进"新丝绸之路经济带"建设时，同样要以一种积极博大的胸怀去促进文化的交融与发展。通过上文的论述我们清楚地意识到，在我国历史上凡是以开放心态面对外来优秀文明成果的朝代，都取得了文化的兴盛、经济的繁荣。同样，今天在我们促进经济繁荣的同时，要把文化交流也放在同等地位。首先，我们要以正确的态度去认识文化的交流，既不排外又不崇洋；其次，不能片面地否定外来文化，不能搞民族本位主义；再次，博采众长，在交流的时候要有选择，不能全盘接受，要有所扬弃。最后，要有创新精神。只有这样才能不断地进步，为中华文明的复兴做出贡献。

结　语

总之，中国的文明走向世界的历程有着十分清楚的历史，丝绸之路在这一历程中产生了积极的历史意义。历史上，勤劳智慧的先人为中国为世界开创了一条伟大的外交之路、和平之路、繁荣之路。需要我们继续秉持这种勤劳、坚韧、互利共赢、开放包容的精神品质。当今我们应该要充分发挥中华文明的现代价值，继续发扬丝绸之路的文化交流的精神。

书法家的阅读范围与书法作品的思想深度

张瑞田*

【摘要】 书写什么样的文辞，对书法家来讲是一个重大的问题。对文辞的选择，体现了书法家文化素养和古典文学修养。书法艺术毕竟是综合艺术，缺少文学的环节，即不完整，也会削弱书法作品的思想深度。

【关键词】 书法创作　文辞选择　艺术修养　审美趣味

一

“现状与理想——当前书法创作学术批评展”① 评审后，我写了一段话：“现状与理想——当前书法创作学术批评展”是一个美学语言独具的展览，是书法批评强势介入的展览，是思考当代书法创作、探求未来发展的展览。

展览主题明确——现状与理想。现状与当代性息息相关。书法的当代

* 张瑞田，中国作家协会会员、中国书法家协会新闻出版传媒委员会委员、中国国际文化交流中心理事，作家、书法家、书法评论家。

① “现状与理想——当前书法创作学术批评展”由中国书法家协会于 2018 年 9 月在内蒙古乌海市举办，是中国书协的重点展览，主要针对当代书法所面临的文化生态，着力研究与探索当前书法创作的问题与现象、现状与理想，立足本体、统筹大局，力矫顽疾、振拔流俗，通过“学术”和“批评”，进一步推动当代书法创作与研究。

性，由历史积淀、审美心理、社会观念、现实理想所决定。书法家的当代性创作必须遵循传统语言指令，在此基础上，又被现实艺术观念左右。这种情势，自然要求书法家既要面对社会现实，也要具有与社会生活发展变化相适应的新观念、新思维。参展的104位中青年书法家，是当代书法创作群体的冰山一角。无疑，这个冰山一角成色醇厚、质地优良，足以代表当代书法创作的实际水平。第一，传统功力深厚，艺术视野开阔。任何艺术门类的当代性，都不是无源之水、无本之木。第二，从思想教化，到精神审美，书法的文化结构转型，书法的形式感、视觉化被普遍认同。第三，中国书法步入展览时代。以往书法的功能性、实用性、精神性，让位于欣赏性、礼仪性、功利性。社会变革突飞猛进，书法不能故步自封。但紧随时代的现实抉择，又暴露出诸多问题。首先是书法家文化形象的变化。以往的文人群体退出历史舞台，知文知书、先文后书的文化生态被颠覆，当代书法家可以不是文人，甚至可以是半文盲。另外，对书法文辞的误解几成常态。鼓噪书法家不读书，认为书法作品的成功与否与文辞没有关系。更有甚者宣称写错字、白字的书法作品，依然是优秀的书法作品。

有人说，一个时代有一个时代的书法。这句话容易被误读，结果是：当代书法可以与历史深处的书法拉开距离，不必在意文辞的深浅与对错，所谓书法就是一个人用毛笔书写的字迹。观众所要看的也是字的优劣，而不是字的墨韵之“意”和文辞之“境”。当我们觉得这就是书法的时代特征，我们的认识就出现了偏差，至少对真正意义和高级意义的书法不明就里。

我一直强调书法是综合性艺术，它与笔墨、篆刻、文学、生命、情感构成了一个整体，仅仅从一个角度理解书法，一定是片面的，甚至是错误的。

“现状与理想——当前书法创作学术批评展”的文辞选择较有新意。主办方提供不同时期经过筛选的书论片段，所议问题宽泛、明确，既有书法的社会属性，也有书法的书写技巧，既有书法的教化功能，也有书法的审美意义，既有书法的文化特征，也有书法的精神价值。应该说，104位书法家书写的书论片段，连接起来，就是对中国书法的精确概括。同时，也是中国书法的最高理想。

彭双龙、谢全胜书写的张怀瓘《书议》片段，对书法与文辞的关系进行了历史性定位，张怀瓘说："昔仲尼修《书》，始自尧舜。尧舜王天下，焕乎有文章。文章发挥，书道尚矣。""论人才能，先文而后墨。羲献等十九人，皆兼文墨。"

"文章发挥，书道尚矣""先文而后墨"，张怀瓘看到了书法的根本。作品集的编者对此做了有深度的说明："张怀瓘将书法和文字连在一起，来论述它的价值。先王、先贤的思想依靠文字传播，所以文字之功用自然首当其要，文字显现它的功能依靠书写，也就是书法，所以书法的价值直接显现先王的功业。""张怀瓘由嵇康、王献之书法作品看出其人的志向、气节、怀抱，所以特别宝惜他们的作品。张将'意'与'象'统一起来，二者不可残缺，不存在无象之意或无意之象。"

书写什么样的文辞，对书法家来讲是一个重大的问题。对文辞的选择，体现了书法家文化素养和古典文学修养。书法艺术毕竟是综合艺术，缺少文学的环节，即不完整，也会削弱书法作品的思想深度。

"现状与理想——当前书法创作学术批评展"对古典书论的书写，是对书法美学的阐扬，它让我们清晰感觉到书法的文化形态和艺术特性的有机整体。但是，这是主办者的主观意识，我们试图借助当代书法家的书写，对书法的哲学理念和世俗风尚进行全方位展示。但是，书写者对所抄写的书论能否理解，命题抄写，能否激起书写者的创作激情，没有激情的艺术创作，审美目的能否达到——所涉及的艺术创作心理学问题，在这里变得非常微妙。

书写古典书论的作品之外，是书法家对自选文辞的书写。考察自选文辞的书法作品，感觉到当代书法家对书写文辞的选择有局限性。第一，所选文辞，基本框定在《千家诗》《唐诗三百首》《古文观止》之内，要么就是唐宋词人耳熟能详的作品或者明清笔记。这些作品是古典文学的名篇佳作，当然是书法创作重要的素材。只是这些诗文，在以往的书法展中屡屡出现，书法家反复书写，难免给观众和读者带来审美疲劳。第二，文辞选择的大众化，反证书法家阅读的局限性。当代书法重技轻道，书法家们愿在书写技巧上发力，忽视阅读，甚至是无力阅读。文化阅读，是一个人文化素质提高的重要因素，没有阅读需求的人，无法积累分析古典文学的知识，选择能力低下，只能人云亦云地重复抄写。这种创作方式是一条捷径，走久了，难免厌烦。第三，书法创新，文辞的作用极其重要。新的书法语言，新的书法风格的形成，文辞是魂灵。熟读作品，明晰含义，了解作者的心性，挖掘作品的内涵。当我们与作家和诗人产生心理的呼应，再书写他们的文辞，一定会有另一番精神景致。

缺少必要的古典文学修养，导致书写千篇一律。当我们对“春云夏雨秋月夜，秦书晋字汉文章”“宝剑锋从磨砺出，梅花香自苦寒来”等流行文辞进行周而复始的书写时，难道我们不该拓展对浩如烟海的古典文学的认知吗？不该选择与自己智识、情趣相配的个性化文辞吗？

书写什么样的文辞，是书法家个人的选择。不管选择什么，有一点至关重要，那就是你熟知的作家、诗人的作品，你能够理解的作家、诗人的作品，可以让你感动和悲悯的作家、诗人的作品。当然，如果自己也能够写出具有审美价值的文学作品，会极大提高当代书法创作的质量，也会重塑当代书法家的文化形象。

至此，我们看到的当代书法，有融合，有分裂，在新旧重叠和相互渗透中，在蜕变与超越中显示了错综复杂的运动系统。为此，我们认为，书法的当代性是对书法创作的综合要求。要传统，也要现实；要思想，也要艺术；要形式，也要内容；要古雅，也要时尚。它涵盖了书法家与时代趋向相适应的主动精神和感应时代气氛的自觉意识，体现了我们对古老书法艺术的崭新理解。

这时候，需要批评介入。“现状与理想——当前书法创作学术批评展”的关键词是“批评”，这是展览的特殊性，也是展览的亮点。从这一点来看，这个展览是有想法的，是有目的的，是想解决问题的。毋庸置疑，当前书法创作的丰硕成果，业已成为我们的文化骄傲；也不容置疑，当代书法创作的整体状态存在阶段性误区、局部性病灶、发展中难题。而这些问题，正是书法批评需要思考的问题。站在学术理想的层面，对中国书法进行整体性反思，从历史到现实，从书法到书法家，从观念到风格，从功能到价值，确定书法的当代性意义，是书法批评的使命。

二

尽管一些冬烘先生声嘶力竭地强调，书法创作与书法审美是中国人自己的事情，与外国人无关，但是，书法创作作为艺术创作的组成部分，与人类艺术创作的客观规律存在一致性。从艺术创作心理学来看，书法创作并没有脱开构思、过程、结果的三段流程。书法创作的构思首先从文辞选择开始，写什么，为什么写，这是书法创作的首要问题。其次是纸张与尺幅的确定，所创作的书法用于何处？展览、赠送，还是自我遣性？这是书法创作的基本目标，这个目标的完成就是书法创作的第一个阶段——构思阶段。“现状与理想——当前书法创作学术批评展”参展书法家中个别人对此认识清楚，嵇小军是其中一位优秀代表。他的创作手记，就是他的创作构思：“创作总是从想法开始的，实现作品的内容与形式的统一，是我创作这件作品的主要想法。此作文字内容《归田赋》是东汉辞赋家张衡的代表作之一。形象地描绘了田园山林那种和谐欢快、神和气清的景色，反映了作者畅游山林，悠闲自得的心情，又颇含自戒之意，表达了作者道家思想的超脱精神。创作过程中采用较为灵动的行草书体，在笔墨运用上去除繁重凝滞、虚夸堆砌的规则，转为平淡清丽、节奏明快、飘逸灵动的风格，尽可能地与文本的内容保持一致性。笔墨自然清新、洗练优美，实现书与文语言的一致性；将‘我’的情注入‘文’的景，实现‘我’与‘文’的情景交融；借‘文’的形态、境界，用‘我’的手法、观念，实现文以载道的理想。”嵇小军遵循书法创作的规律，“先文而后墨”，对所书文辞与自己心境、笔墨进行了理性的考量。书法艺术是综合艺术，文辞是基石，不能确定“基石”的位置和价值，此后的工作不管有多么精致，也是会飘摇，危机无时不在。同时，对于书法家而言，需要理解所要书写的文辞，理解了才能心领神会，才会达到文墨兼优的境界。这一点，书法家雷白平也有深刻的认识。他说：“近时以来，不论忙闲，我每日必做三个小时日课：临一帖、读一诗、用所临之帖之笔意抄所读之诗，力求形似与神似之统一。”

文辞固有的生命情感和思想深度，对于书法家的影响显而易见。传统书法创作形态，文墨一体，不是文优字次，也不是字优文次，二者之间是文化整体，相互映衬，书法的审美能力才会形成。书法家江寿男有所感悟："此旧词乃数十载研习书法之所感之所悟之所得，悲欣之情溢于言表。选择长卷、草体书之。整体上追求任马由缰、随意赋形，然细微处也极尽安排之趣。"江寿男选择自己创作的词作为书写对象，理由讲清了——"此旧词乃数十载研习书法之所感之所悟之所得，悲欣之情溢于言表"，书写自有体悟。同样，钱玉清的书法创作构思，也把文辞置于首要地位，他说："我是苏州人，所以选了一首苏州人写苏州景的诗——《吴伟业·登缥缈峰》。这首诗借景抒情，无限感慨，故以大草书之也较为适意。拟传递气格清简相尚，润涩相济的风姿意态及用笔'破而愈完、纷而愈治'的审美内涵。"他不仅意识到文辞对书法家创作的重要导向作用，也感受到文辞对书风的重要影响。

嵇小军、雷白平、江寿男、钱玉清等人，是当代书坛"文墨兼优"观念的拥趸者。尽管不是大多数，至少说明当代书法家对书法生态与形态有着清醒的认识，也明确了自己的奋斗方向。然而，更多的书法家依然持有笔墨意识第一的观念。他们理解的书法创作，就是笔墨表达、笔法呈现，文辞仅仅是书法创作的辅助手段。这是对书法美学的误读，是对书法作为综合艺术的否定，因此是片面的，是阶段性的，是没有前途的。

阅读参展书法家的创作手记，更多的人依然关心笔墨呈现。比如书体的不同结构，不同书体不同的书写特性，笔法的作用，墨法的效果，作品风格，视觉性，等等。当然，这是书法创作面临的问题，也是书法创作需要解决的问题。但是，我们仅仅看到书法的"树木"，而忽视"森林"，就是本末倒置。仇高驰、戴文、龙开胜、刘京文、谢少承、宋旭安、张维忠、李国胜等人在创作手记中所关心的问题，依然是书法的基本问题——如何写好字，怎么写好字的问题。写好字，怎么写好字，是成为书法家的必经阶段，但是，作为一名担当书法发展使命的书法家，仅仅看到这一点、坚持这一点是不够的。"现状与理想——当前书法创作学术批评展"的参展书法家，是当代书法家群体的精英代表，他们均有突出的创作成就，也具有较高的社会影响。他们的作品，就是当代书法创作的"现状"。可是，作为当代书法家群体的精英，依然没有看到书法是综合艺术的事实，没有领会到文辞与书写的血脉关联和从古至今的文化脉络。当代大多数优秀书法家是以“技”为先的书法家，李国胜也不例外。只是他的心中依稀有“道”，不满意“技”的堡垒形态，似乎也有“道”的理想。可以，他没有看到“技”与“道”是并存的，彼此没有先后之分，因此，在他的创作手记中总觉得空虚。他表白：“本作品‘技’的痕迹颇重，‘道’的程度不够。有人提出当代书法都在炫技。本人则认为：作为一个书法家，如果没技可炫则是可悲的。所以我将继续从技上求准、求精、求深、求新、求变，最后再进乎道。”这段话让我窒息，书法作品的准度、精度、深度、新度，单凭书写技术就能完成吗？书法作品之“道”，是书法作品有了准度、精度、深度、新度以后才出现的吗？当代书法家对书学美学如此之低的认识水平，我当然心痛。书法作品的技道是一个文化整体，书法作品的精度与深度，是“道”的必然产物。纯粹的笔墨书写，不会有精度和深度的。我还要强调一点，书法创作不是机械制造，书法的点画、撇捺无须数学般量化。恰恰相反，书法创作过程中文辞的精神暗示、书法家的生命起伏、情绪导向，却是书法精品面世的因由。单向度寻“技”，甚至会适得其反，产生僵化的观念、匠气的笔墨。

在“现状与理想——当前书法创作学术批评展”乌海论坛书家辩论会上，朱以撒对陈亮作品的质疑，也是基于对当代书法家文辞观念弱化、文化素养不高的提醒。然而，在辩论过程中，我发现为数不菲的参会书法家支持陈亮，反而对朱以撒的质疑进行质疑。陈亮的参展作品书写的文辞是《中国书法工作者行为守则》，章草，十幅组合，书写精湛，视觉性强，是当代典型的“展览体”作品。朱以撒从书法作品的形式与内容的关系出发，认为陈亮所选择的书写文辞与章草书体缺乏统一连贯性。《中国书法工作者行为守则》为教化文本，是对书法工作者的纪律训诫和道德要求，如果是传达“行为守则”的具体内容，以楷书、隶书书写，似乎更适合大众接受。章草不容易辨识，以章草书写，就是不明智的选择。不同意朱以撒意见的人认为，当代书法创作与文辞没有关系，只要写好字，就是书法创作的最后完成。

只要写好字，就是书法创作的最后完成。显然是无知的认识。我注意到参展书法家白旭丰的观点，他说：“书法创作是一项技巧性与实践性很强的艺术活动，它既讲究技巧，又注重实践，更富有创造性。书法创作贵在思考与创造，可以说它是书法的学习、实践、思考与修养的综合体现。书法进行创作之前，必须做到‘成竹在胸’、‘意在笔先，字居心后’。对所写的内容要熟悉，不但要熟悉表现形式（字体、书体、风格等）而且要熟悉表现内容（主题或中心思想），使形式和内容完美地统一以来，从而挥洒自如，笔酣墨畅。”这就是白旭丰的书法构思，他明白了书法创作环节文辞的作用和意义。由此看来，朱以撒对陈亮的质疑是正确的。只给观众或读者提供毛笔书写的文字，而没有令人赏心悦目、内涵丰富的辞章，这幅书法作品就不完整，也可以说是半成品。

值得我们深思的是，在“现状与理想——当前书法创作学术批评展”乌海论坛书家辩论会上，为陈亮张目者不在少数，也就是说，书法家队伍里，很多人认为书法作品就是抄写文字，至于抄写什么，无关紧要，即使抄写《中国书法工作者行为守则》之类的文字，也对书法作品本身不构成伤害。

“现状与理想——当前书法创作学术批评展”书法作品的文辞选择宽泛性、独特性不够，暴露出当代书法家文化阅读的不足。从书法史来看，文人一度是书法家的代名词。文人知文、能文，书写的文辞选择信手拈来。对经典书法作品的考察，我们发现，书法家书写的文辞要么是自己创作的富有人生况味的诗文，要么就是抄录自己喜爱的作家、诗人的作品。书法家的笔墨与书法家书写的文辞相得益彰，互相映衬，既让我们看到毛笔书写的雅致，也能看到诗文内容所透露出来的文化倾向和文化趣味。“现状与理想——当前书法创作学术批评展”书法作品令人遗憾之处就在于书法家的文化倾向和文化趣味模糊、寡淡。

我们没有求全责备，古人对初学书法者和书法家的要求明确而清晰。《新唐书·选举志》记载：“凡书学《石体三经》限三岁，《说文》二岁，《学林》一岁。”《宋史·选举志》记载：“书学生习篆、隶、草三体，明《论文》《学林》《尔雅》《方言》，兼通《论语》《孟子》义。”

要求学书者一要能写，二要通文字学，始于唐代。到了宋代，提高了要求，除文字学知识外，还要懂得“训诂学”“语言学”，并通儒家经典。古人强调书学修养与文化修养的结合，表现思想，抒其怀抱，使审美意识与人生阅历融合，呈现新的精神风貌。

三

要求书法作品的思想深度，是书法艺术现代转型的直接结果。新文化运动之后，白话文、硬笔，强势介入我们的文化生活。传统书法的价值形态被颠覆，书法的社会心理需求彻底改变，视觉化、感染性、审美意义得以确定。艺术作品的审美意义，离不开思想的支撑。要求书法作品的思想深度，也应运而生。

书法作品的文辞，能够表现书法家的思想深度。

由于书法艺术的表现手段存在较大的局限性，思想深度的体现，与其他艺术形式也会有所区别。文学的形象性鲜明，对历史与现实生活的描写可以做到淋漓尽致。通过对人物的性格刻画、心理分析，通过对人物之间关系的把握，就会撕开认识生活的迷障，看到世间的美丑。戏剧、电影的根本也是文学，高科技手段的介入，深化了我们对世界和人性的感悟。美术也是形象性的，固定的画面，迷离的色彩，深藏画家几多心思，比之书法，也是游刃有余。

局限与丰富相辅相成。书法表现手法的局限，也意味着表现需求的强烈。第一，书法家可以成为书法作品的主角，他能够把自己的所思所想直接呈现，先文后墨，以身作则。在我看来，书法艺术也具有形象性特征。书法家就是书法作品着力塑造的主要角色。因此，书法作品的人格化，比之其他艺术形式更直接、更具体。所以说，分析书法作品的艺术深度，必须与书法家的文化修养、性格特征结合起来。

著名学者、书法理论家白谦慎回答《中华读书报》记者提问时说："我们对书法的理解最缺乏的就是文气、书卷气，现在人们不太读书，艺术家也不爱读书。大家别总是玩形式，更要靠内涵。"他接着说："为什么张充和的字出来后人们觉得好？因为她的字特别有书卷气，技法上并不复杂，主要是靠内涵。"

"技法上并不复杂，主要靠内涵"，白谦慎说对了，这样的坦诚与明亮，就是一个人具有文化内涵的表现。可是，当代的一些著名书法家就不是这样了，他们总觉得自己与众不同，应该与普通的书法家划清界限，于是，他们呐喊着写字，在锣鼓声中写字，在摄像机前写字，在舞台上写字。于是，我们不无遗憾地在此类的书法家的笔下，看到了无数夸张、变形的字迹。如果提出异议，得到的回答是不懂艺术，或者是没有见识。

我在沈从文的别集上拜读过张充和的题字，对《张充和诗书画选》具有特殊的热情。读了这本图文并茂的书，似乎明白了书法书卷气是如何体现出来的。“技法并不复杂”，但不等于说张充和的书法没有技法。白谦慎说：“书法是张充和一生的爱好。她五岁开始学书，初以颜字打基础，后兼学诸家，于隶书、章草、今草、行书、楷书皆有所擅。少年时，便为人作榜书。二十多岁时所作小楷，气息晴朗，格调高雅。流寓重庆时，在沈尹默先生的建议下，研习汉碑、古代墓志，书风转向高古。”

像张充和一样用功的书法家不计其数，但能像张充和一样读书写作的书法家就凤毛麟角了。张充和的诗词亦如她的字，平和却深情，静雅也开张，“词旨清新，无纤毫俗尘”（沈尹默语）。

书卷气的核心，应该是书法家的文化修养。对历史、文学陌生，笔下自然苍白，即使耗费苦心，也难有人文景观。书卷气是一个人精神气质的体现。

“退笔如山未足珍，读书万卷始通神”，这是苏东坡《柳氏二外甥笔迹二首》中的诗句，意思是读书，有学问，比功夫深还要重要。黄庭坚在《跋东坡书〈远景楼赋〉后》中讲道：“余谓东坡书，学问文章之气，郁郁芊芊，发于笔墨之间，此所以他人终莫能及尔。”

苏东坡和黄庭坚谈到的都是书法的文辞之“境”。

线条之“境”和文辞之“境”的冲突极其可怕。林岫先生曾举例说明这个问题：“某书家为祝贺‘三八’妇女节，欣然录唐诗一首：‘万里桥边女校书，枇杷花下闭门居。扫眉才子知多少，管领春风总不如’。因为这诗原本是胡曾赠给才女薛涛的酬应之作，薛涛是蜀中琵琶巷内一位乐妓，在历代的诗集编辑当中，都将此诗归入‘赠妓类’，所以借来赞美当代女书家，不甚妥当。”

不甚妥当的书写在各类书法展中比比皆是。比如，将挽联当贺联，把哀伤之诗用于城市庆典；要么抄录领导人的讲话稿，或者抄不明其理的佛经。参观一些书法展，让人心乱的还不是书写本身，而是书写的内容。问题的严重性正在这里，那些似是而非的文辞，是书法界文化缺失的旁证，是一个界别思想肤浅的体现。

读万卷书，行万里路，书法家需要有生活。生活体验，是我们对文学家提出的要求，对书法家也应如此。世界和平需要维护，人间疾苦需要体察，自我陋习应该反省，生命良知时刻弘扬。

书法理论家丛文俊曾说："古代书家都是读书人，他们大都对传统文化艺术精神有比较好的理解，由学养化育出来的审美理想使之对书法有一种颇为执着的、属于一个强大社会群体的共同追求，不会轻易地转移志趣，并脱出这一既定立场。"的确如此，书法艺术的最后实现是观赏和阅读，因此，文辞是书法题材的首要含义，是作品意境的重要组成部分。艺术的思想深度，需要"意""境"来开掘，没有"意""境"的阐扬与表达，再华丽的形式也是没有灵魂的躯壳。

专题访谈：中外学者眼中的中国文化海外传播

【访谈嘉宾】

沈湘平：北京师范大学哲学学院教授，博士生导师，北京师范大学北京文化发展研究院执行院长

张颐武：北京大学中文系教授，博士生导师

Carlos Rojas：美国杜克大学（Duke University）东亚系教授

Michael Berry：美国加州大学洛杉矶分校（UCLA）电影系教授

Nathan Hill：英国伦敦大学东亚语言文学系主任，伦敦大学孔子学院外方院长

Terry Flew：澳大利亚昆士兰科技大学创意产业学院院长、教授

【主持人】

郭一：北京航空航天大学外国语学院博士生，美国杜克大学访问学者

主持人：在您看来，中国文化最具代表性的形式有哪些？您为什么有这样的看法？

沈湘平：最具代表性的中国文化可分为传统、现代两大类，传统类的有武术、书画、戏曲、美食、中医、建筑；现代类的有熊猫、高铁、电视剧、价廉物美的产品。看法主要来自在国外时的一些感受、与外国人交往时的观察和媒体报道的感受。

Carlos Rojas：在看到访谈的问题后，我和这学期由我授课的中国台湾大学的研究生们讨论了这个问题，我从他们那里得到了有趣回应。有位同学说对于他而言最具代表性的中国文化形式是美食。他随后解释说，美食将自身与其他文化形式区别开来和使得自身最容易成为代表性的文化形式的原因，是美食在政治之外。尽管我并不完全同意这种评价（因为我认为美食也可能含有政治含义），但是我认为从中国美食的代表性角度来考虑也是有益的。值得一提的是，我注意到了一个有趣的现象，那就是对于大多数人来讲（无论在国内还是国外），人们在提到中国美食时总是想到国家级别的“中餐”，同时也会想到地域层面的特色美食，如上海菜、川菜等。对于这一点关锦鹏导演的电影《人在纽约》是一个很好的例证。在影片中来自中国大陆、中国香港和中国台湾的三位女性角色都通过“中国”美食和纽约建立了联系。

Nathan Hill：在我看来中国文化的代表性形式主要是中国美食和京剧，这些最初是我从旅游手册上看到的介绍。

Michael Berry：这个问题太复杂了，需要一个尽可能全面的回答。中国文化丰富多彩且庞大复杂，没有任何一种单一的文化表现形式能够代表它的复杂性和多元性。而且中国文化最具有代表性的形式随着不同的地区、不同的时代、不同的人群都会有相当大的差异。我愿意分享一些我的经历以佐证我的看法。当我奶奶还在世的时候，她每天下午都会约一些八九十岁的老太太一起打麻将。对于我奶奶来说，中国文化最具有代表性的大概就是“麻将”和“中国菜”。对于出生于二战后美国、成长于冷战时期的这代人，一想到中国就会联想到“毛泽东”等领袖人物。还有一些人一想到中国便联想到孔子、老子等古代思想家。70年代之后，中国文化就开始以“功夫片”和“武侠片”为包装走向世界，从李小龙到成龙，又从李连杰到甄子丹，在海外有多代人深受中国的武侠电影的影响。在中国国内也总是有人把“京剧”“昆曲”“书法”“国画”“围棋”“气功”等文化形式当作中国的“国粹”。但这些能够代表中国吗？我对这个问题还是持有疑惑。虽然这些文化表现形式或多或少都跟中国文化有关系，但仅靠一种关键词、人物、电影、哲学或具体的文化形式来代表一个国家或文化，都是远远不够的。因此我拒绝选任何一种单一的文化形式来代表中国文化。

在我教书的生涯中，我非常重要的一个任务是把中国文化的复杂性和多元性凸显出来。如何把这种多元性表现出来呢？比如说教电影，要介绍艺术电影，也要看商业电影；要看第六代电影，同时也得看写实主义的老片子；要看新中国成立前的左联电影，也要看李香兰为傀儡政府拍的那些老片子；要看大陆的电影，也要看港台和其他地区的华语电影。每一类形式都需要这样，只有这样才能够开始隐隐约约地了解中国文化的复杂性和多元性。但就算这样，也不过是冰山的一角。

Terry Flew：中国文化是传统文化（如舞蹈、歌剧、书法等）和世界流行文化（如功夫、羽毛球和乒乓球）的混合体。

主持人：针对您所提的这几种文化形式，国内是否有相关政策或资金支持？

沈湘平：大都有相关政策和规模不等的资金支持。

Carlos Rojas：乍一看，这个问题听起来有些递归：通常会传播有关文化形式的形式是什么？特别是，虽然许多文化形式主要以它们所属的同一代表形式传播（即中国电影主要以电影形式传播，中国文学主要以文学形式传播，中国艺术主要以艺术形式传播），中国菜的传播更加复杂。也就是说，中国菜通常不是作为烹饪本身传播的（即完全准备好的烹饪菜肴），而是作为一套知识和实践，然后实际的烹饪产品被重建（并且通常转化为过程）。

Nathan Hill：在我看来中国美食是中国文化传播最广泛的形式。除此之外太极拳在美国也很受欢迎（至少在俄勒冈是这样的）。中国道学也以一种相当通俗易懂的方式传播，在海外也产生了很大的影响。

Michael Berry：在我看来假如把话题拆开来看，针对中国文化的哪些形式在美国比较受到重视的讨论应该从多个角度来切入。

在哲学领域还是儒道佛这三个思想体系比较有广泛影响，《道德经》本身都有100多种英译本；中国严肃文学一直很难打入美国的主流市场，当然这二十年以来中国文学的英译本有明显的增加（一部分原因是中国政府所提供的各种翻译补助），但相对美国主流市场的那些著作，中国文学还是显得比较“冷门”。唯一的例外是中国科幻小说，随着刘慈欣、韩松、郝景芳、陈楸帆等作家的崛起，中国的科幻小说一夜间变成中国最卖座的文化出口产品。这是十年前谁都没有预料到的一个转变。

在电影方面，20世纪80至90年代曾经有一段时间美国的艺术院线被“第五代”中国导演征服了，张艺谋、陈凯歌和巩俐这些名字几乎变成了中国电影的同义词。但在海外市场，中国最成功的电影类型还是功夫片和武侠电影。早在中国大陆还未开放之前，香港的邵氏、国泰和嘉禾等制片厂拍的武侠电影深受美国观众的喜爱，尤其是李小龙的一系列功夫电影。值得牢记的是，美国有史以来最成功的外语电影还是2000年的《卧虎藏龙》。将近二十年过去了，虽然这期间中国内地的电影市场一直在奇迹式地增加，但并未出现第二部中国电影（或其他外语电影）能够打破李安导演创下的纪录。很多美国的主流观众一想到“中国电影”或“中国文化”，还是会马上联想到中国的功夫片和武侠电影。从20世纪70年代到今天，中国香港的一系列功夫明星——李小龙、成龙、李连杰、周润发、洪金宝、杨紫琼、甄子丹——已经变成“中国文化”的代言人。当然，除此之外还有许多其他的例子，比如体育界的姚明；当代艺术界的徐冰和张洹等。但在这个背景之下，我们不要忘记，当代中国通俗文化最有影响力的几个人，比如家喻户晓的邓丽君、崔健、琼瑶、金庸、张恨水，对一般的美国人来说还是相当陌生的。

Terry Flew：除了散居海外的华人，澳大利亚人对中国文化的了解大多来自大型展览和活动。例如，目前在墨尔本展出的兵马俑。

主持人：在您看来，我国文化海外传播的受众主要是哪类人群？为什么将他们列为主要受众？

沈湘平：在我看来，中国文化海外传播的受众主要为海外华人、东南亚居民、非洲、中亚、拉美民众和发达国家的富裕阶层。首先，海外华人与我们有着血缘、文化的双重关联，是我国文化在海外传播最重要的受众人群，也是最积极、可靠的再传播者；其次，东南亚居民与我们同属儒家文化圈，天然相近，与我国文化有着千丝万缕的联系；再次，非洲、中亚、拉美民众是我们传统上的“穷”朋友、一带一路的新伙伴，国情相近，历史遭遇相近、有很好的传统交往。他们对中国的印象总体上也好于西方；最后，发达国家的富裕阶层更愿意为自己特别是为下一代培养世界眼光、全球素质，从而产生一种接触、学习中国文化的需求。

Carlos Rojas：在我看来，主要的受众应该由对中国文化有兴趣和对这些文化形式感兴趣的人组成。例如由我翻译的现当代中国小说的受众，一部分是对当代中国（不一定是小说）感兴趣，也有一部分是对小说（不一定是现代中国）感兴趣。有时外国观众对某些中国文化形式感兴趣，是因为他们认为这些文化形式强化了中国文化的某种理想化形式，而其他人对中国文化形式感兴趣，是因为它们包含了对中国（特别是现代或当代中国）的评价。

Michael Berry：这也得看是哪一方面的。当然会有一批人专门关注“当代中国文化”，但这是少数，也产生不了广泛的影响。主要是个别领域的粉丝追随中国艺人在某个领域的贡献：比如说科幻迷去看《三体》、《折叠北京》或《流浪地球》；功夫迷来观看《卧虎藏龙》和《叶问》；等等。总的来说，很难培养一批美国土生土长的“中国迷”，需要中国在各个不同的文化领域——从音乐到艺术、电影到电视、文学到建筑——创造杰作，让外国的观众和读者自然而然地感受它们的独特之处。如果受众能够从这些文化形式中找到共鸣和认同，那就是文化交流最关键的一刻，就是在一个来自“异国文化”的作品里找到了“自己”。

Terry Flew：据我的观察，受众多是旅客和商人，还有那些对中国文化和中国语言的兴趣日益增长的学生们。

主持人：您认为哪种传播途径是最为有效的？相对而言哪种方式是效果不佳甚至无效的？

沈湘平：在大众传媒时代，大众文化对人产生无微不至、跨越国界的影响，好的大众文化产品特别是影视传播是目前最有效的传播途径。相对而言，进行宣传式、文艺表演性的传播是效果不佳的，受众面小、方式也比较陈旧。

Carlos Rojas：由于我主要从事文学和视觉文化的工作，因此在我有限的经验范围内，认为与文学和视觉文化相关的传播方式是行之有效的。

Michael Berry：对我而言，中国文化在海外的传播不仅是兴趣问题，更是一种责任。身为一个从事中国文化研究的学者，我总觉得有责任去接触和了解各种不同的文化媒介和不同文化传播的方式。我会看不同时代和不同类型的电影、音乐、文学作品、艺术作品。做这一行，这是我们最基本的工作。当然个人会有所偏爱，但从研究的角度来看，还是需要花时间了解个人不喜欢或不欣赏的作品，要不然无法为学生、为读者提供一个公平和全面的视角。撇开我自身不谈，对一般的美国人来说，还是有一些媒介更容易接受。但这基本上都可以归于一些比较实际的问题。比如说，中国流行音乐在美国没有广泛的影响，因为语言关——大部分美国人不会汉语，因此华语流行音乐较难打入美国主流市场。

Terry Flew：当旨在传播和展示文化时，中国需要在与世界沟通方面更加努力，因为中国利用大众媒体进行国际交流的能力还有很大的提升空间。

主持人：您的本职工作中是否有和中国文化传播相关的工作？作为专家，您在帮助传播中国文化的过程中有着怎样的思考？

张颐武：在我看来，人类精神文明的相互对话和互鉴是人类社会发展的关键，世界的思想和精神的交流，不同文明相互之间的参照和影响，都是人类历史进步的支柱。没有这种对话和互鉴，世界就不能进步，人类就不能发展。这是人类文明史发展的一个关键方面。讨论文明的互鉴，费孝通先生那几句名言至今传颂：“各美其美，美人之美，美美与共，天下大同。”这几句话当然是这个文明交流互鉴的最好的注脚，也是对其路径和方法的阐释。“各美其美”就是人们对于自身文化的肯定和认同，这是相当自然的，深植于自身文化之中的。这是“同”的认同，也是人类文明多样性的必然。美人之美，就是在文明的对话之中对他人的文化有更多的理解和肯定，对于他人与自己相异的文化有了更多的理解和认知，这是“异”的认知和理解。美美与共，就是在这样的认知基础上对于文明的进步的追求，各自受到不同文化的启发之后的努力。这可以说是“融”的努力。而最终的“天下大同”，则是一种人类共同理想的追寻，一种在更高层次上的人类命运共同体的追寻，这是一种“和”的境界的展开。由“同”开始，深入地理解他人之“异”，由此达到“融”的共同进步和提升，最终达致一种“和”的境界。这个对于文明互鉴的理解和认知是相当重要的。文明之间的平等对话互鉴其实正是人类发展的基础。那种拒绝“美人之美”的极端，其实也必然损害“各美其美”的自身发展，也必然让“美美与共”成为不可能，从而也最终让“天下大同”的愿景变得更不可能。这里的关键其实就是能够“美人之美”，在文化的交流中显现出更为包容和更为开阔的认识，其实是最关键的。

沈湘平：在我的工作中，中国文化的传播是非常重要的一部分。但大多是国内的传播，相比之下我对中国文化海外传播工作的投入较少。在国内传播方面，我主要是通过作为中央电视台国际频道访谈嘉宾、接待一些国外来访的方式进行传播。在帮助传播中国文化的过程中思考得比较多的有三点：一是让西方真实、立体地了解中国文化，了解中国真正优秀的文化，而不是了解一些故弄玄虚的、落后的文化；二是实事求是，不轻诺于各种所谓合作，因为轻诺必寡信；三是尽量了解且学会欣赏对方的文化，能以对方文化中相近的文化解释中国文化，让对方更容易接受。

Carlos Rojas：作为一位中国文学文化的研究者，我致力于传播中国文化。在学习中国现当代文化，包括文学、电影等视觉文化同时，我还积极从事中国现代文学的英译工作。

Nathan Hill：我的研究对象为中国地区古代文化和古代语言。在我的工作中，我旨在为加深对中国文化的理解做贡献。但我不确定我是在传播中国文化，还是在传播对中国文化更准确的理解。而且要说明的是，作为一名研究中国文化的学者，我也希望能为中国历史和文化在中国本土的传播做出贡献。

Michael Berry：多年以来，我的工作一直跟中国文化的传播有密切关系。早在 20 多年前，我就开始为中国的作者和导演担任口译。在我的教书生涯中，我一直开设中国文化的课程。在我负责的一系列中国文化课程中，“现代中国通俗文化”这门课程我已经连续开设了 17 年，而且每年选修这门课程的本科生都多达 200 多名。除了教书以外，我也经常接受美国和中国的主流媒体的采访，讨论和介绍中国文化。此外我也经常受邀在多地公开演讲介绍中国电影和文学。我也曾为多家电影制片公司担任文化顾问、撰写剧本。在我看来，这些工作都是在直接或间接做中国文化传播的工作。

但除了这些之外，我主要的文化传播工作还是我的研究和著作。我的著作可以简单地分成三类：（1）文学翻译，曾经翻译了 6 部长篇小说，包括余华的《活着》、王安忆的《长恨歌》等。（2）口述历史，已经出版几本当代电影人的访谈录，包括《光影言语》《煮海时光》等。（3）研究著作，包括《乡关何处》《痛史》等。这种三角式的研究方法多多少少也代表了我对当代中国的一些想法。但除了具体讨论的学术问题，口述历史和文学翻译的部分著作也说明我对中国文学作品和艺术家以第一人称创作的重视。

Terry Flew：我的研究分析了“软实力”语境下的中国国际传播策略。相关的内容发表在《全球媒体与中国》上，以及《合作意向书》中的部分章节。

主持人：十八大之后，您是否认为中国文化在海外的传播更加广泛和高效？您是否有印象深刻的相关事件或新闻？

沈湘平：十八大以来特别是“一带一路”建设以来，中国文化在海外的传播比以往有了质的提升。印象比较深的有：一是影视热播，清宫戏在亚洲一些地区、国家受到热捧；《媳妇的美好生活》在非洲热映；《流浪地球》在北美、韩国获得不错票房。二是不少中国作家如莫言、刘慈欣、郝景芳等获得世界文学大奖。

Nathan Hill：我认为中国文化海外推广的活动还是有一定的提升空间，例如让形式更丰富多样，吸引更多的观众。例如在我的印象中中国的新年庆祝活动历年来重合度比较好，当然文化风俗的原因是不可忽视的，但具体的展现形式和内容还可以进一步丰富。如果不做出创新和改变，这样的传播方式很难达到增强中国文化软实力的目的。

Michael Berry：从 2012 年至今，一个比较明显的改变是中国文学作品外文翻译的增加。这种增加大概有几个原因，其中一个比较重要的因素是中国政府和不同单位对外文翻译的支持和补助。2012 年之后的另一个大突破，是中国科幻小说在海外获得的广泛支持和肯定。刘慈欣和郝景芳都已经获得海外最大的科幻小说大奖。这是几年前谁都没想到的事情。

另外一个比较明显的改变，是中国电影公司在好莱坞的印迹，尤其是中方公司比如阿里巴巴所投资的好莱坞“大片”，像 2015 年的《不可能的任务：失控国度》《星际迷航 3：超越星辰》。

Terry Flew：中国对自身文化走出去的努力现在来看是更广泛了，但有效性还需要得到更多的关注。相对于回报，中国的“走出去”战略似乎代价高昂。

主持人：针对外国文化产业以中国传统文化为基础进行创作所获的巨大商业利益，您有何看法？对于这种情况您是否认为有借鉴意义？

沈湘平：外国文化产业以中国传统文化为基础进行创作获得巨大商业利益的案例很多，比方说电影《功夫熊猫》《花木兰》等。这是中国传统文化的骄傲，我们不应该去抱怨别人“剽窃”，而是应该警醒、自信和发愤图强，自觉地实现中华优秀传统文化的创造性转发和创新性发展。其借鉴意义不仅在于我们要挖掘自己传统文化中的宝贝，以今天的方式讲述昨天的故事，而且应该以各民族的文化为宝库进行文化创造，实现以中国的方式讲述世界的故事。

Carlos Rojas：鉴于中国市场的规模和盈利能力，近年来，许多好莱坞电影都有意将吸引中国本土观众的元素融入电影中，以帮助提高电影在中国的盈利能力。

Nathan Hill：在我看来，推广中国文化最好的办法，就是用英语提供更多关于中国晚清以来知识分子生活和作品的信息。让西方国家为今天的西方文明感到自豪的，主要是尼采、克尔凯郭尔等人。在伦敦的任何一家书店，你都能找到关于这些人物的著作和书籍，但没有人知道像段玉裁这样的中国思想家。当然人们知道孟子，但他更像柏拉图。希腊人至今仍然因柏拉图而感到自豪，但是希腊人对其古代历史的重视和强调，意味着他们对本国的近代历史感到羞愧或不满，因此通过强调过去而意图使人忽略他们的现在。我想说的是，这也是我现在对中国的印象。在中国，人们总是谈论和强调中国“古代智慧”，这仿佛在暗示“自宋代以来，我们没有做过任何重要的事情”。这当然是有失偏颇的，众所周知，自宋朝以来中国做了许多重要的贡献和影响世界进程的重大事件。

Michael Berry：针对这个问题，我认为好莱坞主流电影中的“中国因素”现象是值得一提的。在好莱坞的主流电影中，除了前面提到的中方投资之外，中国逐渐扩大的电影市场也促使电影中的“中国因素”越来越明显。这十年以来，大部分的美国动作片比如《浴血任务》《生化危机》《X 战警》《钢铁侠》《变形金刚》等系列电影大片都开始用中国演员。2018 年暑假的两部大片《巨齿鲨》和《摩天营救》，也都是中美合拍的。

Terry Flew：总的来说是的。中国在澳大利亚的艺术、文化和娱乐领域有大量投资。但它一直难以吸引在澳大利亚的中国人（约占澳大利亚人口的 5%）。

经典与通识

唐宋古文运动中的重要一环
——杜牧古文创作及其影响*

彭笑远**

【摘要】杜牧古文创作在整个唐宋古文运动处于重要的一环，其古文创作上承《左传》《史记》《汉书》、韩愈和柳宗元及唐传奇，下启宋代古文和文赋创作。杜牧进一步充实完善了古文的叙事、写景与抒情，使得古文创作生命力获得极大发展，并渗透到骈文中，开始“以散入骈”。同时，杜牧使得赋向散文化的方向发展，创造了骈散结合的文赋。而他的《阿房宫赋》，使得文赋最终形成，一直影响到宋代，如欧阳修的《秋声赋》、苏轼的前后《赤壁赋》均受《阿房宫赋》影响，都是宋代文赋的名篇。

【关键词】杜牧　古文　唐宋古文　以散入骈　文赋

以往对于唐宋古文运动的研究较为丰富，但多集中于唐代的韩愈、柳宗元和宋代的三苏、王安石、欧阳修、曾巩，对于晚唐的杜牧古文研究较少。事实上，杜牧古文创作处于整个唐宋古文运动中承上启下的重要一环，值得重新审视与研究。①

---

* 本文系北京市属高等学校高层次人才引进与培养“青年拔尖人才培育计划”成果。

** 彭笑远，北京青年政治学院东方道德研究所副所长，教授，文学博士。

① 作者专著《唐宋诗学转型视野下的杜牧诗歌研究》从“唐宋诗学转型”的视角详细研究了杜牧诗歌的继承、新变与影响，具体探讨了杜牧诗歌创作中的“以议论为诗、以文为诗、以才学为诗”和杜牧古诗、律诗、绝句的新变。在本书中特别指出了杜牧在整个唐宋诗学乃至唐宋文学转型中的重要地位，详见彭笑远著《唐宋诗学转型视野下的杜牧诗歌研究》（华艺出版社，2009 年版）。本文从唐宋古文运动（其背后是唐宋文学转型乃至唐宋转型）的角度对杜牧的古文创作及其影响做了初步的探索。

杜牧传世的作品中，除了诗歌外，便是“文”（广义上的“文”，包括古文和骈文）和“赋”。《樊川文集》中所收的“文”包括论、辩、传、记、赋、录、书、序、表、启、制、墓志铭等，共16卷。单从数量上来说，要多于其诗，但从影响上说，其“文”则远远不如其“诗”。

尽管如此，杜牧对其文章也很自负，他在《上安州崔相公启》中说：“措于《史记》‘两汉’之间，读于文士才人之口，与二子并无愧容。”集中表达了他对自己的“文”的自负，并透露出他在“文”的创作上所追摹的对象，即《史记》和“两汉”，而这种追摹也对杜牧“文”的创作产生了深刻的影响，后面将有论述，此处不再赘述。

《樊川文集》是由杜牧的外甥裴延翰编辑的，其中收入杜牧的诗文作品450多篇。关于文集的编辑过程，裴氏在《樊川文集序》中做了详述：“长安南下杜樊川，郦元注《水经》，实樊川也，延翰外曾祖司徒歧公之别墅在焉。上五年冬，仲舅自吴兴守拜考功郎中、知制诰，尽吴兴俸钱，创治其墅。出中书直，亟召昵密，往游其地。一旦谈啁酒酣，顾延翰曰：‘司马迁云：‘自古富贵，其名磨灭者，不可胜纪。’我适稚走于此，得官受俸，再治完具，俄及老为樊上翁。既不自期富贵，要有数百首文章，异日尔为我序，号《樊川集》，如此，顾樊川一禽鱼、一草木无恨矣，庶千百年未随此磨灭邪！’明年冬，迁中书舍人，始少得恙，尽搜文章，阅千百纸，掷焚之，才属留者十二三。延翰自撮发读书学文，率承诱导。伏念始初出仕入朝，三直太史笔，比四出守，其间余二十年，凡有撰制，大手短章，涂藁醉墨，硕伙纤屑，虽适僻阻，不远数千里，必获写示。以是在延翰久藏蓄者，甲乙签目，比校焚外，十多七八，得诗、赋、传、录、论、辨、碑、志、序、记、书、启、表、制，离为二十编，合为四百五十首，题曰《樊川文集》。呜呼！虽当一时戏感之言，孰见魄兆，而果验白耶！”本段交代了《樊川文集》成型的全过程。正因为裴延翰留意搜集，才使得杜牧的诗文得以最大化的保留。杜牧临终前焚稿，一方面凸显出杜牧的严谨甚至是苛刻的筛选标准；另一方面也反映出杜牧晚年的意志消沉，无意于诗文的苍凉心态，而这种矛盾与彷徨几乎伴随了杜牧一生。

杜牧一生的“文”的创作，主要是经世致用，目的性十分明确，而非审美自娱，这在其《上知己文章启》中有详细交代：

> 某少小好为文章，伏以侍郎文师也，是敢谨贡七篇，以为视听之污。伏以元和功德，凡人尽当歌咏纪叙之，故作《燕将录》。往年吊伐之道未甚得所，故作《罪言》。自艰难来始，卒伍佣役辈，多据兵为天子诸侯，故作《原十六卫》。诸侯或恃功不识古道，以至于反侧叛乱，故作《与刘司徒书》。处士之名，即古之巢、由、伊、吕辈，近者往往自名之，故作《送薛处士序》。宝历大起宫室，广声色，故作《阿房宫赋》。有庐终南山下，尝有耕田著书志，故作《望故园赋》。

后世对于杜牧“文”的创作的评论，数量上不及其诗歌评论，但也断续汇集了不少，其中对杜牧“文”的创作持肯定态度的占大多数。有一些批评的声音，主要是从文体正变的角度提出批评，但这也反映出杜牧在唐宋文学转型中承上启下的特点。

对于杜牧“文”和“赋”的评论，最早始于其外甥裴延翰。裴氏在《樊川文集序》中对杜牧的“文”和“赋”有过高度评价。

晚唐时的皮日休曾说：“余为童在乡校时，简上抄杜舍人牧之集，见有与进士严恽诗。”① 这充分说明杜牧文集在晚唐已经十分流行，并被广为流传。

《欧阳文忠公集》中《谢氏诗序》记载：“景山尝学杜甫、杜牧之文，以雄健高逸自喜。”《孙子后序》载：“世所传孙武十三篇，多用曹公、杜牧、陈皞注，号《三家孙子》。……凡人之用智有短长，其设施各异，故或胶其说于偏见，然无出所谓三家者。……牧亦慨然，最喜论兵，欲试而不得者，其学能道春秋战国时事，甚博而祥。……牧谓曹公于注《孙子》尤略，盖惜其所得自为一书。”②

宋代谢枋德《文章轨范》是他对散文评点的代表作，其中选韩愈散文31 篇，苏轼 12 篇，柳宗元、欧阳修各 5 篇，苏洵 4 篇，杜牧、王安石等

---

① 转引自张金海编：《杜牧资料汇编》，中华书局，2006 年版，第 10 页。

② 《欧阳文忠公集》卷四十二，转引自张金海编：《杜牧资料汇编》，中华书局，2006 年版，第 23—24 页。

各1篇。[1] 其中所选，均为唐宋古文创作的高手，除杜牧外，其余几人均在“唐宋八大家”之列。由此亦可看出杜牧在古文创作上的成就，以及后世对他属于古文阵营的认同。

清代洪亮吉在《北江诗话》中说：“有唐一代，诗文兼擅者，惟韩、柳、小杜三家。”；“中唐以后，小杜才识，亦非人所能及。文章则有经济，古近体诗则有气势，倘分其所长，亦足以了数子。宜其薄视元、白诸人也。”；“杜牧之与韩、柳、元、白同时，而文不同韩、柳，诗不同元、白；复能于四家外，诗文皆别成一家，可云特立独行之士矣。”[2]

清代李慈铭，著名文学家和学者，治经学和史学，为清代汉学的代表。杜牧在《上池州李使君书》中肯定了以郑玄为代表的汉学的成绩，批判了中唐时人的“舍经求传”，因此，李慈铭对杜牧赞赏有加，在《越缦堂读书记》中说：“此等议论，唐中叶以后，人所罕知。樊川文章风概，卓绝一代，其学问识力，亦复如是。予向推为晚唐第一人，非虚诬也。”[3]

清代全祖望在《杜牧之论》中认为：“杜牧之才气，其唐长庆以后第一人耶！读其诗、古文、词，感时愤世，殆与汉长沙太傅相上下。”[4]

虽然后世对杜牧的“文”多有赞誉，但是相对于其诗赋而言，影响相对较小。除了几个名篇如《阿房宫赋》《罪言》《战论》《守论》外，其他较少有人关注。下面，我们就来论述杜牧的古文创作及其影响。

一

杜牧的古文创作处于唐宋古文发展的重要一环中，其创作有所承续，呈现出深厚的文化与文学底蕴。

杜牧的古文创作与唐代的韩、柳古文运动有着密切的关系，此已是学

---

① 转引自孙琴安：《中国评点文学史》，上海社会科学院出版社，1999年版，第39页。

② 〔清〕洪亮吉：《北江诗话》，人民文学出版社，1998年版，第3页、26—27页。

③ 〔清〕李慈铭：《越缦堂读书记》，转引自张金海：《杜牧资料汇编》，中华书局，2006年版，第319页。

④ 〔清〕全祖望：《杜牧之论》，朱铸禹：《全祖望集汇校集注》，上海古籍出版社，2000年版，第1510—1511页。

界定论。清人宋顾乐《梦晓楼随笔》云："唐人文，韩、柳之外，陆宣公、李卫公、独孤及、刘宾客、李翱、皇甫湜、杜牧、孙樵、皮日休、陆龟蒙，此十家者，当遴次以传。"① 文中所列人士，均为唐代古文运动的大将，点出杜牧与唐代古文运动之关联。

谢逸《上南城饶深道书》云："……抑尝闻'本深而末茂，行峻而言厉'，是韩愈之训尉迟生也。'激之欲其清，扬之欲其明'，是柳宗元之训崔蒴也。'以意为主，以气为辅，以辞采章句为之兵卫'，是杜牧之训庄允也。此三说亦粗得文之旨矣。"②

今人吴在庆《杜牧论稿》中第四部分《杜牧诗文的渊源及艺术风格、表现手法》专门考辨了"杜牧古文诗友渊源考论""杜牧与韩柳古文运动"。首先从家学渊源看，杜牧出身于崇尚儒学的仕宦之家，中唐的古文名家如权德舆、刘禹锡、梁肃、沈传师等，都受到杜牧祖父杜佑的器重，而这些古文家于杜牧又是前辈，杜牧自然会受到他们的影响；其次，与杜牧交往的师友也大都是与韩、柳古文运动有相当关系的人，如吴武陵、牛僧孺、李甘、李中敏等人，杜牧与他们的交往直接影响到他的古文创作。③

胡可先在《论杜牧诗文的渊源》一文中认为，杜牧的散文渊源于唐代的古文运动。唐代古文运动从李华、萧颖士到梁肃、独孤及、柳冕，到韩愈、柳宗元，再到晚唐的杜牧、皮日休、陆龟蒙、罗隐，形成了唐代古文运动的一个系列，而杜牧就是其中非常重要的一环。④

除中国学者外，日本汉学家清水茂也曾考察过杜牧的古文创作，其角度颇为新颖——从杜牧与唐传奇的角度来看杜牧的古文创作。他在《杜牧与传奇》中指出，杜牧的古文创作受到唐传奇的影响，主要表现为：杜牧的散文常有小说式的描写，经常会有对梦的记载，同时有细致的描写。而杜牧之所以在散文创作中受到传奇的影响，是受到晚唐传奇风潮的影响，

---

① 〔清〕宋顾乐：《梦晓楼随笔》，转引自张金海编：《杜牧资料汇编》，中华书局，2006 年版，第 328 页。

② 〔宋〕谢逸：《溪堂集》卷八，转引自张金海编：《杜牧资料汇编》，中华书局，2006 年版，第 49 页。

③ 吴在庆：《杜牧论稿》，厦门大学出版社，1991 年版，第 173—208 页。

④ 胡可先：《政治兴变与唐诗演化》，中国社会科学出版社，2003 年版，第 330—333 页。

以及三个传奇作家——牛僧孺、沈亚之、沈既济的影响。① 这一研究，也为杜牧的古文研究打开了一个新的思路。

以上诸家多从唐代古文、唐代传奇与杜牧之关系入手，揭示杜牧古文创作的渊源，而我认为，杜牧古文创作深受“史传散文”的影响，特别是《左传》与《史记》的影响。

杜牧祖父为唐代名相、著名史学家杜佑，杜佑著有史学名著《通典》，此书对杜牧影响极深。杜牧之家学既有史学一脉，下面要考述的就是杜牧与“史传散文”的关系。

杜牧在《自撰墓志铭》中云：“牧进士及第，制策登科，弘文馆校书郎，试左武卫兵曹参军、江西团练巡官，转监察御史里行、御史、淮南节度掌书记，拜真监察，分司东都。以弟病去官，授宣州团练判官、殿中侍御史、内供奉，迁左补阙、史馆修撰，转膳部、比部员外郎，皆兼史职。出守黄、池、睦三州，迁司勋员外郎、史馆修撰，转吏部员外。以弟病，乞守湖州。入拜考功郎中、知制诰，周岁，拜中书舍人。”交代了自己的一段仕宦经历，这一经历与他自小所受的史学熏陶一并成为史学修养。

据《中国历史大辞典·隋唐五代史卷》载：“史馆，官署名。北齐始置，掌监修国史，为秘书省附属机构，隋因之。唐初，隶秘书省著作局。贞观三年（629），始移史馆于禁中，隶门下省。修本朝史由史馆负责，修前代史多由他官编纂，宰相监修，正式确立史馆修史，宰相监修之制。开元二十五年（737），徙史馆于中书省。天宝以后，他官兼领史职者，谓之史馆修撰，初入者为直馆。”② 联系此前杜牧自己所说，由此可以看出，杜牧曾从事过修史编撰，积累了丰富的史学知识。

除此之外，我们还可在《樊川文集》中可以看到杜牧的相关记述。以下所列，均出自《樊川文集》：

《注孙子序》：“及年二十，始读《尚书》、《毛诗》、《左传》、《国语》、十三代史书，见其树立其国，灭亡其国，未始不由兵也。”

《同州澄城县户工仓尉厅壁记》：“《史记·河渠书》曰：自征引洛水

---

① 〔日〕清水茂：《清水茂汉学论集》，蔡毅译，中华书局，2003 年版，第 253—281 页。

② 《中国历史大辞典·隋唐五代史卷》，上海辞书出版社，1995 年版，第 176 页。

至商颜下商颜，山名。凿井深者四十余丈。”

《自撰墓志铭》：“某平生好读书，为文亦不出人。”

《答庄充书》：“观足下所为文百余篇，实先意气而后辞句，慕古而尚仁义者，苟为之不已，资以学问，则古作者不为难到。今以某无可取，欲命以为序，承当厚意，惕息不安。复观自古序其文者，皆后世宗师其人而为之，《诗》《书》《春秋左氏》以降，百家之说，皆是也。古者其身不遇于世，寄志于言，求言遇于后世也。自两汉以来，富贵者千百，自今观之，声势光明，孰若马迁、相如、贾谊、刘向、扬雄之徒，斯人也乞求知于当世哉?”

《上安州崔相公启》：“至于会昌三年八月中所献相公长启，铺陈功业，称校短长，措于《史记》、两《汉》之间，读于文士才人之口，与二子并无愧容。”

综上所述，我们可以看出，杜牧熟读史书，并对《左传》《史记》等极为熟悉，并且认为自己的古文创作可比前人的“史传散文”。透露出杜牧所心仪与追慕的，除了韩柳外，便是先秦两汉的“史传散文”了。

杜牧所学“史传散文”的精髓，便是在于对人物的描写以及夹叙夹议的叙述议论能力。《左传》《史记》《汉书》对历史人物的描写十分成功，善于运用对话、事件、细节来刻画人物，从而使得历史人物具有自己的性格特征。其中，杜牧所受影响最大者，则莫过于《史记》。因为《左传》叙事简练，《汉书》叙事中正，而《史记》叙事则恣肆，这正符合杜牧之性格和才情。

关于《史记》的特点，刘师培在《中古文学论著三种·汉魏六朝专家文研究》中说：“中国文学之特长，有评论与记事相混者，即所谓夹叙夹议也。如《史记·魏其武安侯列传》，通篇记事，并无评论，而是非曲直即存于记事之中。余如《封禅》《平淮》两书，句句叙事，亦句句评论。故夹叙夹议之文以《史记》最为擅长。”“再就史书而论，《史》《汉》之所以高出于后代者，即在其善于写实。故每记一事，则经过之曲折，纤细不遗；记战争则当日之策划了如指掌。”①

---

① 刘师培:《中古文学论著三种·汉魏六朝专家文研究》，辽宁教育出版社，1997 年版，第 139、132—133 页。

再如孙鑛在评点《史记·吴太伯世家》的开篇眉批道："事叙中入虚字，用以点缀挑剔，是史公创法，读之意状溢出。"①

杜牧的古文中，传记散文与书信类散文最富这些特征。如《燕将录》中写主人公谭忠，就是通过几个典型事件的刻画，写出了谭忠的机智善辩、忠勇豪健以及过人的胆识。再如《上宰相求杭州启》："自去年十二月至京，以旧第无屋，与长兄异居。今秋以来，弟妹频以寒馁来告。某一院家累，亦四十口，狗为朱马，缊作由袍，其于妻儿，固宜穷饿。是作刺史，则一家骨肉，四处皆泰；为京官，则一家骨肉，四处皆困。"讲述形象生动，饱含感情，让人读之难忘。

在目前杜牧所存的"文"中，按照内容来划分，大体有以下类型：

1. 传记散文：《燕将录》《张保皋、郑年传》《窦烈女传》，反映了杜牧关注历史人物、以史为鉴的态度。

2. 政论文：《罪言》《原十六卫》《战论》《守论》《论相》，纵论历代政治、军事及其制度的得失利弊。杜牧文中成就最大、影响最广的是政论文，主要是针砭时弊，有着很强的现实针对性，多是针对国家社会、政治、军事等亟待解决的问题有感而发。清代刘熙载《艺概·文概》评论《罪言》云："杜牧之识见自是一时之杰。观所作《罪言》，谓'上策莫如自治'、'中策莫如取魏'、'最下策为浪战'又两进策于李文饶，皆案切时势，见利害于未然。以文论之，亦可谓不浪战者矣。"

3. 书信：启、书，《上知己文章启》《上李中丞书》《上池州李使君书》《上李太尉论江贼书》《上盐铁裴侍郎书》《与汴州从事书》《上周相公书》《上宰相求湖州第一启》《上宰相求湖州第二启》等。

4. 墓志铭：《唐故平卢军节度巡官陇西李府君墓志铭》《唐故岐阳公主墓志铭》《唐故处州刺史李君墓志铭》等。

5. 记：《杭州新造南亭子记》《池州造刻漏记》《池州重起萧丞相楼记》等；

6. 下对上的公文：《上吏部高尚书状》《黄州刺史谢上表》《贺平党项表》等。

---

① 转引自孙琴安：《中国评点文学史》，上海社会科学院出版社，1999年版，第121页。

7. 上对下的公文：《高元裕除吏部尚书制》《赵真龄除右散骑常侍制》《卢告除左拾遗制》。

杜牧的古文创作对后世影响还是很大的。例如，唐宋八大家之一的欧阳修命儿子欧阳叔弼读《新唐书》列传，卧而听之，至《藩镇传序》（杜牧《守论》中一大段被采入）叹曰："若皆如此传序，笔力亦不可及。"（《梁溪漫志》）从这段记载中，我们可以看出，欧阳修对于杜牧文章还是十分欣赏的。

杜牧在古文方面的成就，除了论（古文从先秦两汉开始，以议论说理见长，但是写景抒情较弱。自中唐韩柳后，古文写景抒情的功能加强，杜牧则进一步发展了此功能）之外，主要还是在一些实用文体方面。杜牧进一步发展了古文的叙事、写景与抒情功能，并渗透到骈文中，开始"以散入骈"。

晚唐杜牧与李商隐并称"小李杜"，主要指二人在诗歌创作上的成就。当我们考察杜牧和李商隐的"文"时，可发现他们的不同：

唐代官场公文，如诏令、制诰、章奏、表状等，通用骈体；即便私人往来函件及应用文，也大抵崇尚骈文。因此传世的李商隐文绝大部分为俪青妃白的四六骈体，古文（即散体文）所占比例很小。李商隐四六因其炉火纯青与高度实用，可供人揣摩借鉴而得以大量保存，而他的散文却经大浪淘沙只留下披沙拣金的仅存硕果。与李商隐相反的是，杜牧流传下来的古文居多，即便是骈文，也有明显的"以散入骈"的现象。同时，杜牧的很多实用文章（唐代习俗，实用文章多用骈文，杜牧却多用散文）中都融入文学化的笔法，使得实用文章文学性加强，增加了实用文章的审美价值，对后世影响很大。

例如，杜牧启中多对话、细节描写，且多抒情，较放得开，因此，杜牧写的表、启真切感人，在这样的公文中也会体现自己的性情，这对后来的宋代文人产生了影响。如杜牧的《第二启》中说："然某早衰多病，今春耳聋，积四十日，四月复落一牙。耳聋牙落，年七八十，人将谢之候也。今未五十，而有七八十人将谢之候，盖人生受气，坚强脆弱，品第各异也。坚强者七八十而衰，脆弱者四五十而衰，其不同也，亦与草木中蒲柳松柏同也。某今生四十八矣，自今年来，非唯耳聋牙落，兼以，意气错寞，在群众欢笑之中，常如登高四望，但见苍茫大野，荒墟废垅，怅望寂默，不能自解。此无他也，气衰而志散，真老人态也。自省人事以来，见亲旧交游，年未五十尚壮健而死者众矣，况某早衰，敢望六七十而后死乎。”此段文字将文学化的细腻描写和抒情、议论融为一体，颇为传神。

而李商隐的表、启中多四六句，对仗工整，用典典雅，较中正拘谨。如《上兵部相公启》：“商隐启：伏奉指命，命书元和中太清宫寄张相公旧诗上石者，昨一日书讫。伏以赋旷代之清词，宣当之重德。昔以道均契、稷，始染江豪；今幸庆袭韦、平，仍镌，宋石。依于桧井，陷彼椒墙，扶持固在于神明，悠久必同于天地。况惟菲陋，早预生。仰夫子之文章，曾无具体；辱郎君之谦下，尚遣濡翰。空尘寡和之音，素乏入神之妙。恩长感集，格钝渐深。但恐，涕夷，终斑琬琰。下情无任战汗之至。”

综合上述，结合以往论者所述，我们可以看出，在一些实用文体中，如“启”（书信）中也可见出，杜牧重古文，李商隐重骈文。

二

杜牧的古文创作对其赋的创作亦有明显影响。

赋的起源乃是辞赋，班固在《两都赋》中认为辞赋是“古诗之流也”；刘勰在《文心雕龙·诠赋》中认为辞赋为“受命于诗人，拓宇于楚辞”。在两汉时期，无论是大赋、小赋均与汉代的文有区别。两汉后，大赋逐渐衰亡，言志抒情、写景状物的小赋流行开来。

汉代的辞赋类作品，按照内容大致可以分为两种：一种以抒情为主，体制基本与先秦的楚辞相同，这种一般称为“辞”或“骚”；另一种以状物为主，铺排摹绘，夸饰文采，这类一般称为“大赋”或“汉赋”。到了东汉中期后，出现了“抒情小赋”。

杜牧的赋吸收了先秦、两汉赋的状物叙事、抒情言志的特点，同时还吸收了魏晋、六朝赋的音韵美、辞章美的特点。在其赋中，铺叙、描绘以骈偶为主，抒情、议论以散句为主，开始骈散结合。更为重要的是，杜牧深受中唐以来古文运动的影响，不仅大量写作古文，而且还援古文入赋，最终完善并形成了文赋。因此，杜牧在继承了韩愈古文运动优良传统的基础上，创造着自己的文和赋的特色，特别可以看出某些从唐文向宋文过渡的印记。这主要体现在：第一、开宋文明白晓畅之先河；第二、奠文赋之基。

杜牧现存的赋有三篇：《阿房宫赋》《望故园赋》《晚晴赋》。其中最负盛名的是《阿房宫赋》。

《阿房宫赋》是现在可考的杜牧最早的作品，作于宝历元年（825），杜牧时年 23 岁。此赋在当时就广为流传，据《唐摭言》载，太学博士吴武陵见到“太学生十数辈，扬眉抵掌，读一卷文书，就而观之，乃进士杜牧《阿房宫赋》”。吴武陵也颇为称赏此赋，力荐给礼部侍郎崔郾。大和二年（828），杜牧遂因此赋而登进士第。

杜牧创作此赋的目的是关注现实，乃是有为而作的实践。杜牧以秦始皇建造阿房宫事，讽喻劝诫唐敬宗大造宫室，穷奢极欲。

在艺术形式上，杜牧使得赋向散文化的方向发展，创造了骈散结合的文赋。而他的《阿房宫赋》，使得文赋最终形成，一直影响到宋代，如欧阳修的《秋声赋》①、苏轼的《赤壁赋》《后赤壁赋》均受《阿房宫赋》影响，都是宋代文赋的名篇。有研究者指出：“宋文赋导源于楚辞、汉赋，杜牧的《阿房宫赋》开创了新文赋的先河，宋初欧阳修苏轼等人《秋声赋》、前后《赤壁赋》等杰作的出现，则标志着宋代新文赋的定型。宋文赋的特征有三：其一是多用散文句法，句式参差不齐；其二是押韵更趋自由，甚至可以不押韵；其三是以才学、议论为赋。”②

《阿房宫赋》开头的“六王毕，四海一。蜀山兀，阿房出。覆压三百余里，隔离天日。骊山北构而西折，直走咸阳”，完全打破赋之固有的体式，十分自由洒脱。而第一段的结尾则为“一日之内，一宫之间，而气候不齐”，从句式上打破了此前偶句承递的流畅平稳的节奏，而用奇句结束

① 《与友人往还（节录）》：信矣！文章与造化争功也。……晋魏以后，则无足论也。李白数篇，奔注汪洋，自成一家，不若退之、子厚仅埒西汉；近时欧阳文忠公《秋声》，乃规摹李白，其实则与刘梦得、杜牧之相先后者。〔宋〕李之仪：《姑溪文集》卷三十一，转引自张金海编《杜牧资料汇编》，中华书局，2006 年版，第 30 页。此段论述即点出欧阳修的《秋声赋》与杜牧《阿房宫赋》的关系。

② 郭建勋、黄小玲：《宋文赋的形成及文体特征》，《中国文学研究》，2007 年 3 期。

全段，句式上以奇破偶，给人以奇异突兀之感。

到了全文的结尾，则完全是散文化的句子，如“灭六国者，六国也，非秦也。族秦者，秦也，非天下也。嗟乎！使六国各爱其人，则足以拒秦。使秦复爱六国之人，则递三世可至万世而为君，谁得而族灭？秦人不暇自哀，而后人哀之；后人哀之而不鉴之，亦使后人而复哀后人也”。完全不拘泥于骈偶的形式，而是按照自己的议论展开，显得意气横生，收放自如，非散化古文不能也。

吴讷《文章辨体序说》曰：“至杜牧之《阿房宫赋》，古今脍炙；但太半是论体，不复可专目为赋矣，毋亦恶俳律之过而特尚理以矫之乎？”①此一批评，亦指出杜牧“赋”之新变。

综上所述，可以看出杜牧古文创作在整个唐宋古文运动处于重要的一环，其古文创作上承《左传》、《史记》和《汉书》、韩愈和柳宗元及唐传奇，下启宋代古文和文赋创作，具有承上启下的历史功绩，值得进一步挖掘与研究。

---

①〔明〕吴纳著、于北山校点：《文章辨体序说》，人民文学出版社，1998年版，第22页。

天人之序：《诗经》与周代祭祀传统

罗　旻*

【摘要】周人将祭祀与礼乐系统结合，形成了一套更加完备的祭祀体系，以祈祷福祉，教化民众。堪称周代社会百科全书的《诗经》中记载了诸多周人的祭祀活动。本文拟从《诗经》文本所描述的周人祭祀细节着眼，经由对周代祭祀活动主体、祭祀中所用的乐舞与诸祭品、器物等方面的分析，展现周人在等级制基础上所奠定的法天崇德的祭祀传统，以及周代祭祀在敬事神明的同时，得以化育并凝聚人心的社会功能。

【关键词】《诗经》　周代　祭祀　礼乐　诚敬　秩序

祭祀的本质是宗教或类宗教性的活动。在原始宗教中，它是先民们祈求神灵保护的举措，而当礼乐文明兴盛时，祭祀便被赋予更多的政治与教化功能。周人认为，人以虔敬示于天地鬼神，天地鬼神便会以福祉回馈。而人的虔敬，一方面在于典礼、祭品、颂歌、乐舞等丰厚的物质奉献，另一方面则在于内心的真诚与行为的恭谨。《礼记·祭统》言："夫祭者，非物自外至者也，自中出生于心也。心怵而奉之以礼，是故唯贤者能尽祭之义。"① 便是对诚敬之心的充分肯定。这源自周人对上天的尊崇。在周人的天道观中，天命唯德是辅，以道德为依归，诚与敬便是人内心德性的

* 罗旻，北京航空航天大学人文与社会科学高等研究院讲师，博士，研究方向为宋代文学、乐府学、诗经学。

① 〔汉〕郑玄注，〔唐〕孔颖达疏：《礼记正义》，北京大学出版社，1999 年版，第 1345 页。

体现，历代圣王不独以此心通达上天，更以此理凝聚家国，教化民众，建构天人合一的社会秩序。《国语·楚语下》所谓“孝息民，抚国家，定百姓”①，《礼记·祭统》所谓“祭者，教之本”②，《论语·学而》所谓“慎终追远，民德归厚矣”，都展现了祭祀被赋予的道德教化功能。在天人秩序的奠定与流转中，人类的德性也随之凝定光大。

一、《诗经》中记述的主要祭祀

《周颂·时迈》篇中描绘了周王顺承天命，遍祭百神，以巩固国家治理的政治与宗教活动：

> 时迈其邦，昊天其子之。实右序有周。薄言震之，莫不震叠。怀柔百神，及河乔岳。允王维后！明昭有周，式序在位。载戢干戈，载櫜弓矢，我求懿德，肆于时夏。允王保之。③

《毛序》以为此篇主旨是“巡守告祭柴望也”，柴为祭昊天之礼，望为祭山川之礼。《左传》言此诗为武王克商后所作的颂歌，《国语·周语》认为诗篇的作者为周公。综上所述，《时迈》当为武王得国后，巡行天下、祭祀四方神灵的乐歌，无论作者为谁，诗中体现的都是周人立国之初敬神明而致太平的思想。篇中先强调周武王为天命所归的天子，故而能够克伐殷商，镇服各邦国。随后便立即提到武王巡行中对百神山川的祭祀。广祭百神，一方面是对天命所降进行普遍回应；一方面是以天命之威仪镇抚所经行的各国，同时奠定与完善了天人两方面的秩序。在天人相合的秩序之下，周人遂进而息武崇文，法天修德，以使基业永固。全诗将天命、祭祀置于修德之前，固然体现了自天而人的脉络，但周人认为“皇天无亲，惟

---

① 〔三国·吴〕韦昭注：《国语》，上海世纪出版集团，第265页。

② 〔汉〕郑玄注，〔唐〕孔颖达疏：《礼记正义》，北京大学出版社，1999年版，第1354页。

③ 〔汉〕郑玄注，〔唐〕孔颖达疏：《毛诗正义》，北京大学出版社，1999年版，第1304—1306页。

德是辅”①，天命中固有道德因素，《时迈》篇末提及“我求懿德”，就是对开篇“昊天其子之”的呼应。既然道德因素隐然贯穿于全篇，居于天人之际的“怀柔百神”这一宗教行为，便又获得了政治治理与德性风化的双重内涵。

在农耕文明的传统中，人们认为四时百物的生机都由天赋予。周人如此重视天道与天命，也是为了维护天人之间的和谐，人类社会为了生息繁衍所进行的行为，都与上天的节律相合。因而，在四时轮转的节点上便产生了诸多的祭祀活动。如《礼记·月令》记载，孟春之月为诸物萌生之时，天子当“祈谷于上帝”②，“乃修祭典。命祀山林川泽”③，祈祷万物的生发滋长；仲夏之月，暑热易旱，当“命有司为民祈祀山川百源。大雩帝……”④ 祈祷雨水丰足，都是为了一年的农事活动顺利完成而举办的祭祀。

《诗经》中对与农业生产相关的祭祀场景颇有涉及，如《小雅·甫田》篇为周王祭祀方社田祖的乐歌，其中不独描绘祭祀，也展现了周人因祭祀与劳作的双重努力而获得丰收的喜悦：

倬彼甫田，岁取十千。我取其陈，食我农人，自古有年。今适南亩，或耘或耔，黍稷薿薿。攸介攸止，烝我髦士。

以我齐明，与我牺羊，以社以方。我田既臧，农夫之庆。琴瑟击鼓，以御田祖。以祈甘雨，以介我稷黍，以穀我士女。

曾孙来止，以其妇子，馌彼南亩。田畯至喜，攘其左右，尝其旨否。禾易长亩，终善且有。曾孙不怒，农夫克敏。

曾孙之稼，如茨如梁。曾孙之庾，如坻如京。乃求千斯仓，乃求万斯箱。黍稷稻粱，农夫之庆。报以介福，万寿无疆！⑤

---

① 〔清〕王先谦：《尚书孔传参正》，中华书局，2011 年版，第 813 页。

② 〔汉〕郑玄注，〔唐〕孔颖达疏：《礼记正义》，北京大学出版社，1999 年版，第 461 页。

③ 〔汉〕郑玄注，〔唐〕孔颖达疏：《礼记正义》，北京大学出版社，1999 年版，第 466 页。

④ 〔汉〕郑玄注，〔唐〕孔颖达疏：《礼记正义》，北京大学出版社，1999 年版，第 501 页。

⑤ 〔汉〕郑玄注，〔唐〕孔颖达疏：《毛诗正义》，北京大学出版社，1999 年版，第 832—845 页。

诗中首先以“今适南亩，或耘或耔，黍稷薿薿”点明春夏之交的时令，而后描绘隆重的祭祀仪式，“以我齐明，与我牺羊，以社以方”“琴瑟击鼓，以御田祖。以祈甘雨，以介我稷黍，以穀我士女”，这些对甘雨与丰年的祈祷，与诗中“倬彼甫田，岁取十千”“乃求千斯仓，乃求万斯箱”的丰收景象相映衬，无不展现出周人对农耕的仰赖与自豪。

《小雅·大田》为《甫田》的姊妹篇，是周王在秋收之后祭祀田祖、用以告成的乐歌：

> 大田多稼，既种既戒，既备乃事。以我覃耜，俶载南亩。播厥百谷，既庭且硕，曾孙是若。
>
> 既方既阜，既坚既好，不稂不莠。去其螟螣，及其蟊贼，无害我田稚。田祖有神，秉畀炎火。
>
> 有渰萋萋，兴雨祈祈，雨我公田，遂及我私。彼有不获稚，此有不敛穧；彼有遗秉，此有滞穗，伊寡妇之利。
>
> 曾孙来止，以其妇子，馌彼南亩，田畯至喜。来方禋祀，以其骍黑，与其黍稷。以享以祀，以介景福。①

篇中描绘了农夫的辛勤劳作，他们整饬农具，下地播种，举火驱虫，因甘雨而喜悦，最后喜迎“彼有遗秉，此有滞穗”的一目了然的丰年；而与之错杂描写的，便是作物逐渐生长成熟的过程，从“既庭且硕”的挺拔，到“既方既阜，既坚既好，不稂不莠”的秀穗成熟。最终，在丰收的喜悦中，周王来到田间，举行庄重的祭典收束，以太牢牺牲、五谷收成祭祀田祖，祈祷福祉。这一番虔敬肃穆的举动，令诗篇中的人类劳作借此获得了依天时、安天命的意义升华。

《周颂》中的《臣工》《噫嘻》等篇，均是春祭籍田之礼的乐歌；《丰年》《良耜》等篇，则是秋收之后祭祀土地与谷神的乐歌；《载芟》因描绘了整个农事生产与祭祀的过程，有春祭、秋祭两种解释。此外，《大雅·云汉》篇为《诗经》中较为少见的周王逢旱祈雨的乐歌，“靡神不

---

① 〔汉〕郑玄注，〔唐〕孔颖达疏：《毛诗正义》，北京大学出版社，1999 年版，第 847—853 页。

举，靡爱斯牲。圭璧既卒”“不殄禋祀，自郊徂宫。上下奠瘗，靡神不宗”[①] 等句，描绘周王面临大旱时奉献牺牲、广祭百神的虔敬行为，与《月令》所载夏日需“祈祀山川百源”也是相合的。

《礼记·祭义》言：“建国之神位，右社稷而左宗庙。”[②] 除天地百神之外，周人的历代先祖也在立国之初便被纳入祭祀的体系。因周人首敬神明之故，宗庙祭祀位居社稷祭祀之次，但这一系列的祭祀同样四时不绝，且在大祭中占据重要的一席。《月令》季夏之月有“令民无不咸出其力。以共皇天上帝，名山大川，四方之神。以祠宗庙社稷之灵，以为民祈福”[③] 的记载，遍祭鬼神，与季冬之月的大蜡有相应之处。此外，《月令》中亦多见天子以各月时新物产“荐于寝庙”。在以农耕为本、仰赖天命的周王朝，此举实将对天地化生之德的感念与对历代先祖的追思合而为一。

《时迈》开篇“时迈其邦，昊天其子之”，将周王朝的奠基立国归功于天，至《周颂·昊天有成命》则进一步将天道信仰与先祖祭祀相关联：

> 昊天有成命，二后受之。成王不敢康，夙夜基命宥密。於缉熙，单厥心，肆其靖之。[④]

《毛序》以为《昊天有成命》为郊祀天地之作，然而考诗意，“二后”为文王、武王，其下所述又都是周成王能夙兴夜寐，使基业稳固，民众安康之德。这种笔法，与《商颂·玄鸟》“天命玄鸟，降而生商，宅殷土芒芒。古帝命武汤，正域彼四方”[⑤] 是相似的，都是以君王世系传承受命于天来证明其统治的正当性。因此，周人的宗庙乐歌中，便有将历代有功之先祖配于天地的传统。如《周颂·思文》，祭祀周之始祖后稷：

---

① 〔汉〕郑玄注，〔唐〕孔颖达疏：《毛诗正义》，北京大学出版社，1999 年版，第 1194—1196 页。
② 〔汉〕郑玄注，〔唐〕孔颖达疏：《礼记正义》，北京大学出版社，1999 年版，第 1344 页。
③ 〔汉〕郑玄注，〔唐〕孔颖达疏：《礼记正义》，北京大学出版社，1999 年版，第 510 页。
④ 〔汉〕郑玄注，〔唐〕孔颖达疏：《毛诗正义》，北京大学出版社，1999 年版，第 1297—1299 页。
⑤ 〔汉〕郑玄注，〔唐〕孔颖达疏：《毛诗正义》，北京大学出版社，1999 年版，第 1444—1445 页。

思文后稷，克配彼天。立我烝民，莫匪尔极。贻我来牟，帝命率育。无此疆尔界，陈常于时夏。①

后稷被周人视为农业之祖，诗篇虽然也赞颂这一点，但最重要的一笔是以后稷“克配彼天”，在天人一脉的思想笼罩下，以天道来保障王权，凝聚邦国人心。此外，同属《周颂》的《清庙》《我将》，均为祭祀周文王的乐歌，其中“秉文之德，对越在天”“畏天之威，于时保之”等句，或昭示文王与上天的关系，或祈求上天的护佑，也与此一脉相承。

在以农事为本的周文明中，四时宗庙祭祀同样与天道生生不息的节律相合。《礼记·祭义》载：“是故君子合诸天道，春禘秋尝。霜露既降，君子履之必有凄怆之心，非其寒之谓也。春，雨露既濡，君子履之必有怵惕之心，如将见之。”② 周人敏锐地感知四时变化，并因天地之往复化育而思念至亲养育之德，欲予以回报，遂有四时礿、禘、尝、烝之祭。《礼记·孔子闲居》言“天有四时，春秋冬夏，风雨霜露，无非教也”③，正是周人法于天道自然，以其所念所感来构建人事规则的体现。周人致力于保持心灵的敏锐与鲜活，使人的生命流转与自然节律相合，敬事天地鬼神，足以形成礼乐道德教化的根基。《左传·昭公二十五年》有“为温慈惠和，以效天之生殖长育”④ 之句，便揭示出善好的德性虽是效法天道而成，最终仍当实现于人事与人心。

二、《诗经》中祭祀用乐：鼓乐与舞蹈

《礼记·郊特牲》言：“殷人尚声……声音之号，所以诏告于天地之间也。”⑤ 商人的祭祀具备较浓重的原始宗教色彩，其特质在于以宏博热

① 〔汉〕郑玄注，〔唐〕孔颖达疏：《毛诗正义》，北京大学出版社，1999 年版，第 1309—1310 页。
② 〔汉〕郑玄注，〔唐〕孔颖达疏：《礼记正义》，北京大学出版社，1999 年版，第 1310 页。
③ 〔汉〕郑玄注，〔唐〕孔颖达疏：《礼记正义》，北京大学出版社，1999 年版，第 1396 页。
④ 杨伯峻编：《春秋左传注》，中华书局，2009 年版，第 1458 页。
⑤ 〔汉〕郑玄注，〔唐〕孔颖达疏：《礼记正义》，北京大学出版社，1999 年版，第 817 页。

烈的气势沟通天地、感染人心，故其祭祀用乐必然嘹亮雄浑。《周易》更言“雷出地奋，豫，先王以作乐崇德。殷荐之上帝，以配祖考”①，直接以雷鸣之声象征祭祀之乐，可见商周之际的祭祀用乐有一脉相承之处。祭祀之时，不独用乐歌，更配以舞蹈，古人认为可通神、娱神，亦有教化之功。按《尚书·大禹谟》载，舜时苗民不服，舜使禹征伐未果，后用伯益之言，“诞敷文德，舞干、羽于两阶。七旬，有苗格”②，即以乐舞展现其文明教化，令苗民在宗教与文化两个层面都感到敬服。

《那》为《商颂》首篇，一般以之为祭祀商人开国之君成汤的乐歌，其中描绘了商人祭祀时乐舞并作的场景。郑玄《商颂谱》言，商王之中，商汤、大戊、武丁三位“有受命中兴之功，时有作诗颂之者”③。至周代，封微子于宋，以存商之祭祀，但是随着宋国政治衰落，商之礼乐散佚，至西周晚期周宣王时，宋戴公在位，其大夫正考父“校商之名颂十二篇于周太师，以《那》为首，归以祀其先王”④，重兴了宋国所继承的商代礼乐。因此，《商颂》诸篇不可避免地经历过周文明的改造，其中固然保留了商代乐舞的痕迹，但一些描绘也与《周礼》相合：

> 猗与那与，置我鞉鼓。奏鼓简简，衎我烈祖。汤孙奏假，绥我思成。鞉鼓渊渊，嘒嘒管声。既和且平，依我磬声。于赫汤孙，穆穆厥声。庸鼓有斁，万舞有奕。我有嘉客，亦不夷怿。自古在昔，先民有作。温恭朝夕，执事有恪。顾予烝尝，汤孙之将。⑤

篇中涉及的主要乐器有鼓、管、磬、钟等，以鼓出现的次数最多，且不止一种，可见这种音色浑厚的乐器在祭祀用乐中非常重要。首先被提及的是鞉鼓，《毛传》言：“鞉鼓，乐之所成也。夏后氏足鼓，殷人置鼓，

① 王弼注，孔颖达疏：《周易正义》，北京大学出版社，1999 年版，第 85 页。
② 〔清〕王先谦：《尚书孔传参正》，中华书局，2011 年版，第 159 页。
③ 〔汉〕郑玄注，〔唐〕孔颖达疏：《毛诗正义》，北京大学出版社，1999 年版，第 1429 页。
④ 〔汉〕郑玄注，〔唐〕孔颖达疏：《毛诗正义》，北京大学出版社，1999 年版，第 1430 页。
⑤ 〔汉〕郑玄注，〔唐〕孔颖达疏：《毛诗正义》，北京大学出版社，1999 年版，第 1432—1434 页。

周人县鼓。"① 《郑笺》以为置通植，故鞉鼓乃是以木贯穿的鼓，摇动发声，"鞉虽不植，贯而摇之，亦植之类"。郑注《周礼》以为"鼗如鼓而小，持其柄摇之，旁耳还自击"②，更为清晰地勾勒了其形态，即今之拨浪鼓。《礼记·明堂位》亦言"夏后氏之鼓足，殷楹鼓，周县鼓"③，楹鼓是以木贯穿之意。然而按周人悬鼓的规模推测，商人之置鼓、楹鼓，其形制亦当较大，即立木于地，贯之以鼓，如此方能作为祭祀时的主要乐器使用。若鞉鼓为拨浪鼓，只能作为打击配乐之乐器，无法营造"鞉鼓渊渊"的宏大声势。故郑玄以鞉鼓为手持小鼓，当是"植木"这一设计理念经过周人改造之后的形态，《那》中提到"置我鞉鼓"，所用应当是商代的形制。

至于"奏鼓简简"，郑玄认为是奏堂下之乐，又言"以金奏堂下诸县"④。按《周礼·春官》："镈师掌金奏之鼓。凡祭祀，鼓其金奏之乐。"⑤ 郑注以为"谓主击晋鼓，以奏其钟镈也"，则此处金奏之鼓应是晋鼓。晋鼓为周之六鼓之一，《周礼·地官》言鼓人"以晋鼓鼓金奏"⑥，可与此参证。至于"庸鼓有斁"，庸为大钟，此句为描绘舞蹈时钟鼓并作的场景，并未说明鼓的类型。然而据《周礼·春官》"路鼓路鼗，阴竹之管，龙门之琴瑟，《九德》之歌，九磬之舞，于宗庙之中奏之，若乐九变，则人鬼可得而礼矣"⑦，则此处所用当为路鼓，与《地官》"以路鼓鼓鬼享"的记载亦可相合。《那》篇为宣王末年宋国大夫正考父向周之乐官求校而来的十二乐章之首，篇中同时提到商人的鞉鼓与周人的晋鼓、路鼓，反映了殷商乐舞与周乐的融合。

《周颂·有瞽》为周王祭祀宗庙的乐歌，其仪式也同时使用周人之县鼓与商人之鞉鼓，然而仍以周乐为主，此处的鞉鼓也是经过周人改造的小

① 〔汉〕郑玄注，〔唐〕孔颖达疏：《毛诗正义》，北京大学出版社，1999 年版，第 1432—1433 页。
② 〔汉〕郑玄注，贾公彦疏：《周礼注疏》，北京大学出版社，1999 年版，第 614 页。
③ 〔汉〕郑玄注，〔唐〕孔颖达疏：《礼记正义》，北京大学出版社，1999 年版，第 948 页。
④ 〔汉〕郑玄注，〔唐〕孔颖达疏：《毛诗正义》，北京大学出版社，1999 年版，第 1433 页。
⑤ 〔汉〕郑玄注，贾公彦疏：《周礼注疏》，北京大学出版社，1999 年版，第 628 页。
⑥ 〔汉〕郑玄注，贾公彦疏：《周礼注疏》，北京大学出版社，1999 年版，第 316 页。
⑦ 〔汉〕郑玄注，贾公彦疏：《周礼注疏》，北京大学出版社，1999 年版，第 586 页。

型乐器，即郑玄所谓之“鼗”：

> 有瞽有瞽，在周之庭。设业设虡，崇牙树羽。应田县鼓，鞉磬柷圉。既备乃奏，箫管备举。喤喤厥声，肃雍和鸣，先祖是听。我客戾止，永观厥成。[①]

县鼓即悬鼓之总称。“设业设虡，崇牙树羽”，描绘悬鼓的木架：虡为直立之木，业为横木的装饰板，横木上刻有锯齿，饰以羽毛。因是祀宗庙所用，故此处所悬之鼓可能仍是路鼓。此外，《毛传》以为“应，小鞞也。田，大鼓也”[②]。按《周礼·春官》言小师掌管击应鼓，则应鼓当为小鼓。郑玄则据《春官》太师“令奏鼓𣴎”，释田为𣴎，认为田亦是小鼓，为鞞之属。而《大雅·灵台》篇“虡业维枞，贲鼓维镛”，写钟鼓悬于木架，《毛传》以为贲鼓即大鼓，《毛诗正义》则认为贲即“鼖”，为周人六鼓之一。如此可知，周人的大钟、大鼓之类主要乐器，都悬于木架之上。“应田县鼓”所描写的当是分布于四周的小鼓与悬于架上的大鼓，整体形成一套形制较大的鼓乐组合。

吸纳自商人乐器的鞉鼓则与磬、柷、圉同列。磬为悬玉或悬石，柷为中空木箱。《说文》认为其功能是“所以止音为节”[③]。圉一名敔，为背刻锯齿的木虎，刘熙《释名》认为“所以止乐也”[④]。在周人的礼乐体系中，悬鼓较鞉鼓之类乐器的规格为高。按《周礼·地官》：“鼓人掌教六鼓、四金之音声，以节声乐，以和军旅，以正田役。教为鼓而辨其声用，以雷鼓鼓神祀，以灵鼓鼓社祭，以路鼓鼓鬼享，以鼖鼓鼓军事，以鼛鼓鼓役事，以晋鼓鼓金奏。”[⑤] 可知周人六鼓，皆用于祭祀、军事、劳役等国之大事。《大雅·緜》描写古公亶父在周原营建城邑，有“百堵皆兴，鼛鼓

---

① 〔汉〕郑玄注，〔唐〕孔颖达疏：《毛诗正义》，北京大学出版社，1999 年版，第 1327—1331 页。

② 〔汉〕郑玄注，〔唐〕孔颖达疏：《毛诗正义》，北京大学出版社，1999 年版，第 1327 页。

③ 〔汉〕许慎：《说文解字》，中华书局，1963 年版，第 124 页。

④ 〔汉〕刘熙：《释名》，文渊阁《四库全书》本。

⑤ 〔汉〕郑玄注，贾公彦疏：《周礼注疏》，北京大学出版社，1999 年版，第 315—316 页。

弗胜”之句，即是劳役时奏鼛鼓之证。而《周礼·春官》言，“小师掌教鼓鼗、柷、敔、埙、箫、管、弦、歌”①，则鞉、磬、柷、圉乃至箫管之类都是单独的乐器，以与作为主要乐器的悬鼓相配合。

《有瞽》篇中先描绘悬鼓的木架装饰，再写悬鼓与配套的小鼓，而后历数次要的打击乐器，直至写奏乐方提及箫管之和声，是一种主次分明的写法。对鼓乐的突出强调，也足以令人想象整套仪式用乐之宏大。《那》中“鞉鼓渊渊，嘒嘒管声。既和且平，依我磬声”的描写，先提及鞉鼓的声音，再写管、磬之和声，也是相似的笔法。

《那》篇中还提到祭祀时所用的舞蹈，即“万舞有奕”。万舞是《诗经》中唯一提及其名的舞蹈。《那》之外，《诗经》文本中尚有两次提到万舞，一为《邶风·简兮》写卫国宫廷乐舞，有“简兮简兮，方将万舞”之句；一为《鲁颂·閟宫》写鲁之祭祀，有“笾豆大房，万舞洋洋”之句。《商颂》为宋国之诗，存续殷商的祭祀礼乐，《邶风》出自卫国，其地为殷商故地，也有商乐传统；而《鲁颂》为鲁国之诗，代表周之礼乐精华。此三国都有万舞，可为商周礼乐部分相融合的证明。然而万舞究竟为商之乐舞，在改朝换代后被周乐所吸纳，抑或为周之新兴乐舞，在周代礼乐的推广中与宋、卫等国的殷商旧乐相合，尚未可知。

《邶风·简兮》直接描绘了舞者跳万舞的场景。诗中所赞美的舞者高大健美，在有节奏的鼓声中手持籥管与翟羽舞蹈，被视为力与美的结合：

> 简兮简兮，方将万舞。日之方中，在前上处。
> 硕人俣俣，公庭万舞。有力如虎，执辔如组。
> 左手执籥，右手秉翟。赫如渥赭，公言锡爵。
> 山有榛，隰有苓。云谁之思？西方美人。彼美人兮，西方之人兮！②

---

① 〔汉〕郑玄注，贾公彦疏：《周礼注疏》，北京大学出版社，1999 年版，第 614 页。

② 《毛诗》分此诗为三章，每章六句，即以“简兮简兮”至“公庭《万》舞”为第一章，以“有力如虎”至“公言锡爵”为第二章，余下为第三章。文中所循为朱熹《诗集传》所改定者。

《那》与《简兮》两篇直接描绘祭祀乐舞场景的诗歌，都描写鼓乐与舞蹈并作的宏大景象。鼓在《诗经》中的几种用法，或用作动词，如"鼓钟钦钦""并坐鼓瑟"；或与钟并举，成为礼乐之器的代表，如"钟鼓乐之""子有钟鼓"；或用作通名，如"击鼓其镗""钲人伐鼓"；少数时候则用于专名，如"鞉鼓渊渊""鼛鼓弗胜"。在后两种语境下，当涉及祭祀或是燕乐时，通常与舞蹈相结合。如《陈风·宛丘》"坎其击鼓，宛丘之下。无冬无夏，值其鹭羽"无论冬夏，始终有鼓声伴随着巫女的舞蹈，便是一个鲜明的例证。且可与桓谭《新论》载楚灵王"躬执羽绂，起舞坛前，吴人来攻，其国人告急，而灵王鼓舞自若"对照，展现在祭祀场景中鼓与舞的结合。而在非祭祀的场合，鼓乐与舞蹈也时见对举，如《小雅·伐木》"坎坎鼓我，蹲蹲舞我"，《小雅·宾之初筵》"籥舞笙鼓，乐既和奏"，《鲁颂·有駜》"鼓咽咽，醉言舞"等。在早期尚具备原始宗教性的舞蹈中，鼓舞相合这一特征，成为《诗经》中乐舞描写的重要展现。

三、《诗经》所载祭物与周代等级制度

周人敬畏天之秩序，并试图法天之则，以规范人事。敬事天地百神、历代先祖的祭祀活动，便是通达天人之际的主要手段。因此，在周人的物质生活建设中，大凡涉及祭祀之物，如宫室、器用、供奉等，其优先级都很高。如《礼记·曲礼》："君子将营宫室，宗庙为先，厩库为次，居室为后。"① 《礼记·王制》："大夫祭器不假，祭器未成，不造燕器。"② 自天子至大夫，自宫室至用器，都应以祭祀为先。《论语·泰伯》中孔子称赞大禹"菲饮食，而致孝乎鬼神；恶衣服，而致美乎黻冕；卑宫室，而尽力乎沟洫"，其享祀丰洁、祭服端美，都是从敬事鬼神的层面而言。

《鄘风·定之方中》描写卫文公迁都楚丘，营造宫室，其首章便反映了对祭祀的重视：

---

① 〔汉〕郑玄注，〔唐〕孔颖达疏：《礼记正义》，北京大学出版社，1999 年版，第 114 页。

② 〔汉〕郑玄注，〔唐〕孔颖达疏：《礼记正义》，北京大学出版社，1999 年版，第 430—431 页。

定之方中，作于楚宫。揆之以日，作于楚室。树之榛栗，椅桐梓漆，爰伐琴瑟。①

在建造宫室的同时，诗篇也提到六种树木的种植。榛、栗两种树木的果实皆用于祭祀。《周礼·天官》载，笾人掌管四笾之食，用于祭礼，“馈食之笾，其实枣、㮚、桃、干藤、榛实”②。㮚即栗，在这一祭祀馈献的环节中，同时使用栗实与榛实。其后的加笾环节也使用栗实，“加笾之实，蓤、芡、㮚、脯”。而椅、桐、梓、漆四种树木，据陆玑《毛诗草木鸟兽虫鱼疏》，椅为“梓实桐皮”③，是梓树之类，梓为“楸之疏理白色而生子者”，桐为梧桐，漆为漆树。前三者木质佳，可制琴瑟，漆树则可为琴瑟上漆。琴瑟两种乐器广泛用于周人的祭祀礼乐。《周礼·春官》载大司乐之职司，其中有“云和之琴瑟”“空桑之琴瑟”“龙门之琴瑟”④，分别用于冬至祭天神，夏至祭地祇，宗庙祭人鬼，这些都是非常重要的祭祀仪式。因此，《定之方中》记述卫国人在营造宫室之初就栽种这些树木，无疑是对它们日后生生不息，成为祭祀中器用与供奉的来源有所期待。此外，营室星出现时正值农闲，于此时兴土木营建，是合乎时令、法于天道的，这与诗中对祭祀的郑重态度可谓浑然一体。

《礼记·祭统》记载了周人在祭祀中穷尽百物的缘由：“水草之菹，陆产之醢，小物备矣。三牲之俎，八簋之实，美物备矣。昆虫之异，草木之实，阴阳之物备矣。凡天之所生，地之所长，苟可荐者，莫不咸在，示尽物也。外则尽物，内则尽志，此祭之心也。”⑤供奉的繁复与丰盛，是为了尽可能地在祭祀中以天地赐予的百物回馈天地祖宗，以表达虔敬之心。周王躬行祭祀之仪，以敬示范于万民，本身即具备相当的德化意义。

不少《诗经》篇章均提及采摘野外的植物用于祭祀之事。如《鲁颂·泮水》，写鲁僖公在泮宫行献俘之礼。据《礼记·礼器》“鲁人将有

---

①〔汉〕郑玄注，〔唐〕孔颖达疏：《毛诗正义》，北京大学出版社，1999年版，第196页。

②〔汉〕郑玄注，贾公彦疏：《周礼注疏》，北京大学出版社，1999年版，第135页。

③〔三国·吴〕陆玑：《毛诗草木虫鱼鸟兽疏》，文渊阁《四库全书》本。

④〔汉〕郑玄注，贾公彦疏：《周礼注疏》，北京大学出版社，1999年版，第586页。

⑤〔汉〕郑玄注，〔唐〕孔颖达疏：《礼记正义》，北京大学出版社，1999年版，第1347页。

事于上帝，必先有事于泮宫”①，故知泮宫大典当与告庙祭祀相关。诗篇前三章分别以“思乐泮水，薄采其芹”“薄采其藻”“薄采其茆”起兴，芹为水芹，《小雅·采菽》亦有“觱沸槛泉，言采其芹”之句；藻为聚藻，茆为莼菜。《周礼·天官》言醢人掌芹菹、茆菹，描写祭祀准备的《召南·采苹》中亦有“于以采藻？于彼行潦”之句，可知《泮水》中提及的这些水生植物腌制之后，都可作为祭祀的供奉。以此起兴，即是以祭物品类的繁多来衬托仪式的盛大庄重。

《周南·关雎》中反复提及“参差荇菜”，《毛传》以为这是对采摘祭物的暗示，且将这一工作归于女性，“后妃有关雎之德，乃能共荇菜，备庶物，以事宗庙也”②。此说由《周礼》而来。按《周礼·天官》，九嫔在祭祀时有助祭之责，“赞玉齍，赞后荐彻豆笾”③；世妇掌管祭祀，“莅陈女宫之具，凡内羞之物”④；女御在祭祀时襄助世妇，女祝掌管王后之内祭祀。周代贵族女性在祭祀中承担诸多职责，其中也包括准备与呈献祭品。

又据《礼记·内则》，女子未嫁时，需要学习祭祀的整套仪式，即“观于祭祀，纳酒浆、笾豆、菹醢，礼相助奠”⑤，出嫁后便可主持家中祭祀。《召南》中的《采蘩》与《采苹》两篇，都描绘周代女子在准备祭品、襄助祭祀时的工作。《采蘩》言：

> 于以采蘩？于沼于沚。于以用之？公侯之事。
> 于以采蘩？于涧之中。于以用之？公侯之宫。
> 被之僮僮，夙夜在公。被之祁祁，薄言还归。⑥

蘩，《尔雅》以为即皤蒿。陆玑《毛诗草木虫鱼鸟兽疏》以为“凡艾

① 〔汉〕郑玄注，〔唐〕孔颖达疏：《礼记正义》，北京大学出版社，1999年版，第746页。
② 〔汉〕郑玄注，〔唐〕孔颖达疏：《毛诗正义》，北京大学出版社，1999年版，第25页。
③ 〔汉〕郑玄注，贾公彦疏：《周礼注疏》，北京大学出版社，1999年版，第193页。
④ 〔汉〕郑玄注，贾公彦疏：《周礼注疏》，北京大学出版社，1999年版，第195页。
⑤ 〔汉〕郑玄注，〔唐〕孔颖达疏：《礼记正义》，北京大学出版社，1999年版，第870—871页。
⑥ 〔汉〕郑玄注，〔唐〕孔颖达疏：《毛诗正义》，北京大学出版社，1999年版，第65—66页。

白色为皤蒿，今白蒿。春始生，及秋香美可生食”①。《毛传》释宫为庙，在水边采蘩，是为了用于公侯的祭祀。采撷之事，未必由贵族女性亲力亲为，然而她们必须妆饰端严，主持或襄助仪式的完成，诗的末章即描述她们在祭祀时的夙夜辛劳。

《采苹》展现了贵族女性作为主祭时，采摘、烹制与呈献祭物的整个过程：

> 于以采苹？南涧之滨。于以采藻？于彼行潦。
> 于以盛之？维筐及筥。于以湘之？维锜及釜。
> 于以奠之？宗室牖下。谁其尸之？有齐季女。②

苹为大苹，藻为聚藻。诗中，它们被采下之后，盛装在有方有圆的筐内，用或有足或无足的锅子烹调，而后敬献于祠堂的窗下。据《礼记·昏义》，周代女性出嫁前，要学习德容言功之类，学成之后复行祭祀之礼，苹与藻都是其祭物，“古者妇人先嫁三月，祖庙未毁，教于公宫。祖庙既毁，教于宗室。……教成，祭之，牲用鱼，芼之以苹藻”③。诗中“有齐季女”，齐一作斋，此举即写未嫁之少女，在诸礼学成之后，斋戒以主祭，即诗中所谓“尸”。《左传·隐公三年》有“涧、溪、沼、沚之毛，苹、蘩、蕰藻之菜，筐、筥、锜、釜之器，潢、汙、行潦之水，可荐于鬼神，可羞于王公”④之论，《左传·襄公二十八年》叔孙豹言，“济泽之阿，行潦之苹、藻，置诸宗室，季兰尸之，敬也”⑤，提及的祭物、器用、主祭等，都与《采苹》的描写十分相类。

周代社会等级分明，祭祀亦为上下各当其分之事。随着祭祀对象、时令以及祭祀品级的不同，呈献的祭物也有诸多差别。如《礼记·王制》记载：“天子社稷皆大牢。诸侯社稷皆少牢。大夫、士宗庙之祭，有田则祭，

① 〔三国·吴〕陆玑：《毛诗草木虫鱼鸟兽疏》，文渊阁《四库全书》本。
② 〔汉〕郑玄注，〔唐〕孔颖达疏：《毛诗正义》，北京大学出版社，1999 年版，第 72—73 页。
③ 〔汉〕郑玄注，〔唐〕孔颖达疏：《毛诗正义》，北京大学出版社，1999 年版，第 74 页。
④ 杨伯峻编著：《春秋左传注》，中华书局，2009 年版，第 27—28 页。
⑤ 杨伯峻编著：《春秋左传注》，中华书局，2009 年版，第 1151 页。

无田则荐。庶人春荐韭，夏荐麦，秋荐黍，冬荐稻。韭以卵，麦以鱼，黍以豚，稻以雁。祭天地之牛角茧栗，宗庙之牛角握，宾客之牛角尺。诸侯无故不杀牛，大夫无故不杀羊，士无故不杀犬豕，庶人无故不食珍。"[①]自天子至士，各有其祭祀规格，即便是庶人的四时祭祀，也规定了相应使用的主要祭品与配祭之物。《礼记》还规定，祭祀用牲的大小由祭祀规格决定，非祭飨之时不可杀祭祀用牲，等等，明确了祭祀仪式中"礼"的作用。此外，《国语·楚语》中，观射父为楚昭王论祭祀，也提出"天子举以大牢，祀以会；诸侯举以特牛，祀以太牢；卿举以少牢，祀以特牛；大夫举以特牲，祀以少牢；士食鱼炙，祀以特牲；庶人食菜，祀以鱼"[②]，从而得出"上下有序，民则不慢"的结论。祭祀仪式就这样以其等级秩序规约着整个社会。

诸多祭祀中，以王家祭祀的品类规模最为丰富。《诗经》中涉及这一部分的篇章也最多。《礼记·曲礼》记载了周王祭祀宗庙所用的部分馈献，"牛曰'一元大武'……酒曰'清酌'……玉曰'嘉玉'，币曰'量币'。"[③] 在各种食物之外，也包括玉帛之类，且这些祭品都被赋予一个美称，更显庄严。牛是周代最为重要的祭品之一，而最高级的祭祀用器大多为玉制品。《大雅·旱麓》为周王祭祀宗庙所用的乐歌，篇中"瑟彼玉瓒，黄流在中""清酒既载，骍牡既备""瑟彼柞棫，民所燎矣"[④] 等句，均提及这些祭品与用器。

《礼记·明堂位》中提及周成王祭祀周公的仪式，罗列了诸多祭品与礼器，其中同样有玉瓒、公牛、美酒等物。"季夏六月，以禘礼祀周公于大庙，牲用白牡，尊用牺、象、山罍，郁尊用黄目，灌用玉瓒大圭，荐用玉豆雕篹，爵用玉盏仍雕，加以璧散、璧角。俎用梡嶡。"[⑤] 此外尚有牺尊、象尊、黄彝、玉豆、竹笾、玉盏、玉爵、梡嶡等礼器。禘祭为天子的

① 〔汉〕郑玄注，〔唐〕孔颖达疏：《礼记正义》，北京大学出版社，1999年版，第391—392页。
② 《国语》，韦昭注，上海世纪出版集团，第264页。
③ 〔汉〕郑玄注，〔唐〕孔颖达疏：《礼记正义》，北京大学出版社，1999年版，第156—157页。
④ 〔汉〕郑玄注，〔唐〕孔颖达疏：《毛诗正义》，北京大学出版社，1999年版，第1004—1007页。
⑤ 〔汉〕郑玄注，〔唐〕孔颖达疏：《礼记正义》，北京大学出版社，1999年版，第937页。

宗庙大祭，《礼记·丧服小记》言："王者禘其祖之所自出，以其祖配之。而立四庙。"① 成王以禘祭祀周公，即以周公配享宗庙。而《鲁颂·閟宫》中"秋而载尝，夏而楅衡。白牡骍刚，牺尊将将。毛炰胾羹，笾豆大房。万舞洋洋"② 的描绘，也提及成王禘祭时所用的白色公牛与牺尊两项。此外诗中所谓"毛炰胾羹"，即豚肉羹，《周礼·天官》言"亨人掌共鼎镬……祭祀，共大羹、铏羹"③，可知这也是天子太牢的一部分。鲁国因周公之功，得周成王之命，可以于周公之庙行禘祭，祀文王，而以周公配享，这是诸侯国中独此一家的破格之礼。《閟宫》描写鲁僖公行告庙之礼的仪式，用成王祀周公之规格，即是鲁国一直沿用天子禘祭的证明。故其后孔子以鲁国禘祭为非礼，《八佾》篇有"禘自既灌而往者，吾不欲观之矣"之论。

《国语·楚语》言，准备祭祀时，需要全面顾及"四时之生，牺牲之物，玉帛之类，采服之仪，彝器之量，次主之度，屏摄之位，坛场之所，上下之神，氏姓之出"④ 等，方能使仪式完备。祭祀的氛围愈是隆重庄严，祭品愈是丰厚繁多，就愈能展现出祭祀者的虔敬庄重之心，即所谓"尽其志"。而礼的本质，正是发自内心的诚敬。故而周人的祭祀活动不仅仅是通达鬼神的手段，也是令王朝的礼乐教化得以自上而下地推行。"上所以教民虔也，下所以昭事上也"⑤，在仪式氛围的熏染与社会风化的沐浴中，周王朝的道德准则也得以不断深入刻画于人们的心中。

---

① 〔汉〕郑玄注，〔唐〕孔颖达疏：《礼记正义》，北京大学出版社，1999年版，第962页。

② 〔汉〕郑玄注，〔唐〕孔颖达疏：《毛诗正义》，北京大学出版社，1999年版，第1412—1413页。

③ 〔汉〕郑玄注，贾公彦疏：《周礼注疏》，北京大学出版社，1999年版，第95—96页。

④ 《国语》，韦昭注，上海世纪出版集团，第262页。

⑤ 《国语》，韦昭注，上海世纪出版集团，第265页。

孔子终身教育“图景”的启示

王延吉*

【摘要】20世纪60年代出现的终身教育思想已成为一种思潮，从根本上改变了人类学习的方式，对教育的发展有着划时代的意义，但也隐藏着潜在的危机。本文试图从孔子的终身教育“图景”入手，探求其蕴含的教育思想精华，为进一步完善现代终身教育理念提供参照。

【关键词】孔子　终身教育　“图景”　乐之境界

一、现代终身教育思想的进步意义和潜在危机

1. 现代终身教育思想及其进步意义

自20世纪60年代法国著名教育家“现代终身教育理论之父”保罗·朗格朗（Paul·Lengrand）提出终身教育（life-long education）这一概念以来，经过1972年富尔的《学会生存——世界教育的今天和明天》和1996年德洛尔的《教育——财富蕴藏其中》等阐述的里程碑式的教育理论的发展，终身教育思想如今已经深入人心。终身教育是信息时代和学习社会的产物，它的出现被认为“可以与哥白尼日心说带来的革命相媲美，是教育史上最惊人的事件之一”。它的影响超越了时空，遍及全世界，而且将影

* 王延吉，北京航空航天大学校园规划建设与资产管理处综合办公室主任，管理学博士，助理研究员，研究方向为教育管理学、儒学等。

响到21世纪乃至更久远的未来。今天，“终身教育”、“学习化社会”、“终身学习”以及“四大支柱”等一系列概念的提出和丰富，使得终身教育思想愈来愈成为一种处于上升势头的世界性教育潮流。终身教育已不再是一种遥远的理想，而是以一系列强化这种教育要求变革为标志的、在复杂教育环境中逐渐形成的一种教育现实。

现代终身教育的倡导者认为：“‘终身’这个概念包括教育的一切方面，包括其中的每一件事情。整体大于其部分的总和。世界上没有一个非终身的而又分割开来的‘永恒’的教育部分。换言之，终身教育并不是一个教育体系，而是建立一个体系的全面组织所根据的原则，而这个原则又是贯穿在这个体系的每个部分的发展过程之中的。”“终身这个概念包括教育的一切方面，包括其中的每一件事情。”“涉及在整个教育活动范围内发展个性的各方面，即智力的、情绪的、美感的、社会的和政治的修养。”①至今，终身教育已经包括整个教育过程，变成由一切形式、一切表达方式和一切阶段的教学行动构成一个循环往复的关系时所使用的工具和表现方法。

终身教育与传统教育相比最大的不同是认为人的生命不该被教育和劳动两半，教育应该贯穿于人从生到死的整个过程。教育应该保证每个人需要时，便能以最好的方式呈现出来，以保障每个公民毕生的教育和学习权利。同时，终身教育还认为，在社会发展进程日新月异的今天，一个人只要有了一定的知识和技能便可以一劳永逸，终身应付自如的时代已经不复存在了，人必须持续不断地学习以获得越来越充分的自我实现。在终身教育者看来，终身教育的目标在于以不懈的努力征服自我，“从生活中吸取一切有益的东西，使人过一种更和谐、更充实、更加符合生命真谛的完美生活”②。这种向一切事物学习的思想是传统学校教育所不曾涉及的新的教育理念。

总而言之，作为20世纪70年代以来最重要的教育思潮——现代终身

---

① 〔法〕富尔：《学会生存——教育世界的今天和明天》，上海：华东师范大学比较教育研究所，1996。

② 张人杰：《20世纪教育名家名著》，广州：广东高教出版社，2002年版。

教育，它突破了传统教育的一般局限性，从人生的哲学视角对传统教育的理论和实践中的弊端进行了深刻的反思，从根本上颠覆了人与教育之间的旧有关系，从而在教育理论和教育实践领域掀起了一次变革的浪潮，其进步性是有目共睹的。

2. 现代终身教育思想的潜在危机

纵观现代终身教育思想给教育带来的革新，主要集中在以下几点。更新教育观念，树立全面发展的教育观；重新审视学校教育的地位和作用；构建终身教育体系，实现一体化教育；转变教师传统认识，实行新的角色定位；改革旧的教育教学评价制度和考试制度；优化教学过程，注重学习方法的养成；加大课程改革力度，整合科学教育与人文教育；制定终身教育法，确保终身教育顺利实施。

不难看出，所有的革新举措都是围绕着怎样改善教育的外部条件，为学习者提供尽可能完备的学习条件和环境。使他们在哪儿都可以学，什么都可以学，向什么人都可以学，给教育以最大程度的保障。但是，终身教育的倡导者们忽视了一个问题，那就是外部条件完备并不等于教育就一定能成功。这是因为影响事物发展的最主要因素是内因，而对于教育而言，内因则主要是学习者本身的能动性和积极性，这一因素恰恰是教育中最不可控的。受很多学习者自身因素影响，往往不能对外部条件的刺激做出积极的反应。而现代终身教育思想的最大漏洞，就是没有考虑到学习者消极应对、甚至抵触优厚的外部条件的可能性。一旦这一情况发生，那么现代终身教育所做的种种努力都会变成一厢情愿的无用功。这并不是危言耸听，因为学习本身就并非一件易事，需要一系列阶段性目标和远期目标让学习者自我实现，进而产生持续不断的学习的内驱动力，而终身教育恰恰没有任何的具体目标，只是强调“活到老，学到老”的人生理念，所倡导的“不断地学习以获得自我实现”，缺乏一个阶段性目标予以支持。这使得学习者仿佛在茫茫大海中航行的小船，看不到前进的方向，选择放弃和逃避的可能性大增。在终身教育的理念越来越受到重视的今天，以美国为首的教育强国辍学率却居高不下的现象就是一个最好的例证。这也就是为什么半个多世纪后的今天，真正的终身教育还只是一个美好的愿望的原因。

另一方面，由于受片面终身教育理念的误导，大多数的学习者并不知道学习的目标，只是相信终身教育所倡导的“不学习就会被社会淘汰”的理念，简单地将自身竞争力和教育的数量画上等号，因而被动地接受尽可能多的教育。这种盲目的做法，使得受教育者根本无法通过学习取得实质性的提高。同时也认识不到问题的本质，而把遇到的困难归结为受的教育还不够，从而继续寻求更多的教育，陷入恶性循环之中不能自拔。这就是当今社会过度教育问题产生的根本原因。

二、孔子的终身教育“图景”蕴含的教育理念

1. 孔子的终身教育“图景”

事实上终身教育思想古已有之，在众多终身教育先驱者中，尤以我国伟大的教育家孔子的终身教育思想最为成熟，《论语·为政第二》中记载他“十有五而志于学，三十而立，四十而不惑，五十而知天命，六十而耳顺，七十而从心所欲，不逾矩”。这段话是孔子晚年对自己一生学习经历的一个“年谱”①，可见学习贯穿于孔子一生的始终。这鲜明地体现了孔子的终身教育思想，也成为千百年来中国人所信奉的成功人生的指导原则。因此，日本研究终身教育理论的学者认为，孔子是“东方发现和论述终身教育必要性的先驱者”，这个评价是恰如其分的。

但是，对于孔子的这份分阶段的“学历”②，尽管很多人都把它当作人生的指导原则，甚至中国人连年龄也用“而立”“不惑”“知天命”等字眼代替，然而这些指标到底对教育有什么作用，迄今为止，也没有人真正能够说得清楚，因此很有深入分析的必要。

“吾十有五而志于学”，不用多说，是孔子立志学习的开始，经历了十多年，达到了“三十而立”的境界。“而立”并不是指成家立业，而是《论语》中所说的“立于礼”，即能不能“立”，关键是知不知礼。孔子认

---

① 〔清〕吕留良：《四书讲义》，中华书局，2017 年版。

② 程树德：《论语集释》，中华书局，2006 年版。

为“不知礼，无以立也”。[①]孔子27岁时跟郯子学礼，不到3年便以知礼闻名于世，著名的齐景公与晏婴问礼事件就是在他30岁时。可见孔子对“礼”有独到的见解，因此能在短时间内，形成以“礼”为中心、“克己复礼，天下归仁焉”为目标的教育体系，所以“三十而立”是指找到了教育的正途。

在这以后，孔子又经过了近十年的学习和探索，达到了“不惑”的境界。这里说的“不惑”，并不是对什么事儿都明白、不困惑，而是不再为外物所迷惑，一心扑在治学之上，因而能够达成十年后的“知天命”。所谓“五十而知天命”，作者认为，也并不仅仅是知道上天赋予自己的使命——“知我者其天乎”的被知境界，同时更是人通过学习知道天的“命”，即掌握自然界规律的天人合一的境界。孔子认为，“不知命，无以为君子也”[②]，“知天命”是达到孔子的学习目标——君子的最重要的前提条件。

孔子终身教育图景中的下一个阶段叫“六十而耳顺”。李零先生的理解很有代表性，认为孔子“很虚心”，加上“阅世既久，毁誉置之度外，什么挖苦话，他都听得进去，就连郑人说他‘累累若丧家之狗’，他也点头称是”[③]。“这可能就是‘耳顺’吧？”[④]

实际上“耳顺”并不是被动地接受，而是从逆耳的话中悟到启示的境界——“以耳顺之”。李零先生所举《史记》中的这个例子正好说明问题：郑人用“若丧家之狗”来形容孔子，孔子很以为然。子贡不明白老师为什么欣赏丧家之狗这个比喻。《韩诗外传·卷十九》中记载了孔子的解释：“难道你没见过丧家之狗？主人忙着装敛入椁，摆器祭奠，狗就没人管了。我想把见识付诸实践，可是上无识货的君王，下无贤士正人，王道衰败，政教失调，强势欺负弱势，多数强暴少数，老百姓为所欲为，无法无天。”丧家之狗就是办丧事人家的狗，主人忙于丧事，顾不上喂狗，狗因而失意——孔子如此的转义，实际上是说帝王将相所谓的励精图治、侵

---

① 〔清〕程树德：《论语集释·尧曰二十》，中华书局，2006年版。

② 〔清〕程树德：《论语集释·尧曰二十》，中华书局，2006年版。

③ 〔汉〕司马迁：《史记·孔子世家》，中华书局，2011年版。

④ 李零：《丧家狗：我读〈论语〉》，山西人民出版社，2009年版。

略扩张，其实质到头来都是为自己准备丧事的。一句话就概括了上下五千年的历史，何等精辟。能把人家损自己像无家可归的狗的话，演化出这样的至理名言，孔子的习得水平此时已臻化境了。

但这还不是孔子所追求的人生最高境界，70 岁时，他终于达到“从心所欲，不逾矩”的境界。李零先生认为只要“人活着，就有规矩管着；死了，才彻底自由”。孔子的“从心所欲”是“人之将死，离自由最近”，所以“心也顺了，物我两忘，没什么舍不得放不下的”。他这种解法，依据是孔子晚景凄凉，老年丧子，两个最优秀的学生又相继死去，因此说自己“从心所欲，不逾矩”只能是临死前“醒大觉”式的彻悟。

事实恰恰相反，孔子向来主张“未能事人，焉能事鬼”，“未知生，焉知死”①，在他的思想里，从来都是关注现实的世界，并没有死是“醒大觉”的概念的。而从他“发愤忘食，乐以忘忧，不知老之将至”② 的自述，也可以看出孔子不是苦中作乐，而是真的到了一种他所谓的“乐之”的学习境界，即万事万物皆可“一以贯之”的完全自由的境界。至此其教育思想和实践都达到了顶峰。孔子之所以因颜回、仲由之死而伤痛，主要的原因是在教育思想大功告成之时，却失去了两个最可能传他衣钵的优秀弟子，并不是为自己的晚境感叹。

2. “图景”中蕴含的教育思想

孔子的终身教育“图景”并不仅仅是其一生学习经历的“自画像”，而是蕴藏着普适而又深刻的教育思想的“教育蓝图”，是孔子由自身学习实践总结出的“学而知之”之道。

首先，孔子认为影响教育成败的核心因素是内因，纵观整个“图景”，孔子没有提一句客观条件，而是紧紧围绕自身的状态变化做文章——如何确定志向、如何选择正确的方法。在此基础上要排除外界干扰，掌握抓住事物本质规律的能力，进而能够做到以逆言为师，在困境中快乐地学习，最终达到“从心所欲”的自由学习境界。以上这些阶段，从孔子自己的实践来看，都是完全可以不依靠优厚的外界条件实现的，所以说终身学习本

---

① 程树德：《论语集释 · 先进第十一》，中华书局，2006 年版。

② 程树德：《论语集释 · 述而第七》，中华书局，2006 年版。

身就像孔子说的那样，是一个“不怨天，不尤人，下学而上达”的过程，能不能成才，内因才是决定性的因素。

其次，“图景”还体现了孔子提倡修“一”的教育理念。所谓“一”就是孔子所说的“一以贯之”，这四个字在《论语》中被再三强调，这是他毕生之道的缩影。然而问题是孔子并没有明确说这个“一”究竟是什么，又是用什么“贯”起来成为“道”的。《论语·里仁第四》中曾子曾经给出了一个解释：“夫子之道忠恕而已矣。”这一解释显然是曾子自己的理解，不是孔子的本意。后来的研究者也多持此见，但就什么是“一”的问题始终没有统一认识，因此至今这个“一”还是个悬案。

作者认为，孔子的这个“一”既不是他经常挂在嘴边的“道、德、仁、义、礼”，也不简单地等同于何晏、章太炎等人所理解的“认识方法”、朱熹所理解的“天理”①，它不应该是任何一个或一种“无机”的事物，而是以孔子本人为核心的认知与分析系统，包括孔子的学习与认知能力、对新事物的抽象与分析能力、创新知识的能力等。孔子毕生学习的目标，就是立志通过不懈的学习把自身修炼成这个“一”。这在孔子的终身教育“图景”中有充分的体现。首先是立志于学，接着通过“立于礼”走上修“一”的正道；“四十不惑”时，孔子不再受干扰因素的困惑，说明“一”的认知系统已经有了小成；“知天命”则达到了掌握自然规律的天人合“一”的更高境界；到了“耳顺”之境界后，孔子修炼的“一”已经能够发挥强大的作用，能从逆言和困境中汲取养分；而当达到“从心所欲”的境界时，孔子的整个认知系统真正实现了浑然一体，可以借由凝结于自身的“一”自由地认知任何事物，做到“无所知而无所不知”。至此，孔子的学习进入一个全新的、完全主动的境界，只可惜他的生命也走到了尽头。他原本想把他的成功经验传授给弟子，以大大加快后来学习者的进程，无奈弟子们的资质都较低，无法理解老师的弦外之音，难怪孔子要感叹“莫我知也”了。

由上面的论述可以得出这样的结论：孔子的终身教育“图景”体现了他把学习者的内在动因作为教育应该关注的核心内容，提倡学习者应

---

① 梁涛：《释孔子的“仁”——一种过程本体论哲学》，http：//www.confucius2000.com/。

该把精力集中在努力形成以自身为核心、可以贯通整个认知过程的完备型系统。只有这样才是认知上“乐之”的自由境界，也才是孔子所追求的“君子之道”。明确了这一点，对我们现代的终身教育思想是很有意义的。

三、孔子的“图景”对终身教育的启示

一般的研究观点都认为，现代终身教育与古典终身教育相比，显然是一个丰富得多和涉及面广泛得多的概念。它是教育方法的一个全新的观点和解释，甚至从更高的层次上来说，它是人类命运的全新观点和解释，它用为征服自我而进行不懈斗争的教育概念替代了那种使自己产生虚假安全感的教育概念。虽然现代终身教育研究者大都承认孔子是终身教育的创始人，然而对于孔子的终身教育思想对现代终身教育的借鉴意义，却持悲观的态度。学术界普遍认为“孔子的终身教育思想并没有形成一个理论体系，他的一系列关于终身教育的论述多散见在他和他的弟子的著述中”。因此，尽管研究者们认为孔子的终身教育思想“同样内涵丰富，值得后人称道”①，但实际上却是将其束之高阁而已。

笔者认为，孔子的终身教育“图景”所蕴含的教育理念正是对现代终身教育理论缺陷的最好补充。上文说过，现代终身教育理论的最大缺陷，就是对外部环境和条件对教育的作用过于迷信，而出现这一问题的根本原因是来自于其基本假设——人的“本领恐慌”。现代终身教育的基本观点就是认为在越来越激烈的社会竞争中，要适应社会的快速发展就必须接受教育——就像“开铺子”，存货取一点少一点，不进货就要关门倒闭，而终身学习就是不断进货的过程。这一假设本身并没有错，只是有几个问题没有考虑清楚：第一、现代终身教育倡导的“开放式教育”——即在空间上打破课堂限制，在时间上贯穿人的一生，做到时时处处学习，从一切事物中学习。这一思想很具有煽动性，但如果仔细分析就会发现，从一切事物中学习，并不是所有人都可以做到的，需要以一定的学习境界为前提。

① 许衍琛：《孔子终身教育思想和保罗朗格朗终身教育思想之比较》，《美中教育评论》，2007年。

正像孔子自述的那样，中间经过了“而立”“不惑”“知天命”等阶段，而后才能从周边事物中汲取“养分”，如果这一点认识不到，那么再好的外部条件也无法发挥出理想的效用。第二、人确实会在“本领恐慌”的状态下选择不断学习来“充电”，但是这种由于恐慌而发生的学习效果会好吗？从孔子的教育思想不难看出，他毕生追求的最高境界是“从心所欲”和“乐之”。他所主张的学习，绝对不是被动的、适应的学习——“困而学之，又其次也”①，甚至把“恐慌式”的学习作为“小人”的衡量标准——“君子坦荡荡，小人长戚戚”②。意思是说，人们之所以无法将自己提升到君子的境界，正是因为他们始终无法享受到学习的乐趣，才会整日担心自己会不适应社会或在竞争中被淘汰。

因此，孔子的教育思想给现代终身教育最大的启示就在于明确了终身教育并不是现在学术界所理解的“一路爬坡”，而是有它自身阶段性的目标——要通过正确的学习方法把自己修炼成“君子”——即真正能够做到“从心所欲”“乐在学中”的人。明确了这个目标，有利于学习者产生学习的内驱动力，使得终身教育能够“可持续地发展”。（如下图所示）

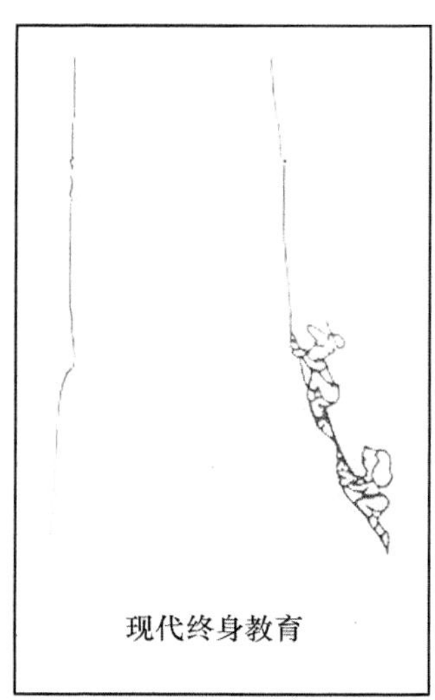

① 程树德：《论语集释·季氏篇第十六》，中华书局，2006年版。
② 程树德：《论语集释·述而第七》，中华书局，2006年版。

当学习者达到了孔子所说的“乐之”境界后，就不再需要任何外部条件刺激而可以主动、自由地进行学习；也只有达到这个境界，才能实现开放性的终身教育——朱熹所说的“无一时不学、无一事不学、无一处不学”；而具有这样能力的人在社会竞争中便可以立于不败之地。这样，现代终身教育的目标也就得以真正实现了。

荀子的心知与工夫

——朱熹对荀子心性论的诠释

李丽珠*

【摘要】 荀子讲性主要指感官欲望情性，情性之中并不内涵人主动为善的价值根基。荀子讲心则是指“心生而有知”，心虑而后能行。朱熹批评荀子性恶论，但对荀子心之知觉能力颇为赞赏。荀子之心知作为智性之知虽无法为人提供道德主体性价值根源，但有助于彰显传统儒学一直忽略的知识一端。儒家工夫论应该包含道德和知识两端，荀子的“心生而有知”正是对于知识一端的彰显。

【关键词】 荀子　朱熹　心知　工夫

春秋战国时期，思想界诸子争鸣，异说杂出。生活于此时期的荀子游学诸国，曾三为稷下祭酒，齐襄王视荀卿为当时最可称为老师之人。《史记·孟子荀卿列传》中孟子、荀子并称，可见迟至西汉荀学与孟学仍不分轩轾。至唐，韩愈曰：“余欲削荀氏之不合者，附于圣人之籍，亦孔子之志欤。孟氏，醇乎醇者也。荀与扬，大醇而小疵。”① 韩愈认为荀子大意与圣人合，只是小有瑕疵，但道统中仍是列孟不列荀。至宋明理学兴起，理学家将儒家道德伦理之学发展成为心性义理之学，四书地位上升，理学家从孟子性善论中寻找人的道德主体根据，故而尊孟抑荀。程伊川曰：

---

* 李丽珠，北京航空航天大学人文与社会科学高等研究院助理教授。

① 马通伯：《韩昌黎文集校注·读荀》，香港：中华书局，1972 年版，第 21 页。

"荀子极偏颇，只一句性恶，大本已失。"① 朱熹则曰："不须理会荀卿，且理会孟子性善。……荀、扬不惟说性不是，从头到底皆不识。"② 理学家对荀子的批评主要集中于性恶论，对于荀子心之知觉能力则颇为赞赏。以下以朱熹为例，分析其对荀子心性理论的诠释。

一、朱熹对荀子之"性"的诠释

朱熹论性分"天命之性"和"气质之性"，他极推崇伊川"性即理也"一句，曰："伊川'性即理也'，自孔孟后，无人见得到此。"③ 此性为不杂气质的"天命之性"。同时朱熹又强调无气则无形，如此则性之本体无所附着，故而凡说性时，皆指堕入形气中的"气质之性"，"天命之性"为人生而静以上不容说者。"'人生而静以上'，即是人物未生时。人物未生时，只可谓之理，说性未得，此所谓'在天曰命'也。'才说性时，便已不是性'者，言才谓之性，便是人生以后，此理已堕在形气之中，不全是性之本体矣。"④ 人物禀气以成形，理堕入形气之中以成人之"气质之性"。所以说性须兼气言之，才说性时，便是夹杂气禀而言，不可悬空说一个性，此为"气质之性"。朱熹特强调性气不离亦不杂：

"论性不论气，不备；论气不论性，不明。"盖本然之性，只是至善。然不以气质而论之，则莫知其有昏明开塞、刚柔强弱，故有所不备。徒论气质之性，而不自本原言之，则虽知有昏明开塞、刚柔强弱之不同，而不知至善之源未尝有异，故其论有所不明。须是合性与气观之然后尽。"⑤

"须知未有此气已有此性，气有不存，性却常在。虽其方在气中，然气自气，性自性，亦自不相夹杂。"⑥

① 王孝鱼点校：《二程集》卷十九，中华书局，1981 年版，第 262 页。

② 〔宋〕黎靖德编、王星贤点校：《朱子语类》卷一三七，中华书局，1986 年版，第 3254 页。以下所引《朱子语类》皆出自此版。

③ 《朱子语类》卷五九，第 1387 页。

④ 《朱子语类》卷九五，第 2430 页。

⑤ 《朱子语类》卷五九，第 1387—1388 页。

⑥ 朱杰人、严佐之、刘永翔主编：《朱子全书》册二二，上海古籍出版社，2010 年版，第 2147 页。

性气合观才能知至善之源与气禀之弊，否则即是不备不明，此之谓性气不离；性气虽须合观，但细细分疏仍是性为性，气为气，毕竟未有此气之前先有此性。当然这个“先”如朱熹讲“理先于气”时所讲“先”一样属逻辑在先，但这仍能表明性气不杂。

朱熹强调性气不离不杂，故对荀子的性恶论多有非议。批评荀子讲性恶是只讲气之杂而不讲性之善，如此则见气不见理，昧于理而不明。朱熹常以荀子、扬雄、韩愈并称。“若荀扬则是‘论气而不论性’，故不明。既不论性，便却将此理来昏了。”① “荀扬韩诸人虽是论性，其实只说得气。荀子只见得不好人底性，便说做恶。”② 朱熹也批评孟子讲性善是“论性不论气”，“孟子说性善，他只见得大本处，未说得气质之性细碎处”③。并且以为正是因为孟子论性不论气不周全才导致荀子性恶说的出现。“‘论性不论气，不备；论气不论性，不明。’孟子终是未备，所以不能杜绝荀扬之口。”④ 但毕竟孟子讲性善是见得大本，即见得“性即理”，性本无不善，孟子未见到杂气质而言的兼有善恶的气质之性。所以相比于荀子，孟子只是于细碎处有失，而荀子则是昧于理。

有时朱熹亦严厉批评荀子，认为韩愈对荀子“大醇小疵”的评价太仁慈，荀子从头到尾皆不识。“不须理会荀卿，且理会孟子性善。渠分明不识道理。如天下之物，有黑有白，此是黑，彼是白，又何须辨？荀扬不惟说性不是，从头到底皆不识。当时未有明道之士，被他说用于世千余年。韩退之谓荀扬‘大醇而小疵’。伊川曰：‘韩子责人甚恕。’自今观之，他不是责人恕，乃是看人不破。今且于自己上作工夫，立得本。本立则条理分明，不待辨。”⑤ 但朱熹真如上述所言，认为荀子一无是处、毫无可借鉴之处吗？笔者以为并非如此，正如钱穆先生在《朱子新学案》中所说：“凡朱子论学，一曰立根本，一曰从道问学处推扩，一曰从施用处见实

① 《朱子语类》，卷四，第 65 页。

② 《朱子语类》，卷四，第 78 页。

③ 《朱子语类》，卷四，第 78 页。

④ 《朱子语类》，卷五九，第 1388 页。

⑤ 《朱子语类》，卷一三七，第 3254 页。

绩。"① 钱先生此论是针对朱熹论孔门以下历代诸儒时详细分殊其大本处、道问学处、施为作用处之得失。例如朱熹论韩愈，认为其根本处有得但工夫作用处空疏。可见，朱熹评价儒者一般不会全盘否定，而会详细分殊其得与失，此处失不妨碍它处得。朱熹对荀子亦如此，所以朱熹虽曾言荀子"从头到尾皆不识"，但在《语类》中仍有称赞荀子之处。除了"诵数以贯之，思索以通之，为其人以处之，除其害以持养之"（《荀子·劝学》）的为学之法之外，朱熹亦曾对荀子之"心"做出一定程度的肯定。

二、朱熹对荀子之"心"的诠释

朱熹认为荀子对"大心""小心"的论述颇好，称赞其资质刚明，只是说得粗了。"诸子百家书，亦有说得好处。如荀子曰：'君子大心则天而道，小心则畏义而节。'此二句说得好。曰：'看得荀子资质，也是个刚明底人。'曰：只是粗。他那物事皆未成个模样，便将来说。"② 朱熹以气说心，"心者，气之精爽"③，气有清浊，所以心会走作。"荀子曰：'心卧则梦，偷则自行，使之则谋。'某自十六七读时，便晓得此意。盖偷心是不知不觉自走去底，不由自家使底，倒要自家去捉它。'使之则谋'，这却是好底心，由自家使底。"④ 朱熹认为荀子的这个"偷则自行"之心说得好，认识到心会不知不觉自走作，则人应时时戒慎处处做格物致知之工夫。由上，朱熹对荀子的心论有赞同之处。

除此之外，朱熹论心有两点与荀子颇相似。首先与荀子强调"心生而有知"类似，朱子亦以知觉说心："人心但以形气所感者而言尔。具形气谓之人，合义理谓之道，有知觉谓之心。"⑤ 朱熹特别强调"心"的作用，钱穆说："故纵谓朱子之学彻头彻尾乃是一项圆密宏大之心学，亦无不

① 钱穆：《朱子新学案》册三，九州出版社，2011年版，第635页。
② 《朱子语类》卷一三七，第3253页。
③ 《朱子语类》卷五，第85页。
④ 《朱子语类》卷十六，第337—338页。
⑤ 《朱子语类》卷一四〇，第3340页。

可。”[①] 就宇宙界而言，理重于气，但就人生界而言，心重于性，因心可做功夫而性不可。所以朱熹引张载言曰：“渠说‘人能弘道，非道弘人’处云：‘心能检其性，‘人能弘道’也。性不知检其心，‘非道弘人’也。’此意却好。”[②] 心能做功夫，检点性之偏处。心正是以它所具之知觉来对治性之偏处，“心之知觉，即所以具此理而行此情者也”[③]。这里也可以看出，朱熹讲“心”即有知觉又能践行，修养人之性情。朱熹特别称赞横渠对“心”与“知觉”的理解。“‘由太虚有天之名’，至‘知觉有心之名’。横渠如此议论，极精密。”[④] “心之知觉，又是那气之虚灵底。聪明视听，作为运用，皆是有这知觉，方运用得这道理。所以横渠说：‘人能弘道’，是心能尽性；‘非道弘人’，是性不知检心。”[⑤] “心以知觉以检性、尽性。心不光知觉到声色嗅味亦知觉到道理是非”“人只有一个心，但知觉得道理底是道心，知觉得声色臭味底是人心”[⑥]。朱熹的心之知觉与荀子心之知颇多相似。荀子亦以“心生而有知”，心之知不仅包括“缘耳知声、缘目知形”的知觉，亦包括知仁义是非的思虑之知，心之“知”“能”对情性进行约束检择。

其次，朱熹强调“虚灵不昧”之心与荀子的“虚一而静”之心有相似之处。朱熹称赞张载“心统性情”说得极好，性并不是实有一物具于人心，人“合当如此做底”即是性，性发出来即是情，兼统性情之心是虚的。“虚灵自是心之本体。”[⑦] “心者，人之神明，所以具众理而应万事。”[⑧] “能存得自家个虚灵不昧之心，足以具众理，可以应万事，便是明得自家明德了。”[⑨] 心之本体应是“虚灵不昧”，虚灵之心具众理且遇事可以随感而应，这样才可称之为明明德。“心虽主乎一身，而其体之虚灵，足以管乎

---

① 钱穆：《朱子新学案》册二，九州出版社，2011 年版，第 89 页。
② 《朱子语类》卷九七，第 2502 页。
③ 《晦庵先生朱文公文集》，卷五十五，第 2590 页。
④ 《朱子语类》卷六十，第 1432 页。
⑤ 《朱子语类》卷六十，第 1430 页。
⑥ 《朱子语类》卷七八，第 2010 页。
⑦ 《朱子语类》卷五，第 87 页。
⑧ 〔宋〕朱熹：《四书章句集注》，中华书局，1983 年版，第 349 页。
⑨ 《朱子语类》卷十四，第 265 页。

天下之理；理虽散在万物，而其用之微妙，实不外乎一人之心。"① 心正是因着其虚灵不昧才能够主宰理。并且在朱子看来，从工夫层面来说，"能尽得虚灵知觉之妙用是尽心"②。与朱熹相类，荀子也特别强调"虚一而静"之心的作用。心是人一身之主，"人何以知道？曰：心。心何以知？曰：虚壹而静。心未尝不臧也，然而有所谓虚；心未尝不两也，然而有所谓壹；心未尝不动也，然而有所谓静"（《解蔽》）。荀子讲"道"主要是从礼法制度方面，人靠虚一而静之心才能把握道。荀子的虚一而静之心有所藏，但不以所藏害所将受故谓之虚，类似朱子的虚灵不昧之心具众理，但不妨碍遇事随感而应。朱熹这里的"道理"当然不光包括礼法制度的内容，也指至善至高的宇宙之理，但从虚灵之心对道的把握这主动性的一层来看，朱熹与荀子相类。

三、荀子的工夫论

朱熹对荀子之心的认同，主要在于荀子之心具知觉能力，心是做工夫的主体。如果要用一个概念来贯穿从先秦至明清时期的儒学，工夫论无疑是非常合适的。从先秦儒学至明清实学，儒者都关心成就圣贤，一定意义上可以说他们都有工夫论。

工夫这个概念出自宋明理学，宋明理学的工夫比较倾向于关注本体层面，所以也可以说它是狭义上的工夫。之所以关注本体层面的工夫，与宋明理学的学术使命有很大关系。先秦儒学之后，汉唐经学关注注经解经，魏晋玄学代表新道家思潮的兴起，佛教传入后兴盛，儒学式微。从晚唐开始，儒者开始出现复兴儒学、排斥佛老的要求。佛教用精深的学理思辨吸引了大批儒者的关注，宋明理学为了对抗佛老，则必须建立一个完整意义上的理学体系，尤其是需要把本体论层面接引进来，对于夫子所不言的性与天道，一一阐明。所以理学家奉周敦颐为"理学开山"，从本体论的层面上来解读濂溪《太极图》中的宇宙论，进而形成完整的理学体系。所以

① 《朱子语类》卷十八，第416页。

② 《朱子语类》卷六四，第1568页。

说宋明理学很多的时候是关注本体层面，其工夫也比较倾向于本体层面。

广义的工夫既应该包括道德的践行，也应该包括知识。道德和知识这两端通过孔门弟子两派可以表现出来。思孟学派是把道德这一端彰显出来，荀子是把知识这一端彰显出来，通过认知做工夫以修身。修身成德的德性论一直是儒学关注的中心，而认识论则是传统儒学有所忽略的内容。从前文提到的荀子历史地位的演进历程也可以体现出大家对认识论的关注演变。春秋战国时期，荀学是显学。宋明理学时期，尊孟抑荀。有清一代，宋明道学衰落，主流学术界开始有学者为荀子辩护。《四库全书总目》中评荀子曰："平心而论，卿之学源出孔门，在诸子之中最为近正，是其所长；主持太甚，词义或至于过当，是其所短。韩愈大醇小疵之说，要为定论。余皆好恶之词也。"① 试图纠宋明理学家过度贬抑荀子之偏，承认荀子出自孔门，但仍以孟学为正统的角度来看待荀学。

发展到现当代，有越来越多的学者试图挖掘荀子性中除欲以外其他有助于建立人的主体性的内容，从而为荀子正名，也就是关注荀子"伪"的问题。"伪"这个词当然不仅仅是人为矫饰的意思，在郭店竹简《老子》中"绝伪弃义"的"伪"写作𢙴，上"为"下"心"。庞朴先生认为，荀子《正名》篇所说的"'心虑而能为之动谓之伪'句中的'伪'字，本来大概写作'𢙴'，至少也是理解为𢙴，即心中的有以为；否则便无从与下一句的见诸行为的伪字相区别。只是由于后来𢙴字消失了，钞书者不识𢙴为何物，遂以伪代之；一如我们现在释读楚简《老子甲》篇的绝'𢙴'为'绝伪'那样"②。荀子的"心虑而能为之动谓之伪"的"伪"包含主动作为的意涵，所以"伪"的内涵就包含了心去思虑活动并且将这个思虑活动放到实践中去做，包含知也包含能。所以，现在讨论荀子不再只关注他的性恶论，很多人开始关注心的思虑、认知活动、心的知能活动。

关于荀子认识论的讨论，有学者以为荀子的心并非人们所认为的只能认识不能创造的认知心，而是一种道德智虑心；不仅能认知，也能创造，

① 〔清〕永瑢等撰：《四库全书总目》上册卷九一，中华书局，1965 年版，第 770 页。

② 庞朴：《郢燕书说——郭店楚简及中山三器心旁文字试说》，武汉大学中国文化研究院编：《郭店楚简国际学术研讨会论文集》，湖北人民出版社，2000 年版。

具有好善恶恶、知善知恶和为善去恶的能力。荀子的心首先是道德直觉心。[①] 笔者以为，在荀子的语境中，心之“知”是一种中性的思虑判断之知，没有明显的价值色彩。“凡用血气、志意、知虑，由礼则治通，不由礼则勃乱提僈。”（《荀子·修身》）人运用其知觉思虑能力时，能够遵循礼义那么就能够通达顺利，不遵循礼义则偏险悖乱。荀子认为治理国家之关键在于知大道，行大道。那么如何能够知大道呢？心以其知觉能力去认识大道。“人何以知道？曰：心。心何以知？曰：虚壹而静。”（《荀子·解蔽》）专一、清明之心运用其知觉能力去认识道，进而行道。荀子推崇的是外在的礼义、大道，心是认识礼义、大道的中介。所以在荀子看来，关键在于外在礼义的遵循与否，心之知觉能力是中性的认识道义的中介。

心中之“能”则是一种内在的潜能，只是使人具有行仁义的可能性。人是否能行仁义、成圣贤还有赖于后天积习。“今使涂之人者，以其可以知之质，可以能之具，本夫仁义法正之可知可能之理，可能之具，然则其可以为禹明矣。今使涂之人伏术为学，专心一志，思索孰察，加日县久，积善而不息，则通于神明，参于天地矣。故圣人者，人之所积而致矣。”（《荀子·性恶》）人人都有可以了解仁义法正之知觉，可以行仁义法正之能力，但是还必须加上后天的专心一致，日积月累才能达致圣人境界。心之知觉思虑能力是智愚皆有的中性的能力，想要保持虚一而静的清明之心，需要在运用知觉能力时遵循礼义道法。所以荀子之心不可称之为道德心。

荀子作为孔门后学，与孔孟内圣之学不同，他开出了一条隆礼重法之路。这当然不是说他不重视内圣之学，作为孔门后学，他始终关注道德人格的塑成、圣贤理想的实现。荀子以虚一而静之心指向道德实现，道德人格的实现需要心之知觉为中介，认知心与道德心无法完全分开。但究其本质，认知是荀子之心的首要属性，辅以礼义法度，则可实现道德理想。

综上，朱熹认为荀子讲性恶于大本处已失，对荀子知觉之心则表达了肯定之意。朱熹以知觉说心、虚灵不昧之心与荀子心之知、能和虚一而静之心颇多相似之处。荀子讲性主要讲感官欲望的情性，情性本身不善不

---

① 梁涛：《荀子人性论辨正——论荀子的性恶、心善说》，《哲学研究》，2015 年第 5 期。

恶，所以并不内涵人为善的根基。荀子讲心则是“心生而有知”，心虑而后能行。此知主要是知仁义法正之知，是其所是非其所非之知，是智性之知。智性之知虽无法为人提供道德主体性价值根源，但可以彰显孔门之知识一端。广义的工夫论应该包含道德和知识两端，荀子的“心生而有知”正是对于知识一端的彰显。修身成德的德性论一直是儒学关注的中心，而认识论则是传统儒学有所忽略的内容。对荀子心性和工夫内涵的挖掘，正是对于传统儒家所忽略的认识论的彰显。

齐桓公用人与霸业兴废

张小锋*

【摘要】 齐桓公为“春秋五霸”之首，他并非完人，却能成就霸业，“九合诸侯，一匡天下”，成为后世追慕和称颂的楷模。齐桓公成就霸业的因素很多，其高明的用人艺术无疑是最重要的。齐桓公大胆用才、慧眼识才、竭能选才、笃信任才、仁爱尊才，不仅在其麾下麇集了管仲、宁戚、隰朋、鲍叔牙等一大批优秀人才，而且使每位谋臣勇将能各施其才、各安其位，国以之强，民以之富，遂成霸业。但是齐桓公晚年在用人上出现了较大失误，任用奸佞，身亡政衰，贻笑天下。齐桓公用人对其霸业兴废的影响，为后世留下了深刻的启思。

【关键词】 齐桓公　用人艺术　霸业兴废

国以才立，政以才治，业以才兴。人才对一个国家、一个政权乃至社会进步的意义重大。但是，如何慧眼识才、科学选才、裁汰庸才和屏退佞才，却不是一件容易的事。当各个集团的管理者在煞费苦心地探索如何选才用才时，不妨向历史人物学习，看看他们在用人上的智慧。

齐桓公是春秋时期最负盛名的君主之一，位列“春秋五霸”之首，其霸业鼎盛时，“九合诸侯，一匡天下”，威震中原，成为后世追慕和称颂的楷模，如孔子称齐桓公“正而不谲”①，并多次称颂齐桓公

* 张小锋，对外经济贸易大学马克思主义学院教授，历史学博士，主要从事历史文化研究。

① 杨伯峻：《论语译注·宪问》，中华书局，2012 年版，第 209 页。

和管仲君臣①。商鞅当年游说秦孝公时，在先后“说以帝道”“王道”失败后，最终用“霸道”、强国之术打动了秦孝公②，而“霸道”就是由齐桓公开创的。曹操《短歌行》诗云“齐桓之功，为霸之道”③；诸葛亮隐居隆中时“每自比管仲、乐毅”，以励宏图之志④。唐吴兢《贞观政要》多处记述“齐桓霸业”、李世民君臣多以“桓管故事”相互勉励。⑤ 齐桓公成功的因素固然有很多，但其高明的用人艺术是不可忽略的。

一、大胆用才

齐桓公用人最值得称道的是坚持“英雄不问出处”的原则，敢于大胆使用竞争对手集团中的人才。

齐桓公原名小白，鲍叔牙为傅；异母兄公子纠，管仲为傅；齐桓公异母兄齐襄公当政时，淫滥残暴，诛杀无度，齐诸公子害怕性命无保，纷纷出逃，公子纠在管仲、召忽护送下外逃鲁国；公子小白在鲍叔牙护送下外逃莒国。公元前685年，齐襄公被杀，国君宝位空悬。鲁国获知齐襄公暴毙，立刻派人护送公子纠疾驰回国，令管仲率队在半道狙击小白返齐；莒国也得到了齐国噩耗，急忙派人护送公子小白归国。两队人马在途中遭遇，展开激战。管仲望见小白，引弓远射，一箭正中，小白大叫一声，口吐鲜血，跌下马去。管仲深信小白已被射死，便送信给公子纠，公子纠等

---

① 如杨伯峻《论语译注 · 宪问》载：“桓公九合诸侯，不以兵车，管仲之力也。如其仁，如其仁。”“管仲相桓公，霸诸侯，一匡天下，民到于今受其赐。微管仲，吾其被发左衽矣。”中华书局，2012年版，第210页。

② 《史记》卷68《商君列传》记载：“公孙鞅闻秦孝公下令国中求贤者，将修缪公之业，东复侵地，乃遂西入秦，因孝公宠臣景监以求见孝公。孝公既见卫鞅，语事良久，孝公时时睡，弗听。罢而孝公怒景监曰：‘子之客妄人耳，安足用邪！’景监以让卫鞅。卫鞅曰：‘吾说公以帝道，其志不开悟矣。’后五日，复求见鞅。鞅复见孝公，益愈，然而未中旨。罢而孝公复让景监，景监亦让鞅。鞅曰：‘吾说公以王道而未入也。请复见鞅。’鞅复见孝公，孝公善之而未用也。罢而去。孝公谓景监曰：‘汝客善，可与语矣。’鞅曰：‘吾说公以霸道，其意欲用之矣。诚复见我，我知之矣。’卫鞅复见孝公。公与语，不自知膝之前于席也。语数日不厌。”第2228页。

③ 中华书局编辑部：《曹操集》，中华书局，2013年第2版，第6页。

④ 《三国志》卷35《诸葛亮传》，中华书局，1982年第2版，第911页。

⑤ 戴立轩：《〈贞观政要〉中的“桓管霸业”》，《安徽省管子研究会2011年年会暨全国第六届管子学术研讨会交流论文集》，2011年。

人放缓了返齐的脚步。

出人意料的是，管仲一箭，正中小白衣带钩，小白急中生智，咬舌喷血，坠马诈死，骗过了管仲后星夜兼程，抢先入主临淄，继承君位，是为齐桓公。做了国君后，齐桓公对管仲的一箭之仇念念不忘，为彻底扫清公子纠及其党羽的威胁，发兵讨伐鲁国。鲁国无奈，只好按齐国要求诛杀公子纠、召忽，将管仲装进囚车送齐国发落。管仲为天下大贤、治国良才，鲁人曾云："在楚则楚得意于天下，在晋则晋得意于天下，在狄则狄得意于天下。"① 在莫逆之交鲍叔牙的极力举荐之下，齐桓公捐弃前嫌，"亲迎之郊"，举行隆重仪式，任用管仲为相，后尊为"仲父"。

历史上曾上演过无数惨烈的政争故事：为了争夺江山社稷，两个乃至多个政治集团之间展开殊死搏杀。一派胜利后，便展开对另一个集团的彻底清洗和剿灭。不管另一集团成员的政治立场是否转变、是否具有治国理政的特殊才干，都很难赦免，更不用说委以重任、奉为上宾了。齐桓公重用管仲，打破了不同政治集团成员之间水火难容之局，与后世唐太宗重用其兄李建成的谋臣魏征，可谓殊途而同归。

二、慧眼识才

齐桓公用人的第二个过人之处，体现在慧眼识才上。齐桓公认为，人无完人，不能因小恶而掩其大美，否则，人才就很容易流失掉。《吕氏春秋·举难》记载，宁戚本为卫国人，得知齐桓公招贤纳士，很想投奔。但是出身卑微，家境穷困，没有办法使自己得到举荐，于是就替商人赶货车来到齐国，晚上露宿城外。恰逢齐桓公于郊外迎客，城门洞开，灯火通明，扈从甚众，随从人员警示商贾车辆等迅速回避。此时，正在车旁喂马的宁戚远远望见齐桓公，虽近在咫尺，却无法面晤。悲感交集，便击牛角为拍，高唱商歌。齐桓公闻其歌声，说："唱歌之人非等闲之辈。"即命随从车载宁戚回宫，赐以衣冠，并接见了他。

宁戚先后向齐桓公陈述治理国家之策、图霸天下方略，受到齐桓公的

---

① 黎翔凤：《管子校注》卷8《小匡第二十》，中华书局，2004年版，第390页。

激赏。齐桓公准备任宁戚。群臣纷纷劝谏说，这位客人是卫国人，卫国离齐国不远，国君应该先派人去调查一下，如果确实是贤人，任命也不算晚啊。齐桓公说：不能这样，问了之后，难免发现人家的小毛病，“以其小恶，忘人之大美，此人主之所以失天下之士也”。“且人固难全，权用其长者。”遂举宁戚为大夫，任以大司田之职。宁戚任职期间，“垦田大邑，辟土艺粟，尽地力之教”，齐国国富民丰，国力大增，立下卓著功勋，成为襄佐齐桓公首霸春秋的重要谋臣。

三、竭能选才

“为政之要，唯在得人。”对于胸怀大志的君主而言，“欲平治天下而垂荣名者，必尊贤而下士”，若“朝无贤人，犹如鸿鹄之无羽翼”。[①] 为了罗致天下英才，齐桓公尽一切可能选拔人才，这是他用人上的又一高明之处。

为了选人，齐桓公庭燎招士。春秋时期天子和国王在接待外国使者或商讨国家大事时，要在大庭中燃起火炬，叫“庭燎”，这是最高规格的接待礼仪。齐桓公因求贤若渴而“庭燎招士”，但一年过后，没有一个贤士前来。这时，一名地位低下的东野鄙人求见，齐桓公很高兴地登堂接见，问来人有何才能，来人回答：“我仅会九九术。”桓公说：“会九九术也能算一技之长吗？齐国这样的人到处都是。”来人回答：“大山不拒绝细小的石头，所以才成了大山；大海不拒绝细小的溪流，所以才成为大海，九九术不算什么，但您如果对我以礼相待，还怕比我高明的人不愿来吗？”齐桓公深感有理，便设庭燎之礼接待来人。果不其然，一个月后四面八方的贤士接踵而至。

为了选人，齐桓公实行“三选”制度，亲自参加官吏考评和人才选拔，《管子·问》记载，齐桓公每年从正月初起，即听取乡长汇报工作，详细询问各地有无行义、好学、聪明、仁厚、慈孝等名闻乡里的贤达之人，如有故意隐瞒不报者，以“蔽贤”之罪，追究其责任。

---

① 向宗鲁：《说苑校证》卷8《尊贤》，中华书局，1987年版，第173页。

齐桓公还委派大臣从各个领域中选拔优秀人才，《管子·大匡》记载："桓公使鲍叔识君臣之有善者，晏子识不仕与耕者之有善者；高子识工贾之有善者。"此外，齐桓公还派出游士 80 人，供给其车马、衣裘、钱粮，周游四方，广招天下之士。《史记·齐太公世家》记载齐桓公"禄贤能"，对其竭能选才，铭记褒赞。

为了搜罗人才，齐桓公还不惜屈尊求才。刘备"三顾茅庐"访诸葛的故事家喻户晓，传为美谈，这是刘备求贤若渴的生动写照。事实上，齐桓公曾有"五求小臣稷"的经历，其求贤心情之急迫和真诚，远过刘备"三顾茅庐"。

《吕氏春秋》载，齐桓公听闻一个叫稷的小吏是贤才，一天去了三次也没有见到。跟随的人说："你作为有一万辆兵车的大国君王见一个平民百姓，一天去了三次却未见到，也可以停止了。"齐植公说："不是这样的。有才能的人傲视爵位、俸禄，才会轻视他们的君王；君王如果轻视霸主，自然也会轻视有才能的人。就算小吏被看不起爵位俸禄，我又怎敢看不起中原霸主的大业呢？"就这样，齐桓公去了五次才见到小吏稷。天下人听说了这件事，都说："齐桓公不轻视平民，何况我们这些国君呢子"于是一起来朝拜齐桓公，很少有不到的。齐桓公之所以能够多次联合诸侯，一统天下的原因，是因为他能够用这样的态度对待贤才啊。

四、笃信任才

历史上有诸多领导，在选拔人才时，是求贤若渴；但在使用人才时，却是小心翼翼，甚至疑心重重。齐桓公对管仲给予了充分的信任，就有了"凡事问管仲"的历史佳话。

《韩非子·难二》记载，晋国派一名使者去晋见齐桓公，负责接待的官员便向齐桓公请示用什么礼仪来接待。齐桓公回答说："问管仲。"没过多久，又有官员向齐桓公请示政务。齐桓公还是回答说"问管仲"，如此者三。这时候，目睹这一情形的侍者说："凡事都去问管仲，照这么看来，当君主蛮轻松的嘛！"显然他的话语中有讥讪之意，齐桓公并没有生气，而是用平静的语气说道："当君主的辛辛苦苦网罗人才，就是为了使用人才。如果忘了这一点，凡事都由君主一个人去做，一则不可能做得了，再则就糟蹋了苦心找来的人了。我花那么多心血寻找人才，就该专任之，我不该随便插手。”

“国之大事，在祀与戎。”还有一次，齐国举行大型祭祀，负责官员将祭祀的参与者和礼仪程序呈交齐桓公，请他定夺。齐桓公看了说：“这么重要的事情，你向仲父请示过了没有？”有司答道“还没有。”齐桓公大怒，说：“速速去，问仲父。”

齐桓公“凡事问管仲”，引起很多人的担忧和不满。《韩非子·外储说左下》记载，齐桓公准备尊管仲为仲父，征求群臣意见，东郭牙进言说：“凭管仲的智慧，有可能谋取天下吗？”齐桓公说：“能”。“凭他的果断，是敢于干一番大事的吧？”齐桓公说：“敢。”东郭牙说：“如果他的智慧能够谋取天下，果敢足以干成大事，您把国家权力全部交给了他；以管仲的才能，凭借您的权势来治理齐国，您难道就没危险吗？”东郭牙之言，出于赤诚，发自肺腑，齐桓公妥善处之，并未影响其对管仲的倚重。

深得齐桓公宠爱的易牙，也曾进言齐桓公说：“您凡事都问管仲的看法，大事小情都交给他定夺，这齐国的国君不就成了他管仲了吗？”易牙一语，不啻为最能触痛国君心头的利刃，但是齐桓公却笑而答曰：“管仲是当今天下最杰出的人才，也是我最信得过的大臣。没有他，我就不会有今天的霸主地位。没有我，他也不会得到施展抱负、获得功名的机会。这样的君臣际遇是最难得的呀，我充分利用他的才干，他充分回报我的信任，难道不应该吗”。

《史记·管晏列传》记载，“管仲富拟于公室，有三归、反坫，齐人不以为侈。”《韩非子·外储说左下》记载，管仲相齐后说：“我的地位倒是尊贵了，但还是贫穷。”齐桓公闻之，便赏其“三归之家”。当时有人说，管仲富有奢华，“出门时，坐的车用朱红车盖和青色车衣；回来时，用鼓乐引路。庭院有陈列的大鼎，家里有十分之三的商税收入。”这些记载说明，管仲确实家资殷实。

管仲既有才，又有势，还有财，如果没有齐桓公的足够信任，其命运是岌岌乎可危，更遑论治国理政了；如果不是齐桓公笃信，管仲作为人臣，位高权重，难免受人猜忌，任何宵小巧佞之徒，都能轻而易举地将其倾覆。相比刘邦之于萧何、曹操之于杨修、崇祯之于袁崇焕等人而言，齐桓公对管仲，是最豁达大度、笃信无疑的。自古君臣相处，信任最为难得，汉景帝时吴楚“七国之乱”爆发，周亚父临危受命三月平叛，最重要因素之一是来自景帝的信任；东汉光武帝时马援南征五溪，出发前与友人话别，其罪担心的是怕有人在光武帝面前进谗言，难怪史家慨叹：“非成业难，得贤才难；非得贤才难，用之难；非用之难，任之难。”①

五、仁爱尊才

齐桓公重才，更重荐贤之才，这是他用人的又一高明之处。《吕氏春秋·赞能》记载，“管子治齐国，举事有功，桓公必先赏鲍叔，曰：‘使齐国得管子者，鲍叔也。’桓公可谓知行赏也。”

尽管中国历史上，多有要求官吏负有“荐贤进士”之责，以臻于“野无遗贤”之境，但是，在实际中，往往很难达到这一理想状态，究其原因，与没有形成“重才更重荐贤之才”的社会风尚有莫大关系。诸多史实昭示：某人一旦举荐了一个被自己更有才干的贤才，就意味着自己要让位、要被替代，乃至出现被后来者打压的现象；抑或意味着自己被君主冷落、淡忘。这样就出现了政坛上所谓的“但闻新人笑，不闻旧人哭”“教会徒弟，饿死师傅”之怪现状。而齐桓公“每赏管子，必先赏鲍叔”的行为，是向齐国人民表明，自己优秀不优秀并不重要，重要的是能举荐或培养优秀的人才，只要能举荐或培养出优秀的人才，自己就能得到更大的回报、受到更多的肯定和尊崇，这无疑是树立了一个积极、正面的典范，营造了一个重贤、尊贤，以荐贤为荣耀的社会风尚。正所谓“当伯乐得到了足够的重视，千里马自然就会蜂拥而至。”

人在春风得意之时，往往喜欢听洋洋颂歌，最忌恨别人提及自己落寞恓惶之时；然而齐桓公似乎有所不同。文献记载，齐桓公、管仲、鲍叔牙、宁戚四人曾在一起饮酒，饮到高兴时，桓公对鲍叔牙说：“为什么不

---

① 《三国志》卷60《钟离牧传》，注引《会稽典录》，北京：中华书局，1982年第2版，第1395页。

给我祝酒？”鲍叔牙捧杯而起说：“希望您别忘记流亡在莒国的时候，希望管仲别忘记被绑在鲁国的时候，希望宁戚别忘记车下喂牛的时候。”此语一出，实在大煞风景；但是，齐桓公并未显露愠怒之情，反而表现出足够的虔诚和敬重，他离席再拜说：“我和两位大夫一定不忘记您的忠告，这样国家就一定不会有危险了。”①

史乘记载，有一次齐桓公正在读书，有一木匠见后问他读什么书，他回答说圣人之书。这个木匠却说他所读实为圣人的糟粕。齐桓公一听，大为生气，但听完木匠的解释后，却深以为是，怒气立消。

有一次，齐桓公做了长时间的精心准备，虔诚地请管仲晏饮。管仲来后，齐桓公亲拿酒爵，夫人亲捧酒杯向管仲敬酒。可是管仲仅喝了三杯转身就走了，这让齐桓公十分恼火，吓得鲍叔牙、隰朋急忙追出去劝告管仲。这样管仲只好折回，进入院子时，齐桓公生气得不和他讲话；到了庭中也仍然如此；最后来到了堂中，齐桓公才生气地说：“寡人斋戒十日而饮仲父，自以为聪于罪矣。仲父不告寡人而出，未知其故也？”当管仲解释完缘由后，齐桓公不但不生气，反而更加虔诚、尊敬了，在管仲离去时“以宣宾客之礼再送之”。②

正因齐桓公有高明的用才、识才、选才、任才、尊才之道，才在其麾下麇集了管仲、宁戚、隰朋、鲍叔牙、王子城父、宾胥无、公子举、国子、高子等一大批优秀人才，形成了强有力的智囊集团。

事实上，齐桓公本人并不是一个完美的人，他有诸多缺点，如他自己所承认的“好田（田猎）”“好酒”“好色”③，事实上还“好食”、喜欢听阿谀之言，但是“桓公能假其群臣之谋，以益其智”④，使每位谋臣勇将能各施其才、各安其位，国以之强，民以之富，“三存亡国，一继绝世，救中国，攘戎狄，卒胁荆蛮，以尊周室，霸诸侯”⑤，最终成就了霸业。

① 黎翔凤撰：《管子校注》卷11《小称第三十二》，北京：中华书局，2004年，第613页。
② 黎翔凤撰：《管子校注》卷8《中匡第十九》，北京：中华书局，2004年，第383页。
③ 黎翔凤撰：《管子校注》卷8《小匡第二十》，北京：中华书局，2004年，第390页。
④ 黎翔凤撰：《管子校注》卷8《小匡第二十》，北京：中华书局，2004年，第440页。
⑤ 刘向撰、向宗鲁校证：《说苑校证》卷8《尊贤》，北京：中华书局，1987年，第175页。

六、用佞乱政、虫流出户

“靡不有初，鲜克有终。”一个君主用对一些人容易，但用对所有人则很难；一时用对人容易，但一生用对人则很难，齐桓公也不例外。

齐桓公四十一年（公元前645年），管仲病入膏肓，生命垂危，齐桓公前往探望。君臣二人在病榻之侧，进行了一场别开生面的对话，也是一场十分真诚的心灵交流。

齐桓公说：“仲父的病很重了，如有不讳，仲父看谁可接替你的相位呢？”管仲说“知臣莫若君，陛下认为呢？”齐桓公先后推荐了鲍叔牙、隰朋两人，管仲皆认为不是最佳人选，并一一晓陈两人优缺点。齐桓公继续问到，“仲父还有什么遗言教导吗？”管仲回答说：“我希望您把易牙、竖刁、堂巫和公子开方摒退掉。易牙用烹调侍候您，您说，唯有婴儿的味道没有尝过，于是易牙蒸了他的儿子献给您。人情没有不爱自己儿女的，他对自己的儿子都不爱，能爱您么？您喜欢女色而忌妒，竖刁忍痛辱自宫而为您管理宫女们。人情没有不爱自己身体的，他对自己身体都不爱，能爱您么？公子开方侍奉您，十五年不回家探亲，齐国与卫国之间，不用几天行程就到了。人情没有不爱双亲的，对自己双亲都不爱，能爱您么？我听说过：作假的不可能持久，掩盖虚伪也不会长远。活着不干好事的人们，也一定不得好死。”齐桓公说：“好。”管仲死后，齐桓公谨记其遗言，将四人免官驱逐。但是驱逐了堂巫，却生了怪病；驱逐了易牙，却感到食味不佳；驱逐了竖刁而宫中混乱；驱逐了公子开方而感到自己的朝政没有条理。于是又重新起用四人。一年后，齐桓公患病，四佞乘机作乱，“塞宫门，筑高墙”，把齐桓公幽禁在深宫内，隔绝内外，断其饮食，齐桓公四十三（公元前643年）年冬十月，一代枭雄齐桓公最后被活活饿死于寿宫。齐桓公死后，五公子争立，齐国陷入内乱，齐桓公尸体长时间无人理会，停放在床上达六十七日之久，以致尸体生蛆，“虫流出户”。

桓管“病榻论相”一事，《史记》《韩非子》《吕氏春秋》等均有记载，尽管具体细节稍有不同，但基本内容一致，真实性不容置疑。曹操在《善哉行》中如此总结齐桓公的一生：“齐桓之霸，赖得仲父。后任竖刁，虫流出户。”[①]

易牙、竖刁、堂巫（亦作雍巫、常之巫）、公子开方通常被后人称作“四小”[②]。不能说四人是一无用处的庸才，只不过算不上贤才罢了。事实上，他们每个人都有其过人之处，是某一领域有特殊才能的专才，如易牙的厨艺技术堪称一流，是当时的名厨[③]；四人的共性是人性泯失、隐忍伪善，在揣摩上意、讨巧迎合方面有超乎常人的本领，是典型的佞才。

大佞似忠，奸佞往往表面是最忠厚的。作为君主应明察明辨，有效防范，果断屏退，但是晚年的齐桓公并没有深刻意识到这一点，最终因任用佞才而未得善终，其苦心孤诣地经营的巍巍霸业也随之付诸东流，这其中的教训是极为深刻的。

---

① 中华书局编辑部：《曹操集》，北京：中华书局，2013 年第 2 版，第 9 页。

② 任重：《齐桓公佞臣考辨》，《管子学刊》，1996 年第 1 期。

③ 参见孙开泰、陈阵、吕华侨：《易牙本传与其传说》，《管子学刊》，2001 年第 3 期。

学术观察

首都高校博物馆公共文化服务的问题及对策*

蔡劲松　张普彪　刘建新**

【摘要】 高校博物馆是公共文化服务的重要机构之一，向社会提供公共服务是其本质属性和重要职能。近年来，人们越来越关注高校博物馆的发展，高校博物馆建设迎来了全新的发展机遇。特别是在高校聚集、高等教育资源十分丰厚的北京，高校博物馆数量较多，其建设发展状况在全国处于相对领先地位。不断提升首都高校博物馆公共文化服务的能力与水平，不仅是高校博物馆自身建设发展的迫切需求，也是首都高校发挥文化传承创新和社会服务职能、融入全国文化中心建设的必然要求。但应当看到，首都高校博物馆建设在取得突出成绩的同时，在开放办馆、服务公众、文化育人和文化传播等方面，尚存在许多不足和缺失。需要探索更为合理、有效的发展机制，更高质量、更大程度地向社会公众提供公共文化服务，为加快推进全国文化中心建设、提升公共文化服务水平发挥引领示范作用。

【关键词】 全国文化中心　首都高校博物馆　公共文化服务

---

* 本文系首都师范大学文化研究院 2019 年度一般项目“首都高校博物馆公共文化服务问题及对策研究”的阶段性成果。

** 蔡劲松，北京航空航天大学人文与社会科学高等研究院院长、人文社会科学学院（公共管理学院）院长，教授；张普彪、刘建新，北京航空航天大学人文与社会科学高等研究院文化传播与管理专业研究生。

博物馆作为重要的社会文化机构，公共服务是其本质属性和重要职能。历史地看，博物馆与高校之间具有密切的联系，世界上最早的公共博物馆阿什莫林博物馆就诞生于英国牛津大学校园。在此后的发展过程中，博物馆的公共文化属性及其与大学之间的关联与互动日益凸显。高校博物馆作为我国博物馆体系的重要组成部分，也是高校发挥服务社会职能的重要机构。相对于其他公共博物馆，高校博物馆一方面要服务大学人才培养、学术科研等核心任务，天然具有教学、科研和文化传承等方面的优势；另一方面，高校博物馆参与社会公共文化服务的地位与作用，也在显著提升。

在高校聚集、高等教育资源十分丰厚的北京，高校博物馆数量较多，其建设发展状况在全国处于相对领先地位。但应当看到，首都高校博物馆在取得突出成绩的同时，尚存在许多限制其发展的瓶颈问题。

一、首都高校博物馆建设及公共文化服务现状

国外高校博物馆的兴起与建设迄今已有 300 余年历史。在西方发达国家的知名大学中，博物馆已经成为高校教育、科研和公共文化服务必不可少的设施。如美国 500 所大学拥有 800 多座博物馆，哈佛大学有 17 座，选用专业化人员和管理团队，开展广泛的社会交流与合作，充分拓展育人和公共文化服务功能。相比之下，我国高校博物馆包括首都高校博物馆虽然已经初具规模，但未来还有很长的路要走。

截至 2018 年底，我国有近 400 座高校博物馆，而且还以每年 8 到 10 座的数量增加，不少高校兴起了博物馆兴建、扩建的热潮。其中，北京地区拥有高校博物馆近 40 座，约占全国总量的十分之一，位居全国各省市前列。如何把首都高校博物馆发展为首都公共文化体系中的坚实力量，实现高校文化资源优势的转化、利用和传播，应成为现阶段首都高校博物馆建设发展的重要课题和目标。

近年来，包括笔者在内的许多学者，针对高校博物馆建设及公共文化服务问题进行了深入探讨，形成了诸多共识。一方面，关于高校博物馆的定位，学者普遍认为高校博物馆是国家博物馆体系中独特的一脉，作为一

种公共资源应该向社会提供更多的公共文化产品和服务，真正成为繁荣公共文化事业的基地。另一方面，关于高校博物馆公共文化服务的不足，学者普遍认为主要体现在如下几个方面：在管理体制机制方面，我国的高校博物馆受制于高校的管理，处于教育和文物行政管理的双重管辖下，使得高校博物馆常常处于一种尴尬的困境；在公共服务方面，高校博物馆存在认知程度低、开放程度低的问题，不少高校博物馆仅仅面对本校师生开放，或对校外人员设定较多的参观限制；在开放时间方面，仅有少数高校博物馆可以保证全年开放，大多处于间歇性开放状态，高校博物馆的资源利用率低、社会效益发挥不充分。这些问题，在首都高校博物馆中同样不同程度地存在，成为制约首都高校博物馆公共文化服务的“瓶颈”。

首都高校的40余座博物馆，坐落在各所属院校校园之中。但与所在高校相比，人们对高校博物馆似乎了解甚少。笔者通过问卷调查及访谈调研，从调查数据的结果看，公众对首都高校博物馆的知晓情况并不乐观。40余座高校博物馆中，仅有几座较多频次被人提及，如清华大学艺术博物馆、北京航空航天大学航空航天博物馆、中央美术学院美术馆等。首都高校博物馆大多呈现养在“深闺”人不识的状态，其社会公众认知程度较低、社会公共教育职能不完善，这些问题限制了首都高校博物公共文化服务职能的发挥和自身的发展。

新时代背景下，首都高校博物馆建设不仅要顺应社会发展的潮流，还应努力把自身打造成为首都公共文化服务建设的试验点、示范区、引领地。如何进一步承担公共文化服务职能，提升融入首都公共文化服务体系建设的能力与水平，充分发挥高校在全国文化中心建设中重要作用，是首都高校博物馆今后发展的重要目标和义不容辞的责任。

二、首都高校博物馆建设及公共文化服务的问题

不可否认，首都高校博物馆在自身建设发展和公共文化服务方面，在政府、高校和社会的支持下，取得较大的进展和成效。当前，越来越多的首都高校博物馆向社会公众免费开放，参与社会公共文化服务的意愿与举措不断增强。但是，面对自身建设和融入首都公共文化体系建设的现实需

要，仍突出地存在如下几个方面的问题。

其一，整体发展不平衡，建设理念和发展模式相对陈旧。首都高校拥有博物馆的数量处于全国前列，但除了个别高校博物馆具有较成功的建设发展基础和较大的社会影响外，大部分高校博物馆还处于摸索性缓慢发展甚至停滞发展阶段。同世界著名城市、著名高校的博物馆群相比，首都高校博物馆整体上发展极不平衡，建设发展理念和模式比较陈旧，不同程度存在“等、靠、要”的思维，“因地制宜、因校制宜、因馆制宜”的观念尚未完全树立和落实，部分满足于学校“教辅”机构的单一定位。需要从源头和顶层设计上，提升对首都高校博物馆的不可或缺性及其文化传播职能重要性的认识。

其二，机构设置不规范，管理工作落后。多数首都高校博物馆缺乏健全的职能设置，如办公、安保、技术、展陈、典藏、资料、宣传、公共教育等部门；管理模式没有统一规范，对员工的管理停留在对待一般行政、教辅人员的传统管理上，较少考虑到博物馆的工作性质和工作人员的专业特殊性。同时，作为高校内设的二级机构，绝大多数首都高校博物馆正式编制人员寥寥无几，馆内的藏品维护、策展、专职管理等繁杂事务都由其负责，往往一个人身兼数职。正式编制和专业人员不足，严重制约了首都高校博物馆的发展和改善，很大程度也影响了其承担文化育人和社会公共文化服务的主动性、积极性。

其三，运营经费短缺，来源渠道单一。现阶段，首都高校博物馆的正常运营经费主要依靠学校内部的经费支持，往往根据各自学校的财力情况，经费由学校的行政拨款，大多属于“以校养馆”模式，导致博物馆各方面工作的停滞乃至事业拓展面临限制。但随着首都高校博物馆参与向社会提供公共文化的服务，仅仅依靠高校自身的经费来源远远不够。如何获得更加稳定、多种渠道的经费与政策支持，是首都高校博物馆更好融入首都公共文化服务体系的基础。

其四，展陈传播创新不足，文化吸引力、影响力不够强。一方面，多数首都高校博物馆通常采取静态陈列式展览为主的“一个展览做到底”的运营模式，形式比较单一，展览内容更新不及时，数字新媒体和智能化互动基础设施缺乏。另一方面，许多高校博物馆安于现状、开放程度低，危机意识、竞争意识不强，常处于习惯性“惰性”管理运营，很少举办公益性公共教育活动，没有挖掘自身文化特色和内涵，没有开发基于特殊馆藏的文创产品，限制了文化形象的塑造、传播和公共文化服务价值的传递。

三、提升首都高校博物馆公共文化服务水平的对策建议

探索更为合理、有效的发展机制，更高质量、更大程度地向社会公众提供公共文化服务，为加快推进全国文化中心建设发挥引领示范作用，是首都高校博物馆发展的大势所趋。那么，如何破解自身建设发展的困境，摆脱目前少人问津的局面，更好地走向社会公众，切实提升首都高校博物馆公共文化服务水平，彰显所在高校文化的独特魅力？笔者建议，应着重从以下几个方面改进完善。

（一）更新办馆理念、加强顶层设计，确立价值坐标与职能定位

首都高校博物馆的建设发展，既是一个凝练内在文化内涵和专业学科育人的过程，也是一个广泛开展合作交流、兼容并收的文化整合过程，更是一个全面融入全国文化中心建设、为公众提供文化育人和公共文化服务的过程。当前，从顶层设计及更新办馆理念出发，厘清首都高校博物馆自身的职能定位，是推进其建设发展的前提。

笔者认为，首都高校博物馆应该始终坚守教育性、文化性、社会性与公益性的价值坐标，从定位上承担四项主要职能：一是专业教育实践，以拓展教育教学实践功能；二是学术研究和学科传承，以支撑及延续大学优势特色学科发展；三是科学人文精神普及与传播，以深化人才培养为核心的大学文化育人；四是社会公众文化服务，以辐射公共教育为核心的大学文化价值。特别是，积极主动开展以文化育人为核心的社会公共文化服务活动，为全国文化中心建设做出更大贡献，不仅是首都高校博物馆实现社会价值的效应倍增器、彰显社会效益的最佳途径，也是破解首都高校博物馆始终处在社会文化“消费”边缘地带的有效方式，更是其使命所在、责

任所在。

（二）加强政策扶持、健全机构设置，多渠道提升运营管理效能

2019 年 11 月，教育部办公厅印发了《关于加强高校博物馆管理工作的意见》，对于加强高校博物馆建设管理提出了初步的指导性意见，释放了一个非常积极的信号。建议北京市有关职能部门（市委宣传部、市文化和旅游局、市文物局、市教委等）加强统筹协同，结合教育部文件精神，将“首都高校博物馆及公共文化服务”正式纳入促进全国文化中心建设专项议题，从顶层予以发展指导和系统部署，适时出台首都高校博物馆建设和融入全国文化中心的实施细则，从体制机制改革、组织机构设置、职能拓展设计、专业人才支撑、运营经费保障等方面，制定有针对性的扶持政策与重点举措，破解制约首都高校博物馆公共文化服务能力不足、不强的瓶颈问题。

同时，建议设立“首都高校博物馆公共文化服务”专项经费，重点支持条件成熟的首都高校博物馆，积极参与融入全国文化中心建设体系。现阶段，建议在北京文化艺术发展基金中，增设首都高校博物馆专项项目，鼓励高校博物馆申报举办面向公众的专题展览、智识素养培训、公共教育品牌活动等。

此外，要从政策层面鼓励首都高校博物馆不断完善外部、内部运营管理架构。外部组织如董事会（理事会）、学术咨询机构、会员机构、志愿者服务机构、大学博物馆联盟等，可设立高校博物馆发展基金，倡导其学术发展及公共文化服务趋向，增进高校博物馆与社会、受众之间的互动并形成双赢机制，弥补高校博物馆人力资源不足并形成良性发展的外围志愿者力量等；内部组织可依据高校博物馆的本体功能划分，设置行政组、教育组、研究组、典藏组、展陈组、拓展组等部门，以精细化的管理将相关业务功能交叉整合，切合实际地推动高校博物馆综合效能的充分发挥。

（三）实施文化品牌战略，提供专业人才支撑保障

品牌是一种形象和符号，具有独特的文化内涵和经营管理价值。随着

全国文化中心建设的深入推进，实施首都高校博物馆文化品牌战略，已成为其运营管理和可持续发展的必然选择。

首都高校博物馆的品牌塑造与战略拓展，应该主要围绕四个方面展开：一是坚持学术内涵、文化水准和高品位标准；二是突出馆藏特质、文化特色和知识生产、传播三轨并行的主业挖掘；三是注重品牌推广与打造良好形象、服务社会公益的有机结合，包括设立品牌推广中心或小组、创建自办网络或纸质宣传媒介、设计制作品牌形象文化衍生品、广泛利用社会资源及公共媒体扩大推广范围等；四是注重展陈丰富性、项目多元化以及文化关联性的运营管理体系设计，并以此为契机开展科学人文普及教育、学术讲堂、文化体验及交流互动等，吸引更多的受众参与，扩大品牌效应。这就要求首都高校博物馆必须调整关系、优化资源、完善要素，不断增强自身文化竞争力和公共文化服务能力，充分利用现有条件争取外部支持，更加合理地优化和配置人、财、物等要素，使博物馆更好地发挥公共文化服务的职能。

同时，要高度重视首都高校博物馆专业人员的引进与专业化培养，特别是作为运营管理团队核心与社会文化号召力关键的高校博物馆馆长的培养与确定，将是首都高校博物馆发展的决定性因素。首都高校博物馆专业人员应具有如下能力：一般性知识与技能；博物馆学的研究能力；经营和管理博物馆的能力；策划博物馆专业事务的能力；公共文化服务意识与社会拓展能力。

要加大政府、高校和社会的协同力度，支持首都博物馆从人力资源不可或缺的高度整体考虑、通盘设计，逐步完善和健全首都高校博物馆人员的聘用、招募程序和机制，联合校内外有关机构，为博物馆从业者的职业培训和职业生涯发展提供良好的平台。此外，还要重视志愿者队伍建设，大学生、在职及离退休教师是首都高校博物馆志愿者的主要来源。志愿者团队的加入，能够有效增强大学博物馆文化传播力量，在大学博物馆和社会公众之间起到纽带和桥梁作用。

（四）拓展文化传播载体平台，加强数字新媒体技术创新应用

对首都公众开展的随机问卷调查结果显示，人们了解首都高校博物馆

的展览活动信息主要是通过宣传海报、官方网站、朋友推荐等方式，获得信息的渠道比较窄。首都高校博物馆应充分利用互联网、新媒体的优势和特性，拓展文化传播载体与平台，增强公共文化服务范围与影响。可通过微信、微博、短视频、直播、APP 等社交平台和传播手段，设立专属的公号、账号，定期更新和上传博物馆藏品知识、展览、活动的相关内容，不断扩大自身品牌影响和传播效果。

此外，随着博物馆展览科技水平的提高，观众对于静态式的展览手段似乎已经失去了原有的热情，希望在参观的过程中能有更多的互动体验。首都高校博物馆应发挥高校技术优势，加强管理运营过程中的数字新媒体技术应用，如加大 VR、AR 等交互式数字新媒体技术展览设计、公共教育活动中的运用比例，增强首都高校博物馆展览及活动的可参与性、可介入性。

总之，在全国文化中心建设视域中，首都高校博物馆理应成为一道独特的文化景观。它在传播人文精神、科学精神与智识教育等方面，无疑具有潜移默化、不可替代的作用。首都高校博物馆建设发展不能局限于大学自身平台，必须将“公共文化服务”作为可持续发展的内在要求，积极投身首都公共文化服务体系建设，不断增强自身的公共文化服务能力和水平。要进一步开拓视野，有针对性地制定自身运营策略及发展对策，更好地融入周边社区的文化建设，更多地融入文化中心建设体系，全面实现向公益性开放、向学术型增强、向资源性拓展、向综合性深化、向国际化互动的现实选择与发展新趋向，更加凸显首都高校博物馆公共文化服务不可或缺的地位和作用。

饮食类博物馆：类型、案例与拓展*

张祖群**

【摘要】饮食类博物馆作为餐饮文化、饮食非遗、专业博物馆等相结合的文化现象，将餐饮与文化、餐饮与非遗、餐饮与企业、餐饮与物质文化展陈等对立范畴容纳在一起，成为一种新的饮食文化传播途径。根植于饮食类博物馆“类型概括—典型案例—演进趋势”之问题意识，应用实地调研、文献追踪、案例分析、民族志记录四种方法，交叉使用，将饮食类博物馆概括为六种主要类型。对北京凯瑞御仙都皇家菜博物馆、北京二锅头博物馆两个案例进行详细案例剖析。文章针对“类型四”博物馆展开讨论，认为该类型博物馆是履行非物质文化遗产生产性保护的最佳标本与试验场，并预见它将成为一种饮食博物馆重要趋势。研究认为：饮食类博物馆应该定位于“博物馆”本身，不可逾越；六种类型饮食类博物馆都有内在的运营逻辑；饮食类博物馆要与非物质文化遗产传承人紧密结合，利于传承主体与保护主体的工作。

【关键词】饮食类博物馆　非物质文化遗产　生产性保护　传承人　文化空间

---

* 本文系国家社会科学基金青年项目（12CJY088）、国家旅游局“旅游业青年专家培养计划”（TYETP201406）的阶段性成果。

** 张祖群，北京理工大学设计与艺术学院文化遗产系副教授、硕士导师，主要研究方向为文化遗产与文化地理（产业）、艺术设计等。

一、研究综述与问题意识、方法

（一）研究综述

1. 博物馆的功能

博物馆既是公共文化服务的重要阵地，又是文化产业发展的重要载体。博物馆承载着一个民族或一座城市或一个地方的历史地理过程，是“他者”了解其文化的最佳途径之一。博物馆是对各种自然和人类文化遗产实物进行征集（Solicitation）、典藏（Collection）、陈列（Display）和研究（Research）的场所，现代博物馆一般富含保护、修复、研究、展览、教育、娱乐等多种功能。博物馆的核心特征是“非营利性”（不以营利为目的的机构），这就将博物馆与其他盈利性商业娱乐机构等区分开来。① 基于逻辑、实体与语境等维度②，国际博协对博物馆的定义在1970年代以前，侧重于博物馆功能的界定；在1970年代以后，强调了博物馆与社会的关系，这实际上反映了博物馆的文化内涵自内向外发展的过程。③ 不论怎么变化，博物馆核心功能或主要功能（收藏、展示、保护、研究等）仍然具有时代意义。

2. 饮食类博物馆

这样依托博物馆，以狭义或广义饮食种类或饮食文化内容，在实体空间内形成以饮食主题的博物馆文化空间。唐留雄（2001）④ 认为我国饮食类博物馆大多主题丰富，包含调味料器、饮食礼仪、饮食历史等方面。赵光荣（2006）⑤ 认为以实物揭示的饮食物态文化、饮食制度文化、饮食行

---

① 胡凯云：《浅析博物馆定义中的“非营利性”》，《中国博物馆》，2018年第4期。

② 刘迪：《国际博协博物馆定义文本探析：基于逻辑、实体与语境三重维度》，《中国博物馆》，2018年第4期。

③ 杜水生：《从博物馆的定义看博物馆的发展》，《河北大学学报》（哲学社会科学版），2006年第6期。

④ 唐留雄：《中华饮食文化与我国旅游业的发展》，《财贸研究》，2001年第2期。

⑤ 赵荣光：《中国饮食文化史》，上海人民出版社，2006年版，第2页。

为文化、饮食心态文化等是饮食类博物馆的主要特征。刘征宇（2006）[①]以参展人身份探讨了饮食类博物馆的内在学术价值和外在社会功能。汤强（2012）[②]认为饮食类博物馆是指通过收藏、展示和传播以人类饮食生活为主题的实物藏品或图片，进而揭示饮食文化内涵的专题性博物馆。冯玉珠（2017）[③]划分出菜肴、酒、茶、食器、食材 5 种饮食类博物馆亚类型。刘军丽（2017）[④]认为中国饮食类博物馆虽然起步较晚，但是发展迅速。饮食文化博物馆的功能体系由“基础层面——传承传播饮食文化、拓展层面——促进推动美食产业、创新层面——丰富提升旅游文化”构成。叶方舟（2017）[⑤]梳理了杭州的饮食类非物质文化遗产（传统杭帮菜烹饪技艺、奎元馆面食制作技艺等），阐述了博物馆实体空间在非遗的保护、技艺传承等方面作用。周鸿承（2017）[⑥]将国内饮食文化博物馆分为食物原料、地方菜系类、特色食品、调味品、茶酒、综合类等 6 大种类，统计至少有 186 个。周鸿承（2018）[⑦]以这些数据、案例为基础，认为博物馆作为地方饮食文化遗产保护、传承和利用的重要载体，也是城市文化旅游新的景观目的地，也是提升城市美食文化旅游业发展的重要文化建设内容。总之，饮食类博物馆以展馆器物、图片、史料等为载体，还原场景，可以从器皿、礼仪、历史和健康等方面全面展示、向大众科普中华民族传统的餐饮文化。

3. 饮食文化

从文化史、哲学等角度阐释饮食文化成为一种新范式。黎虎主编的《汉唐饮食文化史》（北京师范大学出版社 1997 年 10 月）在业界评价很高。从文化交流的视野，将汉唐两朝的饮食文化做了高度复原。至今，中国人诸多饮食习俗仍然带有汉唐饮食文化的影子。姚伟钧评价其为“拓荒

① 刘征宇：《现代中国饮食类博物馆的相关考察——以“中国杭帮菜博物馆”为例》，《楚雄师范学院学报》，2016 年第 11 期。

② 汤强：《中国餐饮博物馆展示设计评析》，《中华民居（下旬刊）》，2012 年第 8 期。

③ 冯玉珠：《饮食文化旅游开发与设计》，浙江工商大学出版社，2017 年版，第 313 页。

④ 刘军丽：《我国饮食文化博物馆的发展现状及功能提升》，《美食研究》2017，34（2）。

⑤ 叶方舟：《杭州饮食类非物质文化遗产的现状、保护及传承研究》，浙江工商大学专门史专业硕士学位论文，导师：郑南；2017 年。

⑥ 周鸿承：《中国饮食文化博物馆建设现状与发展趋势》，邢颖主编：《中国餐饮产业发展报告（2017）》，社科文献出版社，2017 年版，第 273—295 页。

⑦ 周鸿承：《中外饮食文化博物馆建设现状比较研究》，《中国调味品》，2018 年第 3 期。

之作"①。王学泰的《中国饮食文化史》按照历史发展脉络阐述中国古代饮食文化的发展历史，将中国饮食文化划分为蒙昧时代、萌芽时代、昌明时代、昌盛时代，阐述了不同阶层人群的饮食活动与素食文化在中国语境中的兴起与发展。白玮的《中国美食哲学》从文化哲学视野深入探讨了中国美食，在中国时空场景中，中国美食演化呈现"食材之美，烹前培养，器具之选，司厨之功，烹饪之道，上菜之规，食者之品"八大定律。业界对该著作评价很高，餐饮表象实际上是以"人之道"为本体的复杂哲学思想体现。②

（四）问题意识与研究方法

近年来，饮食类博物馆作为餐饮文化、饮食非遗、专业博物馆等相结合的文化产物，将餐饮与文化、餐饮与非遗、餐饮与企业、餐饮与物质文化展陈等对立范畴容纳在一起，成为一种新的饮食文化传播途径。然而，诸多纷繁复杂的饮食类博物馆如何概括分类？是否有较为成功的案例？未来饮食类博物馆将何去何从、如何演进？

基于实地调研、文献追踪方法，抽取概括饮食类博物馆的主要类型，同时对于典型的饮食类博物馆进行案例剖析，试图总结饮食类博物馆的本质特征。最后在现今社会经济语境下，探讨饮食类博物馆应该如何拓展。典型的饮食类博物馆调研均记录民族志（田野调研笔记）。实地调研、文献追踪、案例分析、民族志记录四者均根植于问题意识，在本文具体分析时候交叉使用，灵活运用。

二、饮食类博物馆的主要类型

（一）分类视角

依据老字号在历史上的不同业态，老字号博物馆可以有多种分类方

① 姚伟钧："中国古代饮食史研究的新开拓——评黎虎主编《汉唐饮食文化史》"，《中国经济史研究》，2000 年第 4 期。

② 《大羹不和，大道至简——中华传统文化与美食哲学研讨会在京举行》，《餐饮世界》，2019 年第 1 期。

法。以北京老字号为例，按照实际现存业态，北京老字号博物馆主要有以下几种类型：餐饮业（小吃、饭庄）老字号博物馆、食品制造类老字号博物馆、茶叶类老字号博物馆、药业类老字号博物馆、服装鞋帽类老字号博物馆、百货零售类老字号博物馆、居民服务类老字号博物馆、文化业态类老字号博物馆。

如果按照是否有明显的集聚空间与老字号依托，老字号博物馆分为两种大的类型：

复合型的老字号博物馆。典型的有两个：（1）南京老字号博物馆（地点：南京老门东景区）。魏洪兴、周益兴、腊梅食品、南京冠生园、小苏州、南京同仁堂、南京云锦等诸多品牌进驻其中，均以百货超市方式设置具体某一饮食、百货、丝织、医药等行业的老字号博物馆分馆。（2）沈阳老字号博物馆（地点：沈阳故宫西门正对面）。建筑面积大约3000平方米，分为食品展区、饮品展区、物品展区、药品展区、工艺品展区、非遗展区等，将关外沈阳多个老字号以分行业、分品牌形式，设置61个独立的文化展示空间。

单一型的老字号博物馆，典型的有中国六必居博物馆、同仁堂博物馆、全聚德展览馆、北京市腐乳科普展馆、北京二锅头酒博物馆（暨前门源升号博物馆）、红星二锅头酒博物馆（怀柔区怀柔镇王化村）、北京茶叶博物馆、北京龙徽葡萄酒博物馆、西城区老字号清华池博物馆、景泰蓝艺术博物馆、北京御仙都皇家菜博物馆、一得阁艺术博物馆、北京美髪博物馆。它们往往依托具体某一老字号或商业实体生产部门，开辟宣传、展销该老字号文化渊源、工艺流程、企业形象等的文化空间。

1. 类型一：以个人收藏或爱好为出发点的饮食类博物馆

开封饮食文化博物馆位于开封大梁门景区内大梁门城楼，是河南省首家饮食类博物馆，也是开封市首家民办博物馆。该博物馆馆长孙润田先生是餐饮、民俗文化行业资深人士，一生积累了大量饮食文化著作、图片、文字资料及实物等。中原烹饪文化底蕴深厚，源远流长。为弘扬博大精深的开封饮食文化，遂有此馆。

2. 类型二：以高质量的饮食文化公共文化服务为基本职能的饮食类博物馆

中国淮扬菜文化博物馆位于江苏省淮安市清河区，是中国最大的以菜为主题的文化博物馆。作为政府支持与主营的公共文化服务机构，该博物馆分为古黄淮文化馆、淮安民俗馆、淮扬菜文化博物馆、品尝馆等四大功能区，对于弘扬淮扬菜文化、打造淮安城市名片等作用明显。

3. 类型三：依托餐饮企业营业场所的饮食类博物馆

北京凯瑞御仙都皇家菜博物馆位于北京市海淀区西四环北路117号，由凯瑞御仙都餐饮投资控股集团投资1.5亿元筹建。该馆隶属北京凯瑞御仙都餐饮投资控股集团，创办于2013年，使用面积15000平方米，系3A旅游景区、皇家御膳制作技艺非物质文化遗产单位，形成“博物馆在饭店中、饭店在博物馆中”的格局。

东莞饮食风俗博物隶属于广东省东莞市莞香楼饮食服务有限公司，坐落于广东省东莞市万江区金泰路1号莞香楼四楼。该博物馆分为东莞（渔、耕、樵）景观区、（糖、油）展示区、小食制作展示区（碗、箸、碜）展示区和（酒具、茶具）展示区等5个展厅。

中国另外一家以“中国淮扬菜文化博物馆”命名的博物馆位于北京市海淀区航天桥阜成路北三街光耀东方中心大楼。该博物馆同时悬挂“淮扬菜品鉴堂”之匾，是面对中国高端商务人群、以淮扬菜为主打品牌的餐饮与商务洽谈场所。

4. 类型四：依托饮食生产基地的饮食类博物馆

北京二锅头酒博物馆位于怀柔区怀柔镇王化村，整座博物馆建筑面积达3400平方米，是北京最大的酒类博物馆。依托于二锅头（怀柔）生产基地，展陈二锅头酿造工艺与历史变迁的同时，也成为二锅头原厂酒类市场营销的最好实体平台之一。

牛栏山二锅头博物馆位于顺义区牛栏山镇二锅头酒厂内，占地面积约11000平方米，建筑面积约25000平方米左右。依托二锅头（顺义）生产基地，融建筑厂房与园林景观为一体，形成二锅头酒类文化主题园区。

稻香饮食文化博物馆位于广东省东莞市横沥镇西城工业区稻香饮食文

化中心三楼，展示了两个重要主题内容：（1）“东莞地方饮食”“东南亚饮食与世界美食展”等；（2）茶叶在东莞收藏、陈化与集散等丰富多彩的历史。看尽人类饮食文化的过去与未来，宣扬东莞地方美食与民俗文化，激活“东莞爱茶之都”。

中国黑茶博物馆位于湖南省益阳市安化县。这是全国唯一以黑茶专题展示为主的博物馆，是中国黑茶之乡的地标性建筑。合计收藏与展示5037件文物（包括458件珍贵文物），成为展销益阳黑茶、宣传安化形象的窗口。

5. 类型五：以延伸餐饮产业链、扩展文化产业的饮食类博物馆。

成都川菜博物馆位于四川省成都市郫县古城镇荣华北巷8号，是世界唯一以菜系文化为陈列内容的活态主题博物馆。该博物馆位于以川西民居建筑构成的新派古典园林内，除静态展陈之外，重点推行“玩做菜”参与性强的旅游模式，开展典藏馆赏古、展馆互动演示、品茗休闲馆品茶、灶王祠祭祀、传统工艺制作演示等系列活动。留住游客，玩出花样。

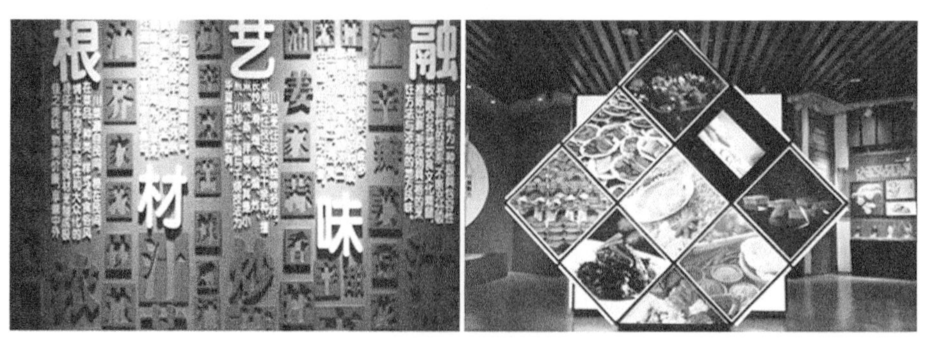

图1　成都川菜博物馆绚丽场景

汇饮食文化博物馆位于河南百汇文化创意产业园区（郑州）内，是百汇基地项目“一个品牌、二大产业、三类产品”（一个品牌——百汇地文化创意品牌；二大产业——文化创意产业及艺术交流产业；三类产品——艺术街区、艺术工坊、艺术展示交流中心）的重要组成部分。该博物馆主要以食器和炊具展示为主，最后延伸走向文化创意与体验经济。

唐山饮食文化博物馆位于唐山市路南区学院南路南湖国际会展中心南

侧，集文物展示、互动体验、培训教育、餐饮消费等功能于一体。毗邻唐山市内 4A 景区的南湖公园。唐山饮食文化博物馆成为唐山美食一条街、休闲娱乐消费的重要依托。

中华饮食博物馆原址在沈阳市中山公园内，后迁至沈阳市棋盘山国际旅游风景区。本馆以四座饮食文化专题展馆为核心，展陈餐饮器具、餐饮“礼”仪、饮食文化、实物与饮食结构四部分。同时配套建有蔬菜大棚实验基地、具有民族风情特色的酒店、高雅别致的别墅和东北四合院等，延伸文化经济产业链。可分为文化、餐饮、住宿、休闲娱乐等几大功能区。

6. 类型六：以实体文物保护为基本目的，兼具非遗传承功能的饮食类博物馆

北京前门源升号博物馆位于北京市西城区粮食店街 40 号，建筑面积约 1500 平方米。前门大街的总店“退二进三”，已经不生产二锅头酒，但是厂房门店实体建筑具有重要历史价值与存史功能。该博物馆在保存实地建筑文化遗产同时，兼具非遗展示与保护功能。

惠丰轩饮食文化博物馆位于内蒙古呼和浩特市玉泉区小召前街惠丰轩旧址，依托历史悠久的“惠丰轩”饭店（系 2006 年内蒙古自治区文物保护单位），展示了惠丰轩经营过程中诸多饮食藏品与历史场景，对于恢复“惠丰轩”历史品牌、激活万里茶道的点状遗产等具有重要意义。

河东盐业博物馆位于山西省运城市盐湖区盐池北岸。饮食记录历史，铭刻着历史伤痕，也体现着厚重的历史文化。① 依托文保建筑“池神庙”，展示了山西运城盐池兴衰荣誉的历史图画。“池神庙”有 1200 多年的历史，后世多次加以维修，其建筑实体体现了历史上运城盐池生产开发的重要民俗信仰。该博物馆兼具物质遗产（建筑）的保护与地方历史、民俗文化的弘扬功能。

三、典型饮食类博物馆案例分析

下面围绕在博物馆实地空间内如何处理好生产（经营）与展陈关系、

---

① 梅红：《博物馆里的饮食文明》，《百科知识》，2017 年第 10 期。

如何继承与弘扬非物质文化遗产，就几处典型饮食类博物馆进行案例分析。

（一）案例分析：北京凯瑞御仙都皇家菜博物馆

很荣幸参与由世界中餐业联合会承办的中国餐饮老字号非遗项目管理人员研修班和餐饮类老字号非遗项目传承人研修班。60余名学员和授课老师等一起学习与参观考察御膳制作技艺非物质文化遗产单位——御仙都·皇家菜博物馆。

笔者是抱着学习态度来此调研的。古朴典雅的中国皇家御膳厅堂高仿建筑，技艺超群的皇家菜炮制过程，流光溢彩的情景演艺，布置得精彩纷呈的中国皇家菜历史文化展览，令人赏心悦目。① 整个调研行程饱满，亮点至少有四个方面。

（1）皇家菜博物馆分为三个部分，分别是文化展示区，互动体验区以及活态观光区。兼顾观众的看、吃、学、玩，与游客紧密联系，大大增强了博物馆的趣味性。② 文化展示区主要展陈了中国皇家菜五千年演进脉络、历代皇家名菜名厨、皇家菜的养生之道等皇家饮食文化经典内容。互动体验区按照故宫一比一进行仿建，力求给游客身临其境的感觉。最后活态观光区可隔屏实地观摩与考察现代化厨房运营体系，宣传低碳环保、清晰透明的餐饮制作过程。

（2）博物馆在饭店，饭店在博物馆，两者合二为一，设计风格独特。整个博物馆在设计风格上，秉承了皇家贵气与历史传统两方面，明清皇家装饰风格与现代风格相结合。布局讲究奇数与九宫格，延续了皇家传统，以红、白、金三色为主基调，使大厅充满了低调奢华之感。包厢有的以故宫建筑命名，有的以朝代命名，并提取不同要素特点（唐代的仕女图、元代的毡房穹顶等）进行装修。能看、能吃、能学、能玩，具备博展、教育、学研、品鉴和文化交流等多功能。我们一行参观了三区、四斋、六

---

① 参见张祖群田野调研笔记：《遗产中国：中国皇家菜博物馆》，2017年。

② 行红智、熊涛、吕绍泉：《北京凯瑞豪门餐饮投资控股集团——中国皇家菜博物馆设计方案（4－4）》，《饭店现代化》，2013年第4期。

阁、八殿、九轩、二十九宫的互动体验区。凯瑞御仙安装了节能、低碳、绿色、环保国际先进水净化设备，参观者能与互动体验区同步。我们经过消毒安检之后，观摩了厨房御膳制作技艺的智能化、多媒体设备（中央厨房）。

（3）精心打造《北京・千年味道》大型皇家美食体验剧。在歌舞与解说中，一道道美食呈现人们的面前，带给观众视觉、听觉、味觉、嗅觉的多重体验。从夏商周到秦汉、魏晋南北朝、唐、宋、元、明、清，除了晚清—民国屈指可数的几幅御膳图以外，皇家美食到底是什么样，其实是一个很难说清道明的。开场“灯笼秀”，甄嬛与格格的猫步，芈月与众宫女上的名菜，汉朝西域舞蹈、唐朝宫廷舞蹈、元朝诈马宴表演、压轴京剧等都可圈可点；众人惊诧之际，更有大厨一改白衣胖哥形象，转身跳起了“小苹果”，怎么不叫人点赞！依据上述可视化、可想象、可复原的文化元素，模拟与构建的皇家美食体验剧，实在是将美食文化构建与舞台体验完美结合的典型。

（4）笔者参与了各位中国餐饮老字号非遗项目管理人员课程分享，参观了佛跳墙、香酥鸡、养生（皇家）狮子头、甲鱼御汤馒头等经典的传统菜品，其展现的不仅是刀与火的功夫，更是人与人、人与自然的心心相印。这些东方食材如何在他们手中“帽子戏法”般变成一道道“可食＋可视＋可史”的精美艺术品，生动诠释了一个朴素真理：饮食非遗作为一种文化现象，在于精心构建；饮食非遗就在当下，就在每个人的味蕾中。

（5）主题鲜明，但是餐饮内涵还可以进一步挖掘。皇家菜始于夏商周，发展于秦汉，成熟于唐宋元，明清时达到了顶峰，有着丰富的历史故事。[①] 中国皇家菜博物馆以皇家贵气作为主题贯穿整个博物馆，御膳是重要特色，展现了封建王朝的皇家饮食文化，体现“典藏国粹、弘扬中华优

---

① 贾蕙萱：《北京的宫廷御膳与博物馆》，《中国食文化研究会、北京师范大学文学院》，《2015食文化发展大会论文集》，《中国食文化研究会、北京师范大学文学院：中国食文化研究会》，2015 年第 18 期。

秀饮食文化”之宗旨。贾慧萱（2015）认为御仙都皇家菜博物馆是博物馆与餐饮结合的典型，实现了对餐饮文化的传承与对接，带动了餐饮文化的发展，是其他饮食类博物馆的发展方向与重要借鉴。当然，也有学者认为：该博物馆在展陈内容上有失偏颇，对餐饮与文化的重视程度有所不同。从食材的选择到制作技艺，再到餐桌礼仪、餐品历史故事等，仍需要进一步挖掘。

（二）案例分析：三个二锅头博物馆之差异

（1）在老牌资本主义国家英国的“在册古迹”中，对“工业遗址”认定标准是年代、稀有性、文献记录状况、历史重要性、群体价值、遗存及其现状、潜力等。工业遗址所包含的一些潜在重要历史信息，有时只能通过科学的实地调查、考古技术才能获取。我专门抽时间到几座北京二锅头酒博物馆进行实地探访。北京二锅头酒博物馆规模宏广，展陈新颖，远超我的想象。通过饮食类博物馆各种技术手段，让游览者接触、了解、认识酿酒工艺。

（2）北京有三座二锅头酒类博物馆：a. 北京二锅头酒博物馆（怀柔），工艺展示与文化展示两大功能区南、北分开。开放了一个展示传统酿酒工艺的纯手工酿酒车间。康熙大帝举办的“千叟宴”的太平盛世、忽必烈以“渎山大玉海”盛酒，大宴群臣的场景展出。竹酒瓮、高粱囤，再加上扑面而来的酒糟气香，传统技艺宣传和企业宣传相得益彰。b. 北京前门源升号博物馆：在二锅头历史发展区展厅中重点展示了酒法技艺之神奇。一进门就是二锅头工艺的鼻祖赵存仁、赵存义、赵存礼三兄弟的铜像。展示制曲工艺、老五甑工艺、混蒸混烧工艺及贮存勾调工艺，掐头、去尾、取中段的接酒技艺等极为逼真。c. 牛栏山二锅头博物馆（顺义）：打造个性化特色十足的北京二锅头主题文化苑，将酒之城与文化之城有机结合，使传统与时尚交相辉映，体现白酒文化、京味文化以及企业文化和谐相融的“正宗二锅头，地道北京味”文化形象。通过艺术展览，认识二锅头、了解二锅头、体会二锅头的独特文化内涵。弘扬健康、文明的饮酒文化。

（3）山顶洞人“猿人酿酒”的复原，是在寻找这片大地上最早的酒类 DNA。北京地区 800 年历史的白酒（古称烧酒），流传至今，传承谱系清晰，薪火相传。二锅头工艺酿造的核心技艺在于“老五甑发酵、混蒸混烧、掐头去尾、看花接酒”。前门“源升号”酒坊赵家三兄弟创造的二锅头酿制技艺——制曲工艺、老五甑工艺、混蒸混烧工艺及贮存勾调工艺等均属于轻工业文化遗产，都以相对科普形式得到有效传播与合理展示。尤其是 1∶1 比例雕塑真人模型，将二锅头十个传统酿造步骤进行场景式复原。（图 2，图 3）

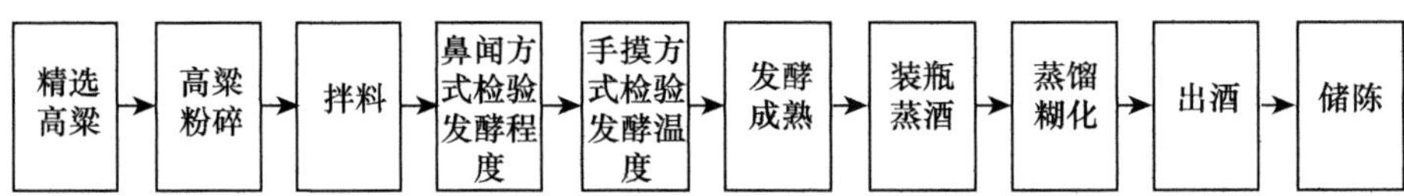

图 2　北京二锅头酿造流程

图 3　北京二锅头酿造场景复原

二锅头属于清香型白酒，清香芬芳、醇厚甘洌、强劲刚烈、余味绵长，十分的有特色，有种帝都与家乡的味道。二锅头继承了北京大酒缸文化，早先不设桌子，而把存放酒的缸埋一半在地下，充盈着满满的北京和气。身在国外的人喝一口二锅头，一点一滴，喝的都是浓浓的中国味，体会的是浓浓的北京情！笔者调研期间，在醉酒体验区，以设计的玻璃镜子内部陈设，给游客造成“酒香幻境”的视觉奇观。一旦踏入其中，“天旋地转”，酒香入鼻，似呕吐又无。李白“天子呼来不上船，自称臣是酒中仙”的那股豪情就上来了。到酿酒体验区品尝刚刚从蒸馏器中取出的热乎“新酒”，口有酒香，心有灵犀！平生再也不想醉酒的誓言早已抛到九霄云外。

（4）从元代的烧酒蒸馏器，到清朝时期以前门“源升号”作坊，再到北京城区、郊区遍地开花，延续800年香火。几百年的社会变迁在博物馆中展示得淋漓尽致，每一次二锅头的更迭改革，其实都是和当时的历史发展浪潮紧密联系。大历史大背景下的二锅头变迁史与历史脉络化，是我国历史发展的缩影。

1949年国营北京酿酒厂收购了包括“源升号”在内的北京12家酒作坊。1965年红星二锅头扶持北京19家郊区县酒厂，“七管两不变”。二锅头一度稳定占驻全国白酒消费的前三名。二锅头也以其醇厚甘甜，成为北京市民酒桌上最常见的生活酒。2016年元旦，红星二锅头广告《每个人心中都有一颗红星》获得一致好评。这是全新励志的大片：

每个人心中都有一颗红星
当每一条脚下的路　成为风景
有多少未知的梦和逝去的曾经
人们举起满杯的欢笑　迷茫和憧憬
就像山峰托起那太阳　释放光明
当一次次跨过荆棘孤独地前行
我用火红的希望照亮黑夜的眼睛
在每一个彷徨而期待的黎明
心中总有一些梦想点燃生命
干杯　勇敢前行
为那些默默坚持而倔强的身影
敬那不甘平凡的我们
每个人心中都有一颗红星

MV中的男主角由“旭日阳刚”中的王旭扮演，配合张涵予深情的台词解说，一段二锅头的共和国之恋击碎了所有坚强男人的心。

红星二锅头已经有八百年的历史，身为二锅头的宗师，生产了第一批国庆献礼酒，独一无二，不可复制。无论是共和国的开国献礼酒，还是计划经济时代各种红星二锅头品牌，历代酒瓶、生产线、模具、酒精测试场景，中央以及各级领导人视察时候的精彩瞬间，文化展示区二楼将红星二锅头的“红色酒文化”“酒政治”展示得淋漓尽致①。对红星源升号的认知，严谨认真的工匠精神必将深入人心。多年来，一代代宗师用心酿造，代代传承，无论行业如何发展，红星二锅头始终坚守酿造技艺的纯正。不忘初心，坚守传承！

三、饮食类博物馆的拓展

（一）研究讨论

针对“类型四”博物馆展开讨论，并预见它将成为一种饮食博物馆的重要趋势。在今天的语境下，传统手工艺饮食生产企业都面临现代化冲击。为了激活传统手工艺，利用原有生产工具、生产资料（厂房、古工具、图片、实物等），比较容易形成“厂中博物馆”。它必定依附于企业本身，使博物馆成为宣传企业文化一部分。特举两例：

例子一：依托江汉源等老作坊，正筹建先市酱油酿造博物馆（2018），实则属于依托饮食生产基地的“类型四”博物馆。

①2014 年，先市酱油传统酿制技艺被国务院列入“国家级非物质文化遗产”代表性项目名录（第四批拓展项目，序号 27）。②经典古法，世代传承。江汉源等老作坊在历史长河中形成“大豆整粒蒸焖、天然野生菌种制曲、长周期晒露发酵、自然浸出法取油、暴晒浓缩油体等”工艺，尤其是水煮 12 小时，然后闷 12 小时；在 45 度斜坡上蒸晒三年之久。③来自青藏高原、云贵高原流经四川盆地的长江水，产生 1500 米落差，带来的上苍地理基因，融入“土地—水—光—火—细菌—人”六种要素的凤凰涅槃中，使得先市酱油传统酿制技艺成为天府之国、最为勤劳最为善良最

---

① 参见张祖群田野笔记：《遗产中国：红星二锅头博物馆的工业遗产解读》，2018 年。

为智慧的四川人的味蕾精魂。④一条赤水河，茅台在上游，郎酒在中游，先市酱油在下游，最后汇入长江与天府之国经济圈。河流两岸船工号子“赤水河，万古流，上酿酒，下酿油”，是多样绮丽的黔北川南文化民俗带。

例子二：青岛花生油的重要生产商青岛长生集团，将厂内一处废旧厂房进行彻底改造，集声、光、电、味于一体，以环保、科学、协调、持续为标准，2018 年 12 月建成开放青岛花生油博物馆。胡姬花花生油的另外一个重要生产商嘉里粮油（青岛）有限公司正筹建花生压榨博物馆（展厅）。

①花生原本是美洲植物，自哥伦布（Cristóbal Colón）发现美洲新大陆以后传播到世界其他地方，自明朝开始逐渐传入中国。山东多地（城市）掀起“花生之都”的争夺，引发争议。②核心技艺，古法六步。青岛古法榨花生油技艺入选青岛市第四批市级非物质文化遗产名录。传承百年古法，数代匠人沉淀，十多道工序完整（选籽、炒籽、碾粉、蒸粉、踩饼、上榨等到接油、过滤等）与标准严格。胡姬花传承古法榨油技艺继承精髓，升华六艺：“严选料，胖花生；秘法炒，留纯香；小榨技，见精细；取初榨，得上品；正宗味，真地道；依古法，妙储藏”。③在今天语境下，生产性保护是其存在必要的基础。今天古法榨花生油已经失去经济存在的必要，成为展示文化技艺、旅游表演、游客体验的场所。提倡企业、社会团体、个人的综合传承，立体传承。

对于此类“类型四”博物馆的基本判断：此类博物馆容易演化为生产基地中现场展示基地与产销平台，非遗的展示意义容易蜕化。非遗根植于传统的农耕与游牧世界，是历史上农耕与游牧世界所有地方性知识的文化总汇。饮食类非遗则是物理生命与生物生命得以延续的客观存在，也附带有文化生命意义。“类型四”博物馆是履行非物质文化遗产生产性保护的最佳标本与试验场。“类型四”博物馆要以保存、展示传统技艺为主，将本项目的核心精神做充分挖掘，保存非遗 DNA，以此为基础进行适当的工艺革新，以便利于传统工艺与现代技术进行融合，以便利于传统饮食非遗作坊（企业）向现代企业转型。

（二）研究结论

（1）饮食类博物馆应该定位于“博物馆”本身。

欧美国家博物馆被定位为非营利机构的一部分；脱亚入欧的日本，“饮食博物馆”则遵循博物馆公益惯例，大多不以营利为目的，主要满足人们的精神需求，提供愉悦的公众精神①，中国语境下博物馆则承担着相应的政府职能。系统化、区块化、清晰化的博物馆展示是使一个博物馆成功必不可少的重要条件。

中华饮食文化源远流长，最早可以追溯到燧人氏发明钻木取火后，先民改变以前茹毛饮血之饮食习惯，开始吃熟食。随着人们能够熟练掌控火种，慢慢产生了一系列烹饪方法，如炮（直接将食物放火里面煨熟，如煨熟，乳猪）、煲（用泥巴裹住生食后烧，如杭州叫花鸡）、煮（用石器盛水、食物，放火上煮熟，如清炖狮子头）、焙炒（把石头片烘烤热后，把吃的放上面继续烘焙，湖北孝感、陕西西安、山西晋中等地的石头饼、石头馍）等。老字号博物馆与一个地域的商业文明相伴而生，是所在区域文化产业链条（工艺原生、商业传播、商业信用等）经典符号的集合体。老字号博物馆的传承与发展，不仅是老字号记忆的保存，更关乎区域文化的振兴。饮食类博物馆复原、珍藏、展示这些场景或实物，对于我们认识历史、认清自己具有存史、证史、延史之意义。老字号是历代人民在历史长河中的商业智慧与传统工艺等结晶，是中华商业文化的重要物质载体与精神空间。饮食类博物馆对于饮食传统技艺与民俗文化等的展示，其实可以看作是对中华优秀传统文化的推陈出新。饮食类博物馆给普通大众近距离接触传统技艺的机会，具有弘扬传统技艺、记录历史文明、传播餐饮文化、宣传企业文化、增强民族自信心等重要价值。

（2）饮食类博物馆运营逻辑。

一些城市综合性博物馆或民俗博物馆会展出部分饮食类内容，或开辟饮食文化展厅（展区）。如果在整个地域文化体系中饮食文化的比重尚不

---

① 何彬：《饮食文化实践范例研究——日本“饮食博物馆”发展与展望》，《第二届中国食文化研究论文集》，2016 年。

足，或内容还不够深入，或材料不够分量，那么就难以独立发展成为一个单独的博物馆。只有具备厚重的饮食文化积淀，具有标志性的饮食文化特征与事件，具有重要的饮食商业生产（或菜品菜系名厨等）实践，同时场地、人员配备、财力等都具备，设立一个单独的老字号博物馆方才成熟，就必然可以上升为一个单独的饮食类博物馆。老字号博物馆往往以老字号传统工艺为展示做品牌促销活动；以老字号博物馆形成“博物馆 + 旅游 + 休闲娱乐”（线下）或“博物馆 + 展销线上平台”（线上）的综合立体发展创新模式。笔者并非否定文化业态的创新。过度的商业参与到老字号博物馆经营中，老字号博物馆往往沦为老字号企业文化生产基地中现场展示基地与产销平台，非遗的“真实性”展示意义容易在文化实践中蜕化。

老字号博物馆与大型博物馆联袂举办亲民活动，例如 2019 年春节北京各老字号与故宫博物院合作。春节游客凭故宫门票免费参观“中华老字号故宫过大年展”。老字号博物馆在“首都国企开放日”等重要公共节日里，开展亲民性的博物馆开放、工艺参观、老字号体验等活动。老字号博物馆举行的以公益性公共文化服务为主的相关活动，往往受到好评如潮。

目前饮食类博物馆（类型一、二、六）尽管有私营与公立之分，更多地体现了公益性与公共文化之服务特征。没有企业作为依托，或公或私，以推广饮食文化与弘扬地方文化为运营逻辑。饮食类博物馆（类型一）往往限于个人影响力或财力，差异很大，要么发展很好很快，要么在发展中后期因故受阻；饮食类博物馆（类型二）因有政府推动，在发展规模和博物馆成效上往往与城市竞争力、经济投入有很大关联；饮食类博物馆（类型六）则因为物质遗产（建筑实体）与非物质文化遗产（饮食类技艺）合二为一，成为一种特殊类型、特殊发展的饮食类博物馆。饮食类博物馆（类型三、四、五）实际上将其界定为属于企业博物馆的分支：饮食（餐饮）企业为了自身历史的保存与传达设立的展览场所。[①] 饮食类博物馆以完善品牌价值、展示企业文化为首要目的，达到提高企业知名度，传承企

① 李朝源：《企业博物馆构建的理念与路径》，《文物鉴定与鉴赏》，2017 年第 5 期。

业文化财富的目的。①

（3）饮食类博物馆与非遗保护

非物质文化遗产不能脱离一个民族（或地方）特殊的生存土壤，它必须依赖于当地环境中的人而存在，是“活”的文化基因与脆弱生态因子。饮食类非物质文化遗产之储存，不仅在文献中，也体现在传统的器物中，更易纳入人们的大脑中、记忆里、双手上。很多饮食类的非遗都形成了自己的老字号招牌或作坊。要积极继承传统的工艺技法，加强老字号的品牌文化建设，把饮食非遗技艺塑造成一种民族文化符号，扩大影响力。

按照苑利先生的观点：在非物质文化遗产保护工作中，一直存在着两个主体：传承主体（Inheritance subject）＋保护主体（Protection subject）。只有非物质文化遗产传承人（Inheritor）才能够充当真正的传承主体，是真正的文化主人，应该以公益性为主，政府为其负担相应成本与营造传承环境。那些处于外围的“官—产—学—研—用—媒”等可以做保护主体，从事相应的文化创意，实行市场行为，按照经济规则办事②。因此“保护”行为本身也是一种对于本体文化、乡土文化的外来影响。作为一种外在的力量，如果力度过大、干预过多，影响效果甚广，甚至产生某种负面伤害。在主观保护过程中产生客观破坏，最不应该发生“保护性破坏”。外围的保护当然有必要，但是力度要恰到好处，把握分寸。饮食类博物馆本身不宜承担饮食非物质文化遗产的主要（核心）保护职能。它在整个非物质文化遗产保护工作体系中不宜妄自菲薄，亦不能高傲自大，宜定位为记录、珍藏、保存、证史等基本功能。要与非物质文化遗产传承人紧密结合，在博物馆空间内协助传承人最大程度发挥传承主体之功能，同时促进外围的保护主体进行相应的保护利用、宣传工作等。要将老字号博物馆看作传统商业文化、非物质文化遗产立体展示的窗口，有效进行文化遗产活化，推动老字号博物馆建设城市文化展示厅，使之成为世人了解、理解、

---

① 董闻：《企业博物馆的价值》，《董事会》，2018 年第 7 期。

② 苑利：《非物质文化遗产学》，高等教育出版社，2009 年版，第 1—307 页；苑利、顾军：《非物质文化遗产保护干部必读》，社会科学文献出版社，2013 年版，第 1—352 页。

宣传与弘扬老字号的“文化会客厅”。

选修笔者课程的北京理工大学2017级旅游管理专业本科生冯景怡、任畅、安逸等搜集了部分原始资料，特此致谢。

电视节目表达中的动物伦理：冲突与平衡

杨 扬*

【摘要】 动物主题进入电视表达，引发了对动物伦理的关注。一方面，动物主题的电视节目促进了公众对动物的了解与认知，增进了整个社会对动物与环保问题的热忱；另一方面在电视表达中，存在主题与表达的背离、科学性与娱乐性的冲突以及商业性与公益性的矛盾等三方面的伦理悖论。本文以动物主题节目为研究对象，剖析造成电视动物节目忽视伦理问题的原因，以期在媒体公共空间中探索出一条动物伦理表达的合理化渠道，从而更好地平衡公众议题与媒介发展。

【关键词】 电视表达 电视节目 动物保护 动物伦理 媒介伦理

动物进入电视节目的主题是电视节目主体创新的一个趋势。无论是以科学教育为主的野生动物纪录片，还是描述伴侣动物萌态的家庭幽默录像，或者是强调人与动物互动的电视真人秀节目等，均引发了对动物伦理的讨论。动物保护组织认为节目中播出的部分活动内容侵犯了动物的权利，这些画面在媒体上反复播放会引起更多观众的误会和模仿；而一些热爱动物的粉丝则对节目表达了拥护与支持，认为动物节目中所提倡的环保与公益的原则能够增进受众对动物的了解，进一步增强公众保护动物的相关意识。

* 杨扬，传播学博士，社会学博士后，北京航空航天大学人文与社会科学高等研究院助理教授，主要研究方向为文化产业、新闻传播学等。

事实上，目前学术界对媒介伦理问题的探讨大多围绕新闻事件中“人的权利”展开，对媒介报道中动物伦理问题的关注较少。本文将以动物主题节目为例，在理论层面对媒体报道中的动物权利与动物伦理做进一步的辨析，并力图探寻出兼具公共关怀与媒介创新的实践路径。

一、从理到法的实践：动物伦理的视角

时代在发展，动物在人们生活中扮演的角色也与古代社会大为不同。在原古的狩猎时代，由于生产生活资料极度缺乏，动物常常被视为追逐与猎杀的对象。随着经济水平的提高，人们渐渐开始将自己饲养的动物视为生活中的同伴，甚至是亲人，任何冒犯与伤害动物的行为都让他们难以理解和接受。不少国家出现了一些非政府组织的动物保护机构，通过发放资料、举办讨论会、召集活动等形式以期在公众群体中建立起保护动物、关爱环境的全民意识。

从学理层面来看，人类对动物权利的体察经历了漫长复杂的过程。在早期西方社会，哲学家们普遍认为“人高于动物”，动物理所当然为人类服务。笛卡尔主张用机械原理看待动物，他甚至认为“动物不仅像机器，动物就是机器”①。动物虽然拥有肉身，但是无法经历人才能体会的痛苦与快乐，它们对自然的反映只是一种机械般的运转，因此人类无需对动物施以道德上的关怀。霍布斯也认为人为了自己更安全，可以去利用或残杀动物。然而随着人道主义在西方社会的兴起，思想家们开始将动物能够感受快乐与痛苦的能力作为衡量人类道德准则的关键。边沁将人类与动物放置于平等的伦理地位上，并将动物对苦乐的感受能力视为判定动物是否具有权利的一个立足点。至此越来越多的学者认为，动物也有喜怒哀乐，它们也能够感受到自然世界的情感。动物虽然没有聪慧的智力与逻辑思维能力，但是它们与人类的婴儿类似，是能够沟通的。

在动物权利保护领域，辛格倡导人类应该关注动物的权利。他在《动物解放》中提出，感知能力是动物具有利益的关键，人类应该对于动物的

① 曹菡艾：《动物非物：动物法在西方》，法律出版社，2007年版，第114页。

自然感受给予平等的考量，结束一切违背动物权利的活动，让动物也能够像人一样获取生命权利与生命尊严。①

20 世纪中叶，学者们不再局限于仅是在伦理学与哲学的层面上探讨动物自身的权利，开始从环境整体主义的角度强调动物的福利与意义。李奥帕德（Aldo Leopold）提出“土地伦理学”的概念，主张把伦理学领域扩大到人与自然的关系方面，“使之包括土壤、水源、植物和动物”②。克里考特（J. Baird Callicott）对李奥波的思想做了进一步的诠释，认为在整体生态的立场上，我们必须去考虑个体动物的道德位置，从而促进生态整体的整合性。③

相比西方哲学对动物伦理抽象而体系化的论述，中国哲学则以朴素的感性观念倡导人与动物的和平相处。儒家哲学提倡以“动物之德而见君子之德”，道家认为“天地万物，与我并生类也”，提倡人与动物的平等相处，反对以人类为中心的生态伦理思想。在具体实践中，道家更是倡导“依照自然法则去对待，以遵循动物的‘内在本性’和生存发展规律作为实践的原则”④。

在法律实践层面，我国在关于动物保护的范围与界限方面存在极大的模糊性。在 2010 年 10 月住房与城市建设部出台的《进一步加强动物园管理的意见》中，明确将“全面清理各类动物表演项目”纳入其中。然而国家关注的并非伦理意义上的动物权利，而是因为“表演行为往往会导致动物非正常死亡、伤人等事件，给动物保护与社会公共安全带来隐患和不良的社会影响”⑤，国家旨在从公共安全的视角给予动物关照，但未上升到伦理层面的关切。

---

① Singer, Peter. *Animal Liberation* [J]. Harpercollins Uk, 1995, 84 (1): 411 - 412.

② 〔美〕阿尔多·李奥帕德：《沙郡年记》，孙健、崔顺起、丁艳玲译，广西师范大学出版社，2014 年版，第 116 页。

③ Callicott J B. Do *deconstructive ecology and sociobiology undermine Leopold's land ethic*? [J]. Environmental Ethics, 1996, 18 (4): 353 - 372.

④ 吴迪：《中国动物保护伦理的思想溯源》，《西北民族大学学报（哲学社会科学版）》，2010 年第 1 期。

⑤ 孙江、王利军、李军波等编著：《中国动物保护法制建设白皮书》，中国政法大学出版社，2012 年版，第 329—330 页。

二、动物主题电视节目表达中的冲突与张力

进入现代社会，动物道德成为当代应用伦理学中最受瞩目的议题之一。在中国，也有越来越多的人开始注意到保护动物的重要性。但在具体实践中，道德主体对于动物的关怀之心却是因人而异。对于极端的动物保护者而言，人类应该完全放下“人类中心主义”的观念去保护、关心动物；而对于一些观念还处于传统实用主义的个体而言，动物的保护虽然重要，但是难以做到绝对的理解与关爱。

这些现实冲突折射到电视媒体之中就演变为：在处理动物题材的节目时常常面临两难的抉择。根本原因在于大众对动物权利的伦理关照正处于一个信念演进的动态过程，而在这一过程中，公众的观点不仅各有差异，同时存有一定的变化性。事实上，目前人类的伦理信念也正在从人类中心主义向生命中心主义过渡，而大部分人的道德觉悟还未能达到对整体生态进行思考及维护的这一面向。当前，在公共话语领域，动物权利的伦理探讨已广泛地适用于环境保护与动物关爱等各个领域，一些观点也渐渐渗透于人们日常的价值判断中。在已经被普遍接受的事实中，动物和人一样同时拥有权利，人们应该更加道德地对待动物。这种“公众关爱的道德规范”需要每个人、整个社会和国家的支持①，媒介作为社会公器和议程设置的重要角色，在处理动物节目上也应坚守伦理边界。

在众多的传播手段中，电视有着良好视听效果，它不仅带给大众听觉刺激和视觉快感，同时也能够给人们带来趣味与启迪。费斯克在《电视文化》中曾经这样赞美电视：“是意义与快乐的承载体和激励体。”② 然而，连续的电视画面呈现出的不仅仅是感官享乐，同时也潜在地通过电视代码向受众传递节目制作者的价值判断。电视媒体在处理动物题材的节目时常常面临各种压力，这是因为在这一领域中存在着一系列的伦理悖论，主要

---

① 〔英〕安奈特·希尔：《流行真人秀：真实电视节目受众的定性与定量研究》，赵彦华译，中国国际广播出版社，2008 年版，第 117 页。

② 〔美〕约翰·菲斯克：《电视文化》，祁阿红、张鲲译，商务印书馆，2005 年版，第 5 页。

包括：主题与表达的背离、科学性与娱乐性的冲突以及商业性与公益性的矛盾等。

（一）主题与表达的背离

费斯克将“代码”看作电视节目呈现的核心要素，他说：“代码是制作者、文本与观众之间的纽带，是文际性中的作用因素。”① 在这个复杂的互动过程中，代码呈现三级跳式的表现张力：一级代码是通过外表、环境、行为、言语、表情等再现的“现实”；二级代码是通过摄像、照明、编辑、音乐等所呈现的“艺术”表达上的张力；三级代码是通过叙事、冲突、动作、场景、角色选配等组织而成为“意识形态代码”的工具，这也是电视节目想要传达给观众的思想价值。因此，动物节目呈现在观众面前的是一个貌似简单的、充满欢乐的节目，但是背后三个不同层级代码的交互关系代表着一系列价值观的建构及叠加。

在动物节目中，一级代码常常是将动物和人放置于动物园、家庭、野生环境等中，记录人与动物互动中的行为，人和动物真实的表情都会被摄像机捕捉到，而这些真实的代码构建起了一个自然层面的真实世界。二级代码主要是前期拍摄中的布景和后期拍摄中的剪辑工作。在这些代码中，可以明显看到人为的加工印迹，而这些印迹透露了三级代码的所指。三级代码的复杂性正体现于每一档电视节目都有着深刻的立意，除了知识与经验、感情与态度外，思想与观念也是动物节目中要传达的一个要素所在。在动物节目中，吸引观众关注动物生活、增进观众对动物与环境的认知与关爱往往构成主要的阐释主题。三级代码可以被视为一档节目的宗旨，一级与二级代码的加工与组合正是为了更好地呈现三级代码，然而对一级与二级代码选择的失误也往往让公众对三级代码的理解产生偏离。如某些电视节目中插入动物表演的画面与片段，这在电视代码中属于二级代码。大部分观众或许解读到的是动物的表演天分、人与动物的合作与亲密等正面信息，但某些动物保护组织解读到的却是对动物的伤害。因为这些观众在自身的知识框架下会考虑到电视画面中的大象倒立训练、熊走独木桥等情

① 〔美〕约翰·菲斯克：《电视文化》，祁阿红、张鲲译，商务印书馆，2005 年版，第 8 页。

境都存在一定的事故风险。因此，对二级代码不同的解读会让不同的受众对节目的主题产生不同的认知。一些动物保护组织也会根据部分片段曲解节目的本意，让三级代码的传播受到阻碍。主题与表达的矛盾正是体现在对二级代码的选择方式与对三级代码的呈现方式上。只有在贴近公众伦理认知的角度去选择适于拍摄的一级代码和适于处理的二级代码，才能更好促进三级代码的表达与传播。

（二）科学性与娱乐性的矛盾

动物电视节目一般有两大主要目的。一方面是向受众介绍关于动物的分类、特点和生活习性等科普知识，增进受众对动物的了解与认知；另一方面动物天生的萌态也会给受众带来无限的快乐。这体现了电视文化娱乐的功能，让受众既能愉悦身心，又能怡情益智，而这两种功能也促使动物节目的制作要同时兼备科学传播的伦理与文艺传播的智慧。科学知识的传播强调的是真实性和严谨性，只有被实践证明、被认定为真理的科学知识才能够以科学的名义传播，因此科学知识传播的风格特征是平实、严谨与典雅。一般认为过于浮夸与娱乐的表现风格不适合科学类节目。

但动物节目同时也是一档娱乐节目，除了提供理性的信息外，还要向公众提供感性的信息。感性信息的提供一般指通过“一定的艺术形象、意境来陶冶公众的精神”①，因此夸张、戏谑等艺术手法常常会出现在各种娱乐节目中。动物电视节目的矛盾与张力体现在：一方面它要平实地向公众传递真正的动物与环境信息，坚守住科普传播的底线，同时作为一档节目，又要尽可能地“逗”观众开心，让节目通俗、活泼而富有趣味性。动物节目如果在传播中处理不好科学与娱乐的平衡，往往会遭到部分观众的批评。如在湖南卫视播出的《奇妙的朋友》中，黑猩猩穿衣服、对人微笑等细节吸引了观众们的好奇心，同时也让观众们获知年幼黑猩猩穿衣服是为了保护它们、黑猩猩的表情是与人类一样等知识，而在部分学者看来这些信息却有失科学性，因此如何在科普中体现娱乐精神、在娱乐中再现严谨本色等这些问题都需要节目制作者在实践中做进一步的摸索与完善。

---

① 陈汝东：《传播伦理学》，北京大学出版社，2006 年版，第 168 页。

（三）商业性与公共性的张力

电视是一个带有公共性质的传播媒介，当播放时，力求能够最大限度地邀请所有的观众进入一个完全被其包围的视听世界，电视在传播中的巨大影响力也为它提供了公共身份。电视的公共属性表现在它能够通过多样化的叙事来激发人们对共同议题的理解与关注，让人们看到自我内心深处不曾注意到的深度，从而增进人们对公民身份的认同。

目前动物保护这一主题开始进入大众视野并成为一个公共话题，对于这一领域的认知与探求都应以最公正的形式来进行推进。莫斯可认为这个过程具有一定的特殊性："既不同于那些以私人生活为中心、提供人际亲密的过程，又不同于那些促进交换和剩余价值创造的市场过程。"① 因此对公共领域议题的讨论应该放在一个平等、无私利的角度推进，在无失偏颇的态度下才能最大限度地普及科学、保护动物，从而向公众传递关爱自然、保护动物等观念和原则。

然而事实上不少动物节目受到一些私人动物园或者机构的赞助与支持，不仅在节目中会突出赞助者的趣味项目，以便吸引观众前去实地观赏和消费，更甚者，由于栏目制作方受利于人，节目内容中潜在地认可错误观点或者纵容错误观点的传播。在大众媒介时代，公共议题更需要媒体秉持公正客观的原则，从而确保传播报道的公正性和客观性。

三、媒介表达与动物伦理的兼顾与平衡

电视媒体作为公共空间的营造者，应该以促进动物福利为目标，摒弃由于商业支持或者把关人失职而造成的伦理错位，在各种态度对立矛盾的动物报道上采取合理、客观、充分的原则。

---

① 〔加〕文森特·莫斯可：《传播政治经济学》，胡春阳、黄红宇、姚建华译，上海译文出版社，2013 年版，第 196 页。

（一）合理性的建立

美国学者隆·莱博通过实证研究，表明大众在寻找电视节目的选择上并不是无序的，而是有章可循的，其中最重要的一条就是建立合理性——“人物塑造的合理性、背景和故事线索的合理性，故事线索的不可预见性之合理性”。这也就意味着虽然一方面大众希望看到新奇的、娱乐化的电视内容，但是几乎每个人的心中都有一个价值的平衡支点，那就是对人性善意的理解、对故事内在复杂性的期待与渴望。对于这一点，隆·莱博曾意味深长地表述道：“人们渴望电视节目为他们提供有‘人性的’或是‘真实可信’人物形象的塑造。”① 因此电视动物节目在判定制播伦理上的一个重要参考就是这些节目能否为公众提供具有“人性的”观点与画面。任何逾越人性底线的节目内容都无法给观众带来合理的社会想象，这些节目也最终会被观众抛弃。

（二）阐释的充分性

在价值更加多元的后现代社会，不少学者积极呼吁“客观性不再是新闻道德的核心”②，而媒体作为社会公器，无法凭借仅有的良知去为每个事件做定性结论，更无法因为知识框架与职务框架而去建构所谓的真相，因为这一结论会让媒体人对事件做出带有倾向性的报道。在价值多元的时代，我们更需要做的是了解认知的复杂性与语言的多义性，了解每个人都无法超越自身的认知逻辑去思考，也无法让自己的观点溢出语言的边界去传达。因此充分地阐释各方的立场与观点，也是坚持伦理底线最佳的一条道路。这一点在动物新闻的报道中也非常重要。只有按照人文学科以及人文社会科学的标准来提高节目制作者的制作水平，充分而正确地表达节目的观点与意义，对一切可能产生歧义的事件进行真诚的解释与论述，融合各方的力量，才能让电视的话语呈现得更多元、更有力。

---

① 〔美〕隆·莱博：《思考电视》，葛忠明译，中华书局，2005 年版，第 207 页。

② Clifford G. Christians. *The Ethics of Truth and Professionalism in Global Terms. Fourth Roundtable on Global Media Ethics* [C]. Tsinghua University，2014.

（三）立场的客观公正

电视面对的受众是一个大众群体，成千上万隐藏着的“观看者”共同组成了节目的受众，而电视为不同的目标群体传递着各种丰富多彩的文化文本与意义观点。不同的受众出于自身的教育与价值观，往往会对节目有不同侧重点的解读，因此公正客观的立场能够让公众对公共话题获得更多的理解和共情。不同于过度追求娱乐效果的电视节目，在对动物保护这个公共议题的关注上，一个更显客观的、非功利的立场对于电视制作者来说尤其重要，同时客观公正也必然会体现在视角选取与素材加工中。这些点滴的细节通过电视的窗口不断放大与传播，更多人将会感染到这种公益的力量。

当下，“动物保护”的主题越来越多地进入公共议程与大众讨论中。电视节目的制作者应在坚守节目制作原则标准的同时，也要关注道德与伦理的边界，做到媒介表达与动物伦理的兼顾与平衡。从伦理关照的视角来看，动物与人的关系不仅仅是经济利益关系，还应存有道德的兼顾和法律的责任。为此电视节目的制作要充分体现对动物伦理的尊重，尽可能地彰显人类道义的温暖与力量。

IP理论发展与旅游特色小镇的IP实践*

肖月强　胡雪飞　李林襁**

【摘要】 我国旅游业正在经历第四次革命，消费者与日俱增的差异化、高质量需求推动旅游业大力进行供给侧结构改革，IP融入旅游业转型升级发展进程，正成为旅游业发展的新引擎和新动能。本文从IP的内涵入手，分析了文旅IP在旅游业转型升级中出现的必然性，挖掘了文旅IP形成的动力机制与意义，进而从企业核心竞争力理论、资源位理论、品牌社群理论、消费黏性理论四个方面探讨了IP相关基础理论的发展。分析形成了IP的理论肌理，并结合IP的理论支撑和打造理念，分自创和合作两大类具体提出了旅游特色小镇IP的实践路径。

【关键词】 IP　旅游特色小镇　形成机理　实践路径

随着经济发展和国民消费升级步伐加快，消费者越来越不满足于传统的旅游观光，差异化、高质量需求与日俱增，迫使旅游产品供应商不断提升供给质量，推进旅游供给侧结构改革。富有文化内涵和品牌号召力的IP融入旅游业转型升级发展进程，正成为旅游业发展的新引擎和新动能。

---

* 本文系国家社会科学基金项目“全域旅游投融资模式创新的理论框架与推进路径研究”（基金编号17BJY149）的阶段性成果。

** 肖月强，成都信息工程大学教授，管理学博士，研究方向为组织变革与发展、战略管理、旅游规划、区域经济规划；胡雪飞（通讯作者），成都信息工程大学副研究员，研究方向为文化传播、旅游规划；李林襁，成都信息工程大学助理研究员，研究方向为旅游管理、旅游规划。

一、IP 的内涵

（一）IP 的概念及其特征

自 2015 年开始，IP 成了中国文化旅游产业的一个热词。“IP”有两个含义：一是指为计算机网络互联互通而设计的一套规则，又叫“网络协议（Internet Protocol）”，每个连接在互联网上的主机分配有一个唯一的地址，叫“IP 地址”；二是指文化旅游产业领域经常提及的 IP（Intellectual Property），它是“知识产权”首字母的缩写，是一个法律层面的概念。在中国旅游协会休闲度假分会秘书长、世界旅游城市联合会首席专家魏小安看来，IP 特指“权利人对其所创作的智力劳动成果所享有的财产权利”，它包括著作权、专利权、商标权，设计权等。本文主要探讨文化旅游产业方面的 IP，也即拥有知识产权的品牌、内容（作品）、产品、设计或服务。

文化旅游 IP 通常具有以下四方面属性：

1. 法律属性

作为一种知识产权，经过一定的法律程序、履行了一定的法律手续，自然得到法律的保护，享有该项知识产权的所有权和收益权，从而使 IP 具有天然的独特性和排他性。

2. 人格属性

IP 的人格属性体现在两个方面：一方面体现创始人独特的兴趣爱好、理想情怀、责任担当；另一方面创始人将其理想情怀浸入其作品（产品）、设计与服务之中，使得作品（产品）、服务具有一定的“温度、态度、感知度”，从而使 IP 呈现出强烈的个性化、人格化、拟人化特征，并成为经过市场验证的情感载体，形成有故事有内容的人格权。

3. 价值属性

文化旅游 IP 作为一种财产权利，必须具有独特价值的核心吸引物。它可以是一个元素、一种感受、一种产品、一种氛围、一种情调、一个设计等，具有“财务价值、社交价值、信息价值、形象价值、娱乐价值”

（金立印，2007）等多元价值观，是“文化产业化”和“产业文化化”的产物，能够形成“溢价”，并经得起市场的检验。①

4. 社群（粉丝）属性

在社群经济下，消费者追求独特的差异化、“圈层化”表达，而不是“人云亦云”的“大众趋同”。作为人格化的作品（产品），IP 靠价值、靠调性来激活相同兴趣、价值观的社群（粉丝），通过他们之间的“共鸣、共振”形成聚集效应，最终转化为新的社群，并形成新的消费。

（二）文旅 IP 的产生背景

1. IP 是企业形象战略（CI）向综合经营战略的提升

CI 于 20 世纪五六十年代起源于欧美国家，20 世纪 80 年代传入我国。CI 在英文里有个两个意思，一个指企业形象（Corporate Image），一个指企业识别（Corporate Identity）。从原始概念而言，CI 更强调企业识别，特别是视觉形象的识别。在 70 年代传入日本后，CI 注入民族理念和企业精神等内容，由此形成了理念识别（MI）、行为识别（BI）、视觉识别（VI），并形成了 CIS（Corporate Identity System）系统。我国于 1984 年引入 CI 并开始运用到企业形象塑造服务过程中，经过多年的积累，逐步发展为一种差异化的竞争战略。②

随着经济社会的转型升级发展，光靠企业形象的差异化已经不能完全满足企业的竞争优势。于是，将“内容为王”的创新意识和“版权为王”的经营策略结合起来的文旅产业 IP 战略，就将文化产业带到一个“内容驱动”和“全产业链跨界融合”发展的新阶段。从下表的对比可以看到二者的联系与区别：

① 金立印：《虚拟品牌社群的价值维度对成员社群意识、忠诚度及行为倾向的影响》，《管理科学》，2007 年第 2 期。

② 黎华：《CIS（中国）发展历程简析》，《美术大观》，2010 年第 12 期。

表 1　CI 与 IP 战略的对比表

	差异点	CI 战略	IP 战略
不同点	战略领域	形象识别	内容 + 经营
	战略属性	差异化的形象	法律权利（智力成果权）
	战略重心	品 牌	品 质（内容及其质量）
	文化产业链	创意策划、品牌设计阶段	创意策划—品牌设计—法律认证—投资开发—经营管理 （全产业链）
相同点	代表个性和稀缺		
	差异化的竞争战略		

2. IP 是产能结构过剩和信任稀缺时代商业模式的必然选择

随着人们生活水平的提高以及全域旅游的推进，旅游的“同质化”问题日渐凸显。各地不断涌现的主题乐园、A 级景区、酒店、民宿、度假区让人们应接不暇，无从选择。于是，部分规模化、大众化、低端的旅游项目产能结构过剩及出行的信任选择问题逐渐显露。那些具有强大的 IP、运营管理质量较高、服务口碑较好的旅游项目瞬间脱颖而出。“超级旅游 IP 可持续形成值得期待的被订阅机制，这就是信任代理。”（洪清华，2017 年）旅游项目一旦取得游客的信任，信任就会让转发和加速传播得以持续推进，如同粉丝信任明星，从而信任产品一样，巨大的流量必然带来巨大的经济效益。因此，缔造强大的文旅 IP 是解决低端旅游项目产能过剩和信任危机时代商业模式的必然选择。

3. IP 是培育精益求精的工匠精神，满足人民高质量生活需求，推进供给侧结构改革的必然选择

党的十九大报告指出，我国社会的主要矛盾已经转变为人民日益增长的美好生活需要和不平衡、不充分发展之间的矛盾。2016 年李克强总理在政府工作报告中指出，“要培育精益求精的工匠精神”。要解决旅游产品同质化严重、旅游公共服务体系质量不高、旅游业需求流失境外、潜在旅游需求得不到有效释放等供给侧结构性问题，没有强 IP 的项目，没有精益求精、好上加好的工匠精神的植入，就不可能有项目的生命力，也就不

可能有文化的生生不息，也无法从根本上满足人民的美好生活需要。

4. IP 是推进产业融合，促进体验经济、创意经济、粉丝经济发展的必然选择

我国旅游业经过 30 多年的快速发展，已经迎来了旅游大消费时代。这一时期，旅游的内涵和外延发生了深刻的变化，旅游与文化、体育、教育、农业、工业、金融等的跨界融合不断走向纵深，“旅游 +”体系日趋完善，并不断形成新的旅游生态圈。旅游逐渐从观光旅游向休闲度假等体验型旅游转变，并正在从体验旅游向享受旅游跃升。随着国民收入水平的提高，游客对旅游产品、文化创意和服务品质的要求也不断提高。他们对旅游目的地的关注从传统的功能和性价比逐步转移到了品牌、场景、故事、氛围、情调，甚至独特 IP 的美食、美宿、美景、美创等。特别是一些高品质的非标领域，吸引了大量的圈层粉丝，并成为旅游投资的新亮点。

（三）IP 的形成机理与意义

中国旅游经历了交通革命、技术革命和消费革命三次革命，并正在面临着第四次旅游革命。这个革命有旅的革命，也有游的革命。① 我们认为，中国旅游的第四次旅游革命，应该是“内容（品质）革命”。在“内容（品质）革命”面前，IP 应该起到先导作用。其核心机理如下。

从消费者层面看，由于规模化、标准化的大众旅游产品消费逐步向个性化、高质量、非标产品消费形态过渡，这就为文旅 IP 的产生提供了强大的市场拉力。

从投资层面看，游客对“同质化”项目的不认同，使得个性化、精细化、高质量的非标旅游项目投资加大。如果不能建立强 IP，通过知识产权的多次运用，将初期的高投入成本摊薄，达到“一张牛皮剥几层”的“溢价效应”，旅游投资的回报率将越来越低，并最终影响到旅游业的整体发展。因此，当前旅游投资更多地倾向于旅游的内容端和 IP 端，而纯粹

① 魏小安：《第四次旅游革命需要 IP 的先导发展》，http：//wemedia. ifeng. com/52499382/wemedia. shtml，2018，03，16。

的资产类投资将逐步减少。

从政府层面看，旅游业经过多年来的高速发展，传统的以资源开发为主的模式已经将资源开发得差不多了，为深入贯彻“创新、协调、绿色、开放、共享”五大发展理念，转变经济发展方式，创建资源节约型、环境友好型社会，需要推进以**资源整合、跨界融合、文化创意**为核心的旅游开发新思路，于是旅游 IP 应运而生。它意味着旅游价值创造和价值获取方式的深刻变化，意味着人员及其他旅游产业要素配置的深刻变化，意味着旅游行政效率的提升和游客体验的深化。

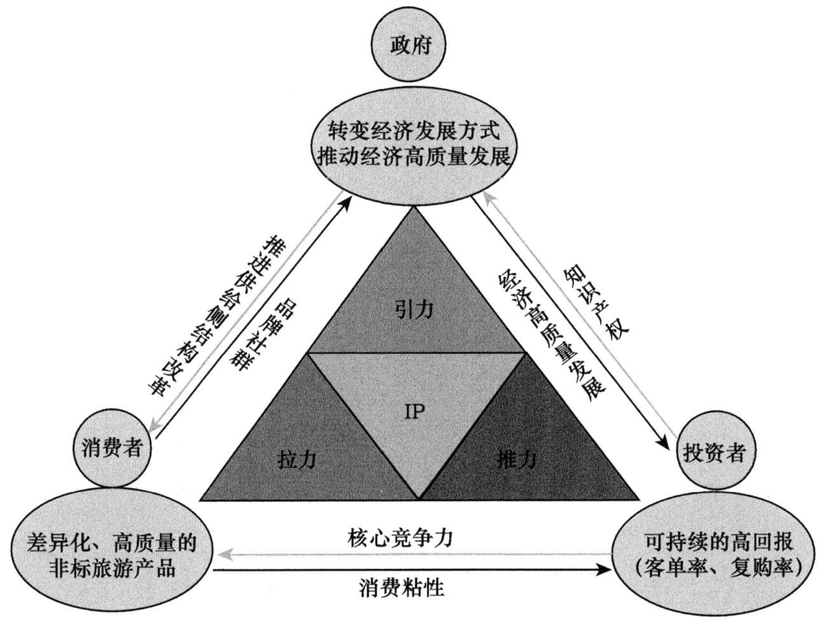

图 1　IP 的动力机制

从上图可以看出，消费者的市场牵引作用、政府的政策引力作用、投资者的投资推力作用对 IP 的产生形成了合力，共同助推了文旅 IP 的形成。

客观而言，旅游业导入 IP，能够增进顾客的信任，缩短顾客的消费决策（筛选）过程，并通过“粉丝经济”的共鸣，提升顾客的短期和长期“黏性”，提升游客的“客单价（单个客人的消费价格）”、复购率（重复消费的比率）以及持续的美誉度，为推进旅游供给侧结构改革、提升旅游投资效益奠定坚实的基础。

二、IP 的理论支撑

（一）企业核心竞争力理论

企业在资源、能源、环境的多重压力下，单纯依靠资源禀赋带来的优势会逐渐消失，因此，企业核心竞争力理论应运而生。

1957 年菲利普·塞尔兹尼克指出，一个组织所拥有的比其他组织做得更好的特殊物质叫作组织的能力或独特竞争力。1990 年，英国著名学者普拉哈拉德（Prahalad）与其学生哈默（Hamel）在《哈佛商业评论》（*Harvard Business Review*）上发表了《公司的核心竞争力》（*The Core competence of the Corporation*）一文，提出了企业核心竞争力的概念。从此企业培育和拥有核心竞争力并获取永续竞争优势的理论受到战略管理研究和工商业界的高度重视。

一直以来，关于企业的核心竞争力的理解主要体现在五个方面：一是认为技术与技能是企业核心竞争力，只有不断进行技术或技能创新才能保持企业产品的领先性、难以模仿性和可持续竞争优势；二是拥有或配置“异质性”资源的能力；三是认为企业能力的特定组合就是企业的核心竞争力；四是认为企业的核心竞争力就是企业所拥有的独特的、不易外泄的专有知识和信息；五是认为核心竞争力是由企业技术、技能、知识、资源相互组合而成。

盛小平、孙琳认为，核心竞争力要经得起这 5 项标准的检验：有价值的、稀少的、难以模仿的、不可替代的和具有延展性的。① 后来，葛金田、刘卫国发展了这一标准，认为企业所拥有的核心资源要有这样的特点：没有市场可以买到；要有法律保护；资源本身与能力有互补性；具有组织性，不属于个人；有持续竞争力。②

① 盛小平、孙琳：《企业核心竞争力理论透视》，《经济问题探索》，2006 年第 11 期。

② 葛金田、刘卫国：《对企业核心竞争力理论的再认识》，《山东社会科学》，2008 年第 12 期。

（二）资源位理论

企业利用资源的价值创造体系。不同的资源按不同的形态组织在一起就形成不同的企业形态。因此，企业的首要任务是甄别出自身当下拥有的资源及其未来可资利用的资源以及这些资源分别处于一个什么样的资源位。只有这样才能明晰企业所处的产业环境、社会环境以及可以建立起来的竞争优势。①

企业资源位的演进有四个层次：初级资源位、中级资源位、高级资源位、共生资源位。不同资源位的高低直接决定着企业的价值获取力（即竞争力）。初级资源位通常指土地、矿产等自然资源与资本、区位等经济发展初级阶段的资源形式；中级资源位通常指知识、技术、才能与制度等资源形式；高级资源位通常指组织、网络、信誉、知识产权、合作与社会资本等资源形式；共生资源位即以上三种资源位的整合利用。

只有企业资源位的不断升级，企业的竞争力才会不断提升。对文旅企业而言，如果仅仅停留在依靠资源开发获得价值的初级资源位阶段，即传统的旅游开发阶段，不可能获得更多的溢价。因此，企业只有不断将自己的资源位提升到商誉、知识产权等 IP 层面，并逐步向共生资源位转变，才能提升核心竞争力并获取更多、更大、更持续的竞争优势。

（三）品牌社群理论

品牌社群（Brand Community），又翻译为品牌社区，是 Muniz Jr 1998 年在其博士论文中首先提出来的。它是指使用某一品牌的消费者所形成的一个特殊的、不受地域限制的消费者群体组织，是基于消费活动而建立起来的顾客之间的社会关系网络。这个网络包括了消费者与品牌、消费者与企业、消费者与产品、消费者之间的关系。它们通过消费者成员之间的互动体验，一起建构或延展了品牌的价值与意义。

品牌社群对于顾客价值感知具有的重要促进作用，不仅使得消费者可

① 李贵赏：《基于资源位的企业形态演化论》，《企业研究》，2009 年第 11 期。

以预知其他消费者的顾客价值感知（品牌社群所汇聚的信息能够为潜在消费者提供有效的产品或信息），而且他们还通过品牌社群的交流加深各自对于品牌顾客价值的感知（通过口碑传播促进了品牌宣传），甚至创造各种品牌副产品，实现顾客价值的创新，从而从根本上改变其旧的消费决策模式，成为企业创新的重要源泉和提升企业竞争力的重要手段。[①]

根据马斯洛的需求理论，人们的需要总是逐步从低端的物资消费需要转到高端的社会心理需要。品牌社群理论为满足人们的这种需求提供了一个渠道。在旅游项目“同质化”的大背景下，由于品牌社群对消费者能够产生财务价值、形象价值、服务价值以及社交价值[②]，消费者迫切需要通过强 IP 来筛选高质量的旅游项目，并通过品牌社群先天具有的“信任代理”为企业带来更宽广的社会联系。

（四）消费黏性理论

关于环境心理学的研究表明，在消费环境中积极的内部感知因素将会影响在商店中的停留时间、购买意愿和重访意愿。随着电子商务的发展，消费黏性的概念日渐火热，而拥有一批具有黏性行为特征的消费者对旅游企业增强竞争实力至关重要。消费者选择购物时，关心的不仅是产品本身，还追求购物过程的乐趣、享受和控制感。[③]

消费者黏性首先源于消费者的对项目的信任。而根据 Zuker（1986）、Gefen（2003a）等人的研究，信任存在五种前提，分别是基于知识、认知、算计、制度和个性的信任。信任对消费关系承诺和可持续的“黏性”具有正向影响。

黏性主要指的是潜在消费者的购买与现实消费者的重复购买或再购买两种不同情况。信任对短期黏性和长期黏性无疑具有重要作用。最初信任与持续信任分别影响短期黏性与长期黏性的形成。对一个项目来说，长期黏性就是重复消费者持续的多次的购买行为，最终形成与维持同项目（产

---

① 朱瑾：《品牌社群特征对品牌关系质量的影响研究》，《山东大学》，2012 年。

② 周志民：《基于品牌社群的消费价值研究》，《中国工业经济》，2005 年第 2 期。

③ 骆迪、薛君：《网上消费者黏性行为的模型构筑——基于 IS－ECT 理论的消费者黏性研究》，《电子商务》，2012 第 2 期。

品）的连接关系，对项目（产品）来说则是忠诚顾客的保留。短期黏性是项目（产品）在短时期内取得的顾客的信任并建立的低频次、低额度的交换关系。在大众旅游向高质量旅游转变的阶段，强 IP 的文化产品，就能通过差异化的战略增强游客的黏性，提升旅游消费的“客单价”和“复购率”。

从以上四个理论可以看到，核心竞争力理论为企业或行业获得持续的竞争优势提供了动力，而资源位理论、品牌社群理论、消费黏性理论从不同层面为企业可持续竞争优势的形成提供了方向和可能，而 IP 的形成又为这四种理论在文化旅游产业的落地提供了载体。四个理论之间的关系可以用图 2 来表示：

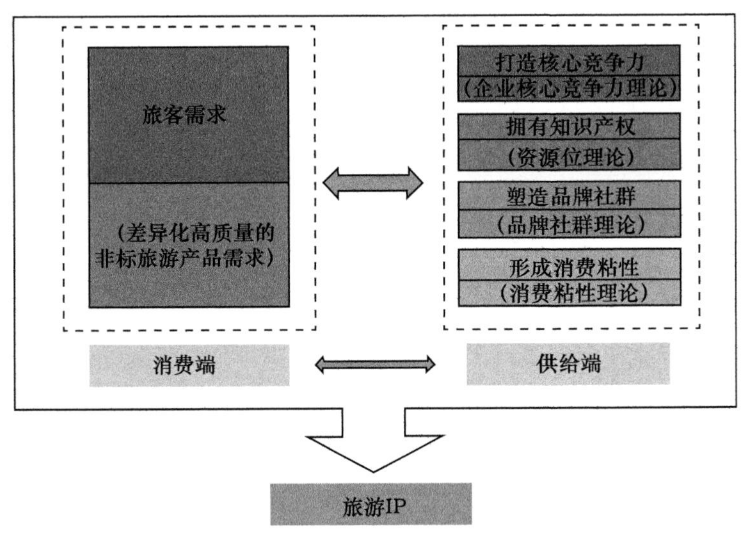

图 2　IP 的理论肌理

三、旅游特色小镇的 IP 打造思路

旅游业导入 IP，极大丰富了旅游产品的内涵及价值，适应了游客与日俱增的特色化、多元化、高质量需求，IP 正在逐渐成为当前旅游业发展的核心竞争力。旅游企业纷纷试水 IP，推进主题旅游产品的孵化和提产，以

期借助 IP 的粉丝效应，获得真正独特而可持续的竞争优势，使企业从行业价格战中摆脱出来，获得更高的投资回报。对于肩负乡村振兴战略重要任务的旅游特色小镇而言，如何借助 IP 战略实现价值倍增，是我们思考的重点。

（一）IP 打造理念

城镇化和旅游业的融合发展为旅游特色小镇的形成奠定了坚实的基础。旅游特色小镇是以旅游业为主导，集聚诸多旅游休闲要素，一、二、三产业融合发展，具有一种或多种主题活动的特色小城镇。① 旅游特色小镇不一定是传统意义上的建制镇，只要有特色的旅游吸引物（旅游资源），旅游在小镇产业结构中占主导地位。小镇注重发展特色，旅游注重独一无二、无法复制。未来中国有 4800 多个乡镇、100 万个自然村需要建设特色小镇。如果没有强 IP，旅游特色小镇就会千篇一律，很难成功。因此，旅游特色小镇 IP 的打造必须坚持以下原则：**以特色文化元素和特色资源的挖掘为原点，以文化创意为核心，以可持续的商业竞争优势为宗旨。**

1. 以特色文化元素和特色资源的挖掘为原点

旅游特色小镇的基础和原点在于资源禀赋之特，因此首先要在特字上做文章。要坚持文化自信，充分尊重当地的景区文化特色，梳理当地既有的区位、气候、空气质量、产业、人文、景观等资源，体现既因地制宜又与时俱进的发展理念。

2. 以文化创意为核心

我国产业发展正从要素驱动、投资驱动向创新驱动转变。这是一个创意为王的时代，设计、创意、研发是整个文化产业安身立命的灵魂。以文化创意为核心，才能创造独特的元素、产品、设计或感受、氛围、情调，才能赋予旅游特色小镇稀少、难以模仿、不可替代的特性。没有产业的跨界融合，没有一流的文化创意，就不可能有强 IP 的形成。

① 石艳：《基于价值链理论的山东省旅游小镇发展模式研究》，《山东财政学院学报》，2013 年第 4 期。

3. 以可持续的商业竞争优势为宗旨

IP 是以内容为主导的形象认知、以经营为核心的发展战略，能持续变现的 IP 才具备市场价值。旅游特色小镇不但能发展线上线下营销，还能进行 IP 授权以及衍生品开发、授权和运营，实现多产业联动发展，具备了持续盈利的商业竞争优势。如果不能实现项目的持续盈利，为企业创造持续的竞争优势，创意再好的 IP，也仅仅是一个摆设而已。

（二）IP 打造的路径

结合 IP 的理论支撑和打造理念，我们将旅游特色小镇 IP 打造路径分为两大类。

1. 自创

（1）顺势而为

充分利用小镇本身具有的特色资源禀赋，包括气候条件、自然景观、文化传统、特色产业等，巧妙提炼特色，顺势而为创造自身 IP，因势利导带动小镇旅游。四川“绵竹年画”是中国四大年画之一，是国家非物质文化遗产。绵竹年画村以年画文化和德孝文化为灵魂，以古朴的川西民居建筑上随处可见技艺精湛的绵竹年画为核心吸引物，将国家级非物质文化遗产转移成产业优势，打造了绵竹年画生产、加工、销售的完整产业链，成为远近闻名的乡村旅游特色小镇。

（2）无中生有

小镇可以发挥独特创意，确定 IP 主题定位，构建小镇 IP 内容矩阵，培育小镇 IP 形象。日本熊本县作为一个农业县，自然资源和文化资源禀赋都不出众，但县里请著名设计师设计了熊本熊，从角色设计、形象运营、PR 公关、事件营销等方面进行熊本熊的完整创意和“人格”塑造，形成了有故事有内容有温度的 IP 形象，升级旅游消费，带动了熊本县的观光、农业、制造业等产业可持续发展。国内也有类似尝试。浙江嘉善巧克力甜蜜小镇打造“甜蜜”IP，依托云宝卡通形象，将“甜蜜”IP 实体化。天猫在北京延庆打造的猫咪主题休闲娱乐小镇——天猫小镇，拟建成中国首个“猫岛”，也属此类 IP 打造实践。

2. 合作

（1）移花接木

旅游特色小镇可以直接与成功的 IP 合作开发，也可以借助有影响力的影视、综艺、动漫、名人故居等元素，升级场景化体验，做足粉丝经济，让小镇具有独特的核心吸引力，将粉丝流量转化为旅游消费，增强消费黏性，提升和进化小镇 IP。浙江安吉引入世界知名的 Hello Kitty 打造“天使小镇”，其核心吸引物安吉凯蒂猫家园是目前全球最大的 Hello Kitty 主题乐园，将主题公园的游乐设施与周边餐饮、住宿等融会贯通，带动当地茶叶、竹制品等特色产业和房地产等发展。国内近年来热播的《三生三世十里桃花》等影视作品则带动了浙江象山这个由江湖小镇、玄幻世界、武侠天地、民国城区等组成的影视小镇发展。

（2）珠联璧合

围绕特色主题，将小镇的自然资源、特色产业、文化内涵、名人效应等各种要素整合起来，提升核心竞争力，同样也是旅游特色小镇 IP 打造的有效路径。四川宜宾李庄古镇被誉为万里长江第一镇，是春秋战国时期古僰人聚居地，完整保存着 18 条明清古街巷，更是抗日战争时期大后方的文化中心之一。李庄与抗战时期的同济大学、金陵大学、“中央博物院”、中国营造学社、傅斯年、梁思成、林徽因、《中国建筑史》等无数关键词紧密相连，抗战文化、建筑文化、民俗文化、饮食文化等赋予李庄立体的维度和强大的识别性，形成了具有深厚文化内涵和独特文化记忆的李庄 IP，并通过具有共同兴趣的社群内部的共鸣和共振，激发了可观的旅游消费。

（三）旅游特色小镇 IP 打造的误区

1. 文化挖掘不够，浮于表面

文化是旅游的灵魂，更是旅游特色小镇 IP 的关键所在，是旅游项目的核心竞争力。打造旅游特色小镇 IP，切忌不做深入的文化挖掘，浮于表面。旅游特色小镇 IP 文化挖掘不够，就缺乏精神向心力，无法引发目标客户的心智认同。必须深入剖析小镇的自然生态、历史文化、民俗风情等资源禀赋，找准小镇的文化特质和文化图腾，深入理解并阐释这些文化内涵的意义，再以这一文化之魂为吸引核和引爆点，全面带动IP打造。

2. 缺乏独特创意，人云亦云

打造旅游特色小镇IP，切忌缺乏独特的文化创意和风貌，盲目追随热点，主题内容雷同。旅游的本质是差异化体验，如果套路化、千篇一律地打造旅游特色小镇IP，最终的结果往往是深陷同质化竞争无法自拔，难以在全域旅游、特色小镇建设风起云涌的当下突出重围。必须立足本地特色资源，对这些资源进行充分挖掘、合理嫁接、巧妙融合，打造具有高度独特性的IP，提供体现差异性、排他性和独特创意的高质量产品和体验，才能在这个注意力极度稀缺的时代起到收割流量的效果。

3. 生编硬造IP，神化IP

打造旅游特色小镇IP，切忌在不具备资源禀赋的前提下勉为其难、生编硬造地去打造，神化、绝对化IP。旅游强调内容为王、体验至上。旅游特色小镇IP成功的关键在于将IP与科技、文化、创意、自然资源等相融合，构建消费场景，增加消费黏性，满足游客的生理、情感、文化等体验。① 如果小镇不具备足够的自然和文化资源禀赋基础，极易导致IP粗浅化甚至空洞无物，项目设置无感染力。对旅游特色小镇IP的认识不可神化和绝对化，只有那些有内容、有体验、有服务、有品质的旅游特色小镇IP，才具备盈利的能力。②

4. 产业联动不够，难以持久

打造旅游特色小镇IP，切忌脱离产业联动来考虑。旅游特色小镇IP要以内容为主导、以经营为核心，最终目的是将IP的社群（粉丝）优势与小镇的产业资源联动起来，以旅游为杠杆，带动多产业发展。因此，要让IP成为动力强劲的引擎，立足小镇的特色产业深入挖掘商业价值，打

① 探索旅行的人：《乡村旅游开发的十种经典死法》，http：//www. sohu. com/a/223886769_368060，2018. 02. 25.

② 巅峰创新研究院：《旅游IP的三个误区与四个关键》，http：//www. sohu. com/a/215716554_234564，2018，01，10.

造差异化、全方位的旅游体验和消费场景，形成成熟的模式进行输出，带动小镇吃、住、行、游、购、娱产业集群聚集，实现旅游特色小镇 IP 的高质量、可持续发展。①

① 万年基业集团：《特色小镇 IP 化的可持续发展》，http：//www. sohu. com/a/218402749_200412，2018，01，23.

激进时代的保守主义文学理论

——梁实秋的古典主义文学思想研究

吴海清*

【摘要】 梁实秋的文学理论活动发生在中国现代文学和文学思想日趋激进的年代，深受新人文主义影响的他试图通过关于人性的共同性、永恒真理、理性等的阐释，构建与提倡古典主义文学理论，从而为这一时期的文学发展提供另一种可能性。比较当时的多种文学思潮，梁实秋所提倡的古典主义文学思想无疑是保守的，也因其与时代的距离遭遇颇为激烈的批判。

【关键词】 激进时代　保守主义　梁实秋　古典主义

在后“五四”时代文学理论家中，有一批在欧美受过教育的留学生，如闻一多、徐志摩、梁实秋、朱光潜、梁宗岱、李健吾等。理论“五四”一代文学思想家以留学日本为主、且其教育背景大多为哲学、工科、医学等。后“五四”时代从事文学理论和文学批评的文学思想家颇多留学欧美留学生、且受过专门语言文学、艺术、美学等方面的教育。他们不仅能及时地将海外现代文艺思潮等介绍到中国，系统地进行阐述，而且更加强调文艺相对于社会的独立性，重视审美趣味，提出新古典主义、现代主义等文学主张。这群文学理论家对文学的政治功利性颇为不满，对“五四”以

---

* 吴海清，北京舞蹈学院人文学院教授，研究领域为中国古代文论、现当代文学、影视文化、艺术传播以及舞蹈批评等。

来的文学功利主义、个人主义、自然主义、阶级文学、大众文学、艺术的去伦理化等进行了比较强烈的批评，提出了建立在人性的永恒性、普遍性等之上的文学审美理论，以图超越阶级的、社会的冲突。梁实秋提出："阿诺德论莎孚克里斯的伟大他说莎孚克里斯能'沉静的观察人生，观察人生的全体'。这一句话道破古往今来的古典主义者对于人生的态度。惟其能沉静的观察，所以能免去主观的偏见。惟其能观察全体，所以能有正确的透视。故古典文学里面表现出来的人性是常态的、是普遍的。其表现的态度是冷静的、清晰的、有纪律的。"① 梁实秋是这群欧美留学生中一位颇具代表性的文学理论家。

一、日趋激进的文学思想语境

对于梁实秋这一代知识分子来说，所置身其中历史语境比较新文化运动年代的思想语境有很大变化，其中一个突出特点就是激进主义成为这一时期思想的主流。

1927 年之后的中国结束了军阀混战建立了覆盖全国的国民政府政权，国民政府因此也得以进行全国范围的社会、政治、经济、文化等方面的现代重建与统治。一方面，"国民党人从在南京建立政府到全国陷入漫长的毁灭性的战争，仅仅被给予十年时间。为建立一个全新的全国性政府，为扭转一个半世纪以来殃及国家的政治分裂和民族耻辱的逆流，十年时间委实太短暂了。……尽管有种种对国家不利的条件，在这十年中还是有进步的。到了 1937 年中期，中央政府似已稳操政权，从而出现了自 1915 年以来政治上从未有过的稳定。经济正在好转；政府正在大力推进种种运输及工业计划；货币比以前更统一了"②；一方面，国民政府的集权政治也遭到社会的普遍批判，甚至导致多种政治和军事形式的对抗。社会主义从 19 世纪末在中国传播并经历"五四"时期的扩大影响而成为当时中国政治和

---

① 《梁实秋批评文集》，珠海出版社，1998 年版，第 43 页。

② 〔美〕费正清、费维恺编：《剑桥中华民国史》下卷，刘敬坤等译，中国社会科学出版社，1994 年版，第 161 页。

社会实践的重要形式之一，中国共产党人以马列主义为指导的社会主义政治斗争，颇具历史意义地参与到 1927—1936 年的中国社会、政治和文化的建构之中。而且，国民政府尽管建立了全国性政府，但其政治和社会整合力量是有限的，既无法充分整合地方性政治和军事力量而形成全国统一的政治格局，也无法真正构建全国性的社会、经济格局。世界经济危机、新一轮列强之间的殖民竞争与一战后世界秩序的危机、日本以多种方式破坏中国政治统一和经济重建直至以扶植伪政权名义而占领中国部分领土、战后德国与苏联以及其他具有影响力的国家集权政治体制的发展中国更深入地进入全球化过程之中等，都在广泛地影响中国社会构建。参与到全球化过程之中的中国经济也因为铁路、公路、航运、通讯、银行、商业、工业等进入世界性商品流通之中。由此带来的是乡土中国向现代工业、商业、市场、城市中国的初步转型，尽管这种转型的广度和深度都比较有限，但其意义是重大的。中国社会和经济从几千年以农村为中心转向以城市为中心并深受城市影响。农村精英以更快速度和更大规模开始向城市转移，商品向农村渗透既增加了农民的现金需求也导致某些农村经济形式的衰落。农村劳动力向城市流动成为趋势，工业、商业、金融、矿业、交通等行业在吸收大量劳动力的同时也改变了传统雇主与雇员之间的地缘与血缘等关系系统而变成资本和劳动力之间的关系。上述种种变化确实在中国创造了阶级社会。这种阶级社会既体现在城市工业中的资产阶级和无产阶级之间，也体现在由于农村破产而产生阶级分化之中。与此同时，中国现代教育的发展培养了大量现代知识分子，而中国经济现代化、社会和城市的发展并不足以吸纳如此之多的知识分子，由此也导致不少知识分子在社会、甚至文化场域中的边缘地位，自然也导致知识分子社会认知、自我判断以及关于中国社会重建等方面的分化。

尽管这一时期的政治、社会等表现出重建的趋势，但总体上依然处在无序、离散状态之中，而文化作为社会整合的需要和分化的社会力量自我表达与正当性诉求的形式，也因此呈现比较激烈的冲突与差异化状态。国民政府面对五四及其后的文化多元状态无疑需要通过文化整合来实现社会整合并赋予统治以正当性，故国民政府希望通过三民主义、民族主义等意识形态以实现文化共同体建构，以国民党的一系列政治纲领来统一全国的思想，从而消除人们从多种角度提出的中国社会问题的诊断和解决方案以及由此造成的思想不统一，进而为国民党的统治创造思想共识和文化正当性基础。国民政府也通过教育、宣传、审查制度等方式控制社会文化，宣传其意识形态。但如同国民政府无法真正实现其整合中国社会的目标一样，也无法有效整合这一时期的中国文化。这一时期的中国文化思想领域中的马克思主义、自由主义和民族主义无疑是三种比较重要的力量。随着共产党人加强文化领域的斗争、社会阶级分化与冲突加剧、马克思主义思想在知识分子中传播的深化等，一些知识分子从阶级、革命、大众、帝国主义、封建主义、历史唯物主义、辩证法、资本主义、社会主义等角度来认识、分析中国，赋予社会底层大众以历史的进步性和道德的崇高性，进而提出在无产阶级革命基础上重建中国的方案。以《新月》《独立评论》作者群为代表的自由主义者既对国民政府的专制和意识形态控制不满，也对马克思主义的激进和大众革命持着怀疑态度，以民主、人权、自由、个人的解放、平等宪政、权利、独裁、专制、阶级、革命、科学、理性等话语展开了关于中国政治、社会、文化和思想的诊断，强调自由主义作为解决中国问题的正当性，并重视以渐进方式实现自由。民族主义也是这一时期重要的思想流派，同样承认当时中国社会和文化存在的诸多问题，只是看到的更多是传统文化的衰落、社会的离散、国家和民族的无序及权威性的匮乏、西方文化对民族认同造成的威胁等，提出以民族、国家、传统文化等为核心重建中国文化，进而形成社会与文化共同体。人文主义则以恒人性的建构来诊断和解决现代问题。他们通过永恒美德诉求来抗衡现代哲学的全面世俗化、个人主义化、自然化和功利化趋势，认为各种文化中都有超越于时代、自然、文化差别、个人欲望和价值偏好之上的共通美德，即人的本质性的共通性。当然人文主义也肯定人的价值，以人的在世性为中心建构了一套关于人的理性与感性、个体与社会、欲望与美德、自然与人性、人性与神性、现实与超越、历史与永恒、人的差异性与人的普遍性之间关系的哲学话语。他们偏向于以普遍性、理性、精神等来节制人的自然性、世俗性方面的要求，从而保持人性的健康、人的尊严美德、爱、美等人之所以为人的价值及其超越时代、文化、阶级、民族、个体差异之上的价值。

无论是国民政府的意识形态建构与规制，还是社会层面上多种思想之间的冲突，都没有忽视文学，也都提出相应马克思主义、自由主义、人文主义、民族主义、审美主义、民主主义等文学思想，从而形成了中国现代文学史上颇为热烈、丰富的文学思想创造景象。在这个时代中人们既可以看到以“三民主义”指导中国文学的理论要求和政治审查，也看到普罗文学强调“我们现在所处的时代，是一个急激的社会变革的时代。我们的面前，横着一个人类历史所不曾有过的伟大的使命，——即人榨取人的废止，由必然王国到自由王国底飞跃底第一步，普洛列塔利亚的解放问题。所以，处于这个时代的一切意识分子，——意识的工农，意识的知识阶级……等等的全意识，都应该集中于这普洛列塔利亚底解放这一点。……因此，我们对于艺术，哲学，科学……等等的根本立场，只有是从完成历史所课与我们的使命的观点，怎样地去利用它，发展它，使它适应于这个伟大的使命。”①可以看到自由的知识阶层宣称“我们是自由的知识阶级，完全站在客观的立场说明一切，批评一切。我们没有一定的党见，如果有，那便是爱护真理的信心。不过，我们的生活虽然影响了我们的意识，然而，我们的理想却超越了我们的生活。我们仅在思想上去批评一切，同时也在实际中证实我们的理想”②，指责国民党“民族文艺是极低下的功利派，极下流的政治的宣传，是中国法西主义文艺；是土司政治的文化‘前锋’；他们的理论创作是‘狗’与‘屁’，是说谎之堕落与堆集；他们侮辱艺术之高尚，玷辱文艺之尊严”；批评强调政治与文艺关系的文学观：“1. 那种政治主张，应该是高尚的，合乎时代最大多数民众之需要的；如普列汉诺夫所说，‘艺术之任务，其描写使社会人起兴味，是社会人昂奋的一切东西’。2. 那种政治主张不可主观地过剩，破坏了艺术之形式；因为艺术不是宣传，描写不是议论。不然，都是使人厌烦的”；③

---

① 李初梨：《普罗列塔利亚文艺批评底标准》，《我们月刊》第2期，1928年6月20日。

② 胡秋原：《真理之檄》，吉明学、孙露茜编：《三十年代文艺自由论辩资料》，上海文艺出版社，1990年版。

③ 胡秋原：《勿侵略文艺》，吉明学、孙露茜编：《三十年代文艺自由论辩资料》，上海文艺出版社，1990年版。

主张“文学艺术至死也是自由的、民主的。”[①] 也可以看到人们以永恒的、共通的人性作为文学作品评价标准的诉求：“一个作品的恰当与否，必须以‘人性’作为准则，是用在时间和空间两方面都是‘共通处多差别处少’的共同人性作为准则。‘人事’包括两个方面，一是‘社会现象’，即人与人之间的关系，一是梦的现象，即人的心和意识的单独种种活动。”[②]当然，强调这一时期文学思想的多元格局，不能忽视苏汶等人提出的文学理论争鸣中国民党的民族文学理论要求和左翼文学理论建设的强大存在，尽管两者社会历史性质完全不同。这两者或者以国家政治进行审查甚至诉诸政治暴力压制；或者以社会团体力量展开强大的批判，都在较之其他文学思想主张更加影响文学思想话语权。

二、梁实秋文学思想的古典主义与保守主义

梁实秋深受亚里士多德、贺拉斯、莎士比亚、阿诺德、白璧德等思想家的影响，形成了自己的古典主义文学观。这种古典主义以永恒而普遍的人性，强调在变化的世界中以审慎理性的方式超越现象去把握不变的普遍的人性，并以有节制的艺术形式将情感、生命、自然等表现在文学之中。梁启超在解释古典主义时谈道：“我们根据以人为本为基础的古典主义，来观察‘艺术即是选择’的学说，可得二一：（一）文学的对象的选择。（二）作用的内容的选择。前者是讲文学与人生自然的关系；后者是讲作品内容个部分的相互的关系。宇宙万物是在川流不息的变动能够，但是在变动之中却又不变动者在。艺术家能够辨察虚实真伪，不为现象界所拘束诱骗。文学家处在森罗万象的宇宙中间，并不因获得一鳞半爪的材料便沾沾自喜，他要沉静的体会那普遍的固定的人性。……这样的文学家需要的是纯正的有纪律的想象力，超过耳目感官的现象界，以达于歌德所谓的‘较高的真实之幻觉’……亚里士多德之所谓模仿，不是模仿现而是模仿

① 胡秋原：《阿狗文艺论》，吉明学、孙露茜编：《三十年代文艺自由论辩资料》，上海文艺出版社，1990 年版。

② 《沈从文全集》第 12 卷，北岳文艺出版社，2002 年版，第 65 页。

当然的或然的，亦即是以哲学的眼光在人生中寻求文学的对象。伟大的文学家，不在乎能写多少，而在乎能把多少不写出来。……肯选择的作者，她牢记着作品的目的，着眼在骨骼的结构，凡与主旨无关者悉在建材之列。……皆知的力量永远比放纵的力量更为可贵。……其整体必为有生机的，其内容必为单纯的。要求这种简单的精神，必须有两个条件：（一）理性的选择，（二）清健的力量。"① 在梁实秋看来，文学自然是要表现自然人生的，而不是世界之外某些超越性的存在，这是他作为人本主义的坚持。但梁实秋的自然和人生并不是自然人生中的现象的、碎片的、暂时的，也不是"五四"时代浪漫主义者所强调的主观的、情感的、偶然发生的，而是能反映人生的普遍性和永恒性的自然人生现象，是具有可能性的、真理性的自然人生。"五四"时代的文学思想家可能会在启蒙与蒙昧、自由与专制、个体与社会、现代与传统、现实与形式等之间构建二元对立关系，并强调以科学方法观察自然人生并加以现实主义的或者强烈的主观的表现，但梁实秋则创造了现象与真理、个性与普遍性、变动与永恒、放纵与节制、感情与理性等一系列的二元关系，强调后者才是文学中应该加以关注的，是文学的本质，而前者对于文学来说或者只具有材料的性质，或者是应该回避的。

梁实秋的古典主义是以亚里士多德、阿诺德和白笔德等人为代表的古典主义。这种古典主义非常重视"模仿"，并且是亚里士多德意义上的模仿，而非文学研究会等人所强调的文学是人生的关照。他说："文学是模仿，但所模仿的是什么？亚里士多德以为那便是'真'，亦便是'理想'。我们平常以为真实与理想判然两事，但亚里士多德以为唯有理想才得称为真实，二者乃一物之异名。文学所模仿者是人生，是自然；但是人生与自然的哪一面呢？亚里士多德的意思，人生是变动的，但人生亦有其不变动者在，这一点不变动的便是亚里士多德所谓之'普遍性'，'永久性'，亦即'真'，亦即'理想'。诗人所模仿的也就是这普遍的永久的真的理想的人生与自然。……在亚里士多德看来，艺术的模仿乃超于现象界的羁绊

---

① 梁实秋：《"艺术就是选择"说》，《浪漫的与古典的文学的纪律》，人民文学出版社，1988年版。

而直接为最后的真实之写照。歌德的解释最为精当，他说模仿者乃‘较高的真实之幻象也’。”[①] 梁实秋所说的模仿是对现实中具有永恒性、普遍性的存在的模仿，是关于现实可能性真理的模仿，并由此达到理想的、较高的真实。很明显，梁实秋所说的模仿既不是自然主义所强调的对自然人生的无选择的真实的描写，不是对现实的科学观察、细节真实的表现，也不是胡适等人所说的“言之有物”的“物”和陈独秀在写实主义文学中所强调的平民世界，也不是周作人所强调的个人主义的生活和印象，当然更不是茅盾等人所主张的“血和泪的人生”。在梁实秋看来，“五四”时期的文学思想家所强调的现实都只是表面的现象，而不是普遍而永恒的真实；后者才是文学表现的对象，是需要通过亚里士多德意义上的模范来穿透自然人生现象，才能把握到的真理。

如同亚里士多德一样，梁实秋所强调的模仿对象并不是超越人生与自然之外的，不是柏拉图意义上的理念，而是存在于自然人生之中的本质性真理。梁实秋在批评王尔德的唯美主义时说：“艺术的产生与当时社会环境及哲学思想自由不可分离的关联。……艺术的创造总是由经验而来，而此种经验更需要经过分析与综合的步骤，把此种制炼后的经验表现出来，这便是所谓‘创造的现象’。越是抽象的艺术，越要有实在的东西表现它。……亚里士多德的确说过，Mythos 是悲剧的正当题材，但是亚里士多德在比较悲剧与历史的时候，把艺术与人生的关系也确定了。他说，艺术对象乃是或者可以发生的事物……想象固是重要，而想象的质地则尤为重要，真正伟大的作品，不是想入非非的胡言乱道，而是稳健的近乎常态的人性的。”[②] 模仿所能达到的是亚里士多德意义上的对事物最终目的之把握，他说：“亚里士多德所谓‘戏剧的模仿’，即心灵之活动的一种方式。宇宙万物既有其最终之目的，故所谓心灵之活灵亦绝不是放纵的无归宿的现象。是故戏剧的模仿亦是有一定之模仿的对象，其模仿之价值不再模仿之历程，而在模仿之目的。何谓善？何谓恶？亚里士多德说，

---

① 梁实秋：《亚里士多德的〈诗学〉》，《浪漫的与古典的文学的纪律》，人民文学出版社，1988 年版。

② 梁实秋：《王尔德的唯美主义》，《浪漫的与古典的文学的纪律》，人民文学出版社，1988 年版。

凡公共所企求者，所认为目标者即为善，反是为恶。所以在普遍性这一点上，善与真完全可以合二为一。并且亚里士多德是认定人性是普遍的，是有中心的。吾人欲表现善与真，换言之，吾人欲表现理性，若不于人性之普遍的方面着手，实别无良法。……凡普遍者，即为中庸者。"①

这就涉及梁实秋对人性的理解。梁实秋之前的周作人、茅盾等人也曾经谈论过人性。周作人从进化论谈论人性和茅盾从社会学谈论人性，固然可能包含着某种普遍性或者社会性，但他们以传统与现代相反对的方式来谈论人性，其普遍性就只能包含着现代的普遍性了，甚至是平民的普遍性或者现实人生中社会关系的普遍性，而不具有超越文化的、超时代的普遍性。这与梁实秋是不同的。梁实秋将人生分为自然的、人性的、宗教的三重境界。"自然的"指卢梭的自然哲学所强调的原始的、个人的、情感的、蒙昧的人生境界；"人性的"是以亚里士多德、莎士比亚、歌德以及中国古典中的自然人生中感性与理性、现象与真理、个性与普遍性相统一的人生境界；"宗教的"指人的神性存在以及世界的神学根源等。梁实秋认为"人性是很复杂的（谁能说清人性包括的哪几样成分），惟因其复杂，所以才有条理可说，情感想要向理性低首，在理性指导下的人生是健康的常态的普遍的，在这种状态下所表现的人性亦是最标准的"②，"吾人要的一固定的普遍的标准必先将'机械论'完全撇开，必先承认文学乃'人性'之产物，而'人性'又绝不能承受科学的实证主义的支配……纯正的人性，绝不如柏格森所谓之'不断的流动'。人性根本是不变的"，"普遍的人性是一切伟大作品之基础，所以文学作品的伟大，无论其属于什么时代或什么国土，完全可以在一个固定的标准之下衡量起来，无论是各地的风土、人情、地理、气候是如何的不同，总有一点普遍的素质"。③ 这种人性不是存在于自然人生之外的某个神秘而不可止的地方，"这人生的精髓就在我们的心里，纯正的人性在例行的生活里就可以实现。人性是不稀奇的，从事文学的人，若专从'奇'处着想，这条路便越走越远，所谓

① 梁实秋：《亚里士多德的〈诗学〉》，《浪漫的与古典的文学的纪律》，人民文学出版社，1988 年版。

② 《梁实秋文集》第 2 卷，鹭江出版社，2002 年版，第 143 页。

③ 《梁实秋文集》第 2 卷，鹭江出版社，2002 年版，第 123—125 页。

‘道不远人人自远之’”①。

在梁实秋所理解的人性之中理性和伦理具有很重要的地位。梁实秋自然不会赞成自然哲学所强调的自然的、原始的、个性的、欲望的、情感的人性，而是主张“能‘沉静的观察人生，观察人生的全体’。这一句话道破了古往今来的古典主义者对人生的态度。惟其能沉静的观察，所以能免去主观的偏见；惟其能观察全体，所以能正确的透视。故古典文学里面所表现出来的人性是常态的，是普遍的。其表现的态度是冷静的，清晰的，有纪律的”②。梁实秋重视观察理性和论理在人性中的地位，是因为他看到了自然主义哲学以所谓自然的名义，强调个人完全沉浸在自然之中，而且是自我放纵的情感性的同化于自然，而无法对自然和人生采取一种有距离的、可以透视人生自然的真理的态度，也就是一种理性的态度。梁实秋非常重视理性的态度在文学中的价值，他在批评卡莱尔的文学观时，虽然批评了其关于文学批评家的观念，但也认同卡莱尔的诗人与真理之间的关系的看法，认可诗人具有穿过现象看见真理的理性能力：“诗人能看穿色相，能看到事物之真理。诗人不是耽溺于耳目声色的美感，而是负有一种极大的精神使命。诗便是真理的写照。……惟诗人独具只眼，洞见真理。”③ 与此同时，梁实秋面对着浪漫主义的强烈的自我、表现人的本能以及极端地表现感伤等，提出人性的价值在于伦理性、纪律性、节制能力等，他说：“文学发于人性，基于人性，也止于人性。人心是很复杂的……惟因其复杂，所以才是有条理可说，情感现象都要先理性低首。在理性指导下的人生是健康的常态的普遍的；在这种状态下所表现出的人性亦是最标准的；在这标准下所创作出来的文学才是有永久价值的文学。所以在想象里，也隐隐然有一个纪律，其质地必须是伦理的常态的普遍的。……诗人可以想象最可怕罪反常的罪恶，并且引做题材，但是他能不自己卷入

① 梁实秋：《文学的纪律》，《浪漫的与古典的文学的纪律》，人民文学出版社，1988 年版。

② 梁实秋：《现代中国文学之浪漫的趋势》，《浪漫的与古典的文学的纪律》，人民文学出版社，1988 年版。

③ 梁实秋：《喀赖尔的文学批评观》，《浪漫的与古典的文学的纪律》，人民文学出版社，1988 年版。

这罪恶的漩涡。”①

正是基于此种理解，梁实秋极力反对五四文学思想家将科学引入文学之中以及在此基础上形成的文学现实主义。他认为：“把人当作物，即泯灭了人性，而无限制发展物性，充其极即是过分的自然科学的进步，而没有人去适当地驾驭那些科学的成果，变成为纯粹的功利主义，这科学的功利主义即是‘自然主义’的一面，我们称之为科学的自然主义。”② 所以，他反对文学和文学批评中的科学主义，认为文学的科学化既会忽视普遍的人性和伦理，也会导致文学有机性的丧失和模仿所能获得的现象之本质，会影响文学自由的、伦理的选择及价值表现，而是停留在事实的归纳上。他说：“文学批评也不是科学，以科学方法（假如世界上有所谓‘科学方法’者）施于文学批评，有绝大之缺憾。文学批评根本的不是事实的归纳，而是伦理的选择，不是统计的研究，而是价值的估定。凡是价值问题以内的事物，科学不便过问。近代科学——或假科学——发达的结果，文学批评亦有变成科学之势。”③ 五四时期的文学思想普遍表现出世俗化、社会化和现实主义化的趋势，这种趋势以关于社会现实的科学分析基础，要求文学能写出现实中的人生、社会、阶级或者因现实而发生的情感，梁实秋认为这种现实主义社会学的文学创作、思想和批评虽然可以分析文学产生的社会背景，却不足以把握文学的内在的人性、审美的和真理的价值。“譬如，对于莎士比亚的戏剧，社会学的批评家们恐怕就要先说明伊丽莎白时的社会生活政治状况经济情形和舞台设备等，对于《鲁滨孙漂流记》，社会学的批评家恐怕又要研究当时英国探险事业的状况。”“文学作品一方面固是表现了当时的社会，但一方面也表现了作者个人的人格，并且解释社会状况，只能算是解释了作品生产的状况，不能算是评衡其内容的价值。”④

作为古典主义文学思想家，梁实秋既然强调人性的理性、伦理性、

① 梁实秋：《文学的纪律》，《浪漫的与古典的文学的纪律》，人民文学出版社，1988 年版。
② 梁实秋：《关于白璧德先生及其思想》，徐静波编：《梁实秋批评文集》，珠海出版社，1998 年版。
③ 梁实秋：《文学批评辨》，《浪漫的与古典的文学的纪律》，人民文学出版社，1988 年版。
④ 梁实秋：《文学批评结论》，徐静波编：《梁实秋批评文集》，珠海出版社，1998 年版。

普遍性等，自然也需要面对人们关于感性、自然性、情感和社会现实等方面的质疑。对于这些质疑，梁实秋强调自己并不否定自然、情感等在文学中的价值，但这些都需要通过理性、伦理以及艺术的形式来加以选择、节制并以适度的方式加以表现，以体现普遍的人性。他认为文学要在放纵的感情的主观力量和理性的客观的力量之间，找到一个中庸之道，并引述贺拉斯的观点，指出“适当”在文学和人性中的价值。

三、梁实秋对于新文学激进主义的批判

梁实秋的古典主义文化和文学思想，促使其对自然主义、浪漫主义、现实主义、唯美主义、革命文学、意象主义、个人主义等现代以来的文学思潮和“五四”以来的中国文学颇为不满。关于中国文学，他说：“不幸我们正逢着一个荒歉的年头，收成的希望是枉然的。这又是个混乱的年头，一切价值的标准，是颠倒的。……我们不妨把思想（广义的，现代刊物内容的一个简称。）比作一个市场。……这思想的市场行也是摆满了摊子，开满了店铺，挂满了招牌，扯满了旗号，贴满了广告，这一眼看去辨认得清的至少有十来种行业，各有各的色彩，各有各的诱惑，……一是感伤派，二是颓废派，三是唯美派，四功利派，五训世派。六攻击派，七偏激派，八纤巧派，九淫秽派，十热狂派，十一稗贩派，十二标语派，十三主义派，……思想上言论上更应得有充分的自由，不错。但得在相当条件下。最主要的两个条件是（一）不妨害健康的原则，（二）不折辱尊严的原则。……我们要充分的发挥这一双伟大的原则——尊严与健康。尊严，它的声音可以唤回在歧路上彷徨的人生。健康，它的力量可以消灭一切侵蚀思想与生活的病菌。我们要把人生看作一个整的……我们相信亦不纯正的思想是人生改造的第一个需要。……我们说解放因为我们不怀疑活力的来源。……要从恶浊的底里解放圣者的泉源。”①

基于对文学与普遍人性关系的理解，梁实秋对浪漫主义文学和功利

① 梁实秋：《〈新月〉的态度》，《新月》第1期第1号，1928年3月10日。

主义文学进行了持之以恒的批判。在梁实秋的文学活动中，他从古典主义文学角度对浪漫主义文学进入深刻的分析，强调浪漫主义的感情主义、主观主义、个人主义、创造、天才、现象、自然等文学观念，既缺乏节制，也混乱了普遍的人性和文学形式标准。他指出："浪漫主义者对自己的生活往往要不必要的伤感，愈把自己的过去的生活往往要不必要的伤感，愈把自已的过去的生活说得很悲惨，自己心里愈觉得痛快舒畅。……情感在量上不佳节制，在作者的人生观上必定附带着产出'人道主义'的色彩。人道主义的出发点是'同情心'，更确切些应是'普遍的同情心'。……吾人试细按普遍的同情，其起源固由于'自爱''自怜'之扩大。但其根本思想乃是建筑于一个极端的假设，这个假设就是'人是平等的'。平等观念的由来，不是理性的，是情感的。"① 他认为浪漫主义的情感表达和自然偏好是自我的消融，是人的自由化，而不是古典主义自然的人性化，前者是人与自然的平等，而后者是人为宇宙中心，而他是主张后者的，他强者浪漫主义，"专要寻出个人的不同处，势必要将自己的怪癖的变态极力扩张，以为光荣，实则远离了人性的中心"②。他希望用普遍人性、古典主义、理性节制、健康尊严等来规范文学思想和创作，"我们可以赞成'皈依自然'，但我们是说以人性为中心的自然，不是浪漫主义者所谓的自然。浪漫主义者所谓的自然，是与艺术立于相反的地位。我们也可以赞成独创，但我们是说在理性指导之下去独创，不是浪漫主义者叛离人性中心的个性活动"③。因此，改变文坛的混乱与恶浊，建构一个清明、健康的文学空间就成为一些文学的自觉追求。

就功利主义文学而言，梁实秋从文学表现普遍人性角度反对国民党的文学政策，反对以三民主义统一文学，认为三民主义作为政策、作为某个时代的政治要求，是无关人性的永恒性的。梁实秋在批评国民党的党义文

---

① 梁实秋：《现代中国文学之浪漫的趋势》，《浪漫的与古典的文学的纪律》，人民文学出版社，1988 年版。

② 梁实秋：《现代中国文学之浪漫的趋势》，《浪漫的与古典的文学的纪律》，人民文学出版社，1988 年版。

③ 梁实秋：《现代中国文学之浪漫的趋势》，《浪漫的与古典的文学的纪律》，人民文学出版社，1988 年版。

学时说："很明显的，现在当局是要用'三民主义'来统一文艺作品。然而我就不知道'三民主义'与文艺作品有什么关系；我更不解（国民党中央）宣传会议决议创造三民主义的文学，如何就真能产出三民主义的文学来，我们愿意等十年、二十年、三十年，请任谁忠实同志来创作一部'三民主义的文学'给我们读读。"① 针对1940年代国民党所提出的文艺要求，梁实秋再次表现出强烈的反对，提出："站在文艺的立场上来看，现今世界各国只有两个类型，一个是由着文艺自由发展，一个是用鲜明的政策统制着文艺的活动。……在英美，各种样的文艺作品都可以自由的创作，自由的刊印，自由的销行，政府不加限制。……这种思想自由出版自由可说是民主政治之最值得令人称羡的一端。在苏联德意，文艺作家是在一种战士，受严格的纪律，不合于某一种'意德沃洛基'的作品是不能刊行的，有时还连累作者遭受迫害，不能在本国安居，或根本丧失生命。者现象在苏联德意识被认为他们的文艺政策应有的结果，所以，从文艺的观点，一个国家是属于封建主义资本主义或社会主义，那都没有多大关系。……文艺的园地很广大，所以可以包各种各样的题材，我们不能指定专写某在一种题材。"②

对于无产阶级文学所强调的宣传、文学阶级性等观念，梁实秋表示不满，自然也就不令人意外了。在梁实秋看来，虽然社会有阶级性，但文学是要表现普遍永恒的人性，是要在社会现象的叙述描写之中表现超阶级的普遍的人性，所以他说："一个资本家和一个劳动者，他们的不同的地方是有的，遗传不同，教育不同，经济的环境不同，因之生活状态也不同，但是他们还有同的地方。他们的人性并没有两样，他们都感到生老病死的无常，他们都有爱的要求，他们都有怜悯与恐怖的情绪，他们都有伦常的观念，他们都企求身心的愉快。""人生现象有许多方面都是超于阶级的。例如，恋爱（我说的是恋爱的本身，不是恋爱的方式）的表现，可有阶级的分别吗？例如，歌咏山水花草的美丽，可有阶级的分别吗？没有的。"③

① 梁实秋：《论思想统一》，《浪漫的与古典的文学的纪律》，人民文学出版社，1988年版。

② 梁实秋：《关于"文艺政策"》，《文化先锋》第一卷第八期，1942年10月12日。

③ 梁实秋：《文学是有阶级性的吗》，《新月》第2卷6、7号合刊1929年9月。

“阶级性只是表面现象，……人性和阶级性可以同时存在，但我们认清这轻重表里之别。”① “文学的精髓是人性的描写”②，“文学作品之是否伟大，要看它表现的人性是否深刻真实”③，“如其文学反映出阶级性，那也只是附加的一点色彩”④，“一部作品有它的精髓，也有它的附属的‘时代精神’‘地方色彩’，那精髓即是人性的描写，其它附属的则无关紧要”⑤。梁实秋这样强调人性的普遍性：“‘人性’是普遍固定的，喜怒哀乐之情，仁义礼智信的美德，不分古今，不问中外，永远是不变的。人生当中有许多现象是变动的，是‘无常’的，但在变动中有不变者在，‘多中有一’。”⑥ 基于这种古典主义人性观，尽管可能冒天下之大不韪，梁实秋在抗战时期还是强调文学的普遍人性和审美性，提出“抗战无关”的文学观念，“现在抗战高于一切，所以有人一下笔就忘不了抗战。我的意见稍微不同，于抗战有关的材料，我们最为欢迎，但是与抗战无关的材料，只要真实流畅，也是好的，不必勉强把抗战截搭上去。至于空洞的‘抗战八股’是没有益处的”⑦。而这在抗战时代自然是不合时宜的，也就难免会遭到激烈的批判。

结　语

梁实秋的人本主义的古典主义文学思想批评了中国现代文学中的启蒙主义、个人主义、自然主义和浪漫主义以及建立在这些思想之上的科学主义，为中国现代激进的文学思想提供了人本主义、自由主义和保守主义的古典主义的反动，在中国现代文学思想史上具有独特的思想价值。

---

① 梁实秋：《文学时有阶级性的吗?》《新月》，1929 年 6、7 期合刊。
② 梁实秋：《人性与阶级性》，《偏见集》，正中书局，1934 年版，第 299 页。
③ 梁实秋：《现代文学论》，《偏见集》，正中书局，1934 年版，第 156 页。
④ 梁实秋：《论第三种人》，《偏见集》，正中书局，1934 年版。
⑤ 梁实秋：《古典文学的意义》，《偏见集》，正中书局，1934 年版。
⑥ 梁实秋：《新世训》，《星期评论》，1941 年 4 月 4 日。
⑦ 《中央日报 · 平明》，1938 年 12 月 1 日。

中国近代歌曲变奏与社会思潮变迁

康慧芳*

【摘要】 歌曲作为一种社会意识和民众喜闻乐见的日常审美活动，古往今来一直与社会生活息息相关。无论哪个时代的歌曲，都是对该时代社会、政治、经济、文化、军事等方面的艺术写照与反映，并随社会政治思想的变迁而“变奏”。在1840至1949年的近代社会大变局里，歌曲常常通过建立一种贴近民众、贴近生活的音乐文化模式，参与推动社会政治思想的变迁，进而产生社会、政治效应。“歌曲变奏”作为研究近代中国社会思潮变迁的重要视角，具有独特的意义和价值。

【关键词】 近代中国　歌曲变奏　社会思潮变迁

一

“文章合为时而著，歌诗合为事而作。”① 歌曲作为一种特殊的符号，体现了不同时代的主题。它是一个时代特有的见证者，也随时代社会思想的演进而不断变化。在中国历史上，歌曲与社会政治思想的关系可以追溯到“三代”。远古时期尚没有现当代意义上的“歌曲”，音乐以古歌、乐舞的形式存在。而现代意义上所谓的社会政治思想，在那个时期则表现为

---

* 康慧芳，上海海事大学马克思主义学院讲师，上海大学历史学博士。

① 思炜校注：《白居易文集校注·与元九书》，中华书局，2011年版，第321页。

信仰、图腾崇拜、神灵等。到周代，音乐因礼乐制度而兴盛起来，被赋予道德上的意义，与政治相通，统治者用音乐“防万民之情，而教之和”。春秋战国时期，音乐被用来“正人心”。此后历代音乐与政治紧密相连，隋唐出现大型歌舞，宋代出现戏曲，到清代，音乐不断世俗化。清末，以简谱、五线谱记词曲的歌曲出现，通常采用“选曲填词”。此后，在西洋曲谱法基础上进行填词作乐，形成完整意义上的歌曲。

晚清中国经过两次鸦片战争、洋务运动、甲午战争等一系列事件，与西方文明的接触进一步深入，中国社会也开始不断变革。中国音乐逐渐脱离纯粹的音乐与现实生活、政治运动相结合。尤其在歌词内容上，鸦片战争激发了以“抵抗侵略”为主题的歌曲创作，很多歌曲痛斥清政府无能、丧权辱国，歌曲成为人们表达内心情感的一种重要方式。这一时期，传统民歌有了新的发展，甲午战争、辛亥革命后，中国新军乐发展起来，并在军队中广泛流传开来。

20 世纪上半叶，中国人学唱歌主要通过学校老师教授、看电影、听唱片、听收音机等几种方式，但唱片与收音机价格昂贵，只有很少数人拥有。20 世纪初，学校是歌曲传播的主要场所，学堂乐歌出现并发展起来，旨在通过歌曲鼓动国民的爱国与进取精神。这一时期的乐歌有的以号召向西方学习、富国强兵抵御外辱为主题，如《中国男儿》《体操（兵操）》《何日醒》《十八省地理历史歌》等；有的宣传民主、科学，如《自由》《欧美二杰》《文明婚》《电报》《纺织》等；有的宣扬妇女解放，如《勉女权》《女子体操》《缠足苦》等；还有歌颂共和与革命的歌曲，如《革命军》《美哉中华》《欢送北伐歌》等。随着西方音乐的大量传入及“尚武”精神的传播，西方军乐尤其受到青睐，袁世凯曾在天津开办军乐学校。这一时期，外国手摇唱机、盘形唱片的涌入以及国内各种新型音乐社团的建立，加速了歌曲的传播。辛亥革命前后，爱国、自由与民主成为音乐创作的主题，歌曲大多反映社会生活的急剧变化及资产阶级民主革命思想。随着各地起义而诞生的是为革命摇旗呐喊的歌曲，如《武昌起义》《宣统帝退位》《保路斗争》《黄花岗》等。随着辛亥革命的爆发，新军歌流行开来，军歌一方面对士兵进行思想教育，另一方面也鼓舞军队士气。冯玉祥填词的军歌如《国耻歌》《爱国歌》《忠勇歌》《战斗精神歌》等在军队中产生很大影响。“五四”新文化时期宣扬的新思想推动新型音乐的进一步发展。蔡元培提出“以美育代宗教”，如何发展民族音乐及如何正确对待中西音乐的关系成为音乐家关注的问题。这一时期，以“反帝爱国”“科学”“民主”“共和”为创作主题，涌现出一批揭露社会现实、忧国忧民的爱国音乐作品，如萧友梅作曲的《哀亡国》（佚名词）、《病中吟》（又名《安适》，刘天华词）、《华夏歌》（章太炎词）、《国耻》（华航琛词）等；还出现了反映新思想、个性解放、戒除旧陋习的歌曲，如《剪辫》（华航琛词）、《戒鸦片》（华航琛词）、《戒赌》（佚名词）、《戒纸烟》（华航琛词）、《教我如何不想她》（刘半农词）、《文明结婚》（华航琛词）等；还有爱国、歌唱共和的歌曲，如《祝中华民国歌》（唐文治词）、《美哉中华》（沈心工词）、《爱我中华民国歌》（赵元任词）等。

中国共产党成立后，为配合“工农歌咏活动”而创作的工农革命歌曲诞生。国民革命时期，联合工农群众、打倒列强与军阀成为歌曲创作的主题。歌曲宣扬革命、鼓舞斗志，推动革命斗争向前发展，如《国民革命歌》《工农兵联合歌》《二七纪念歌》《纪念五一歌》等。其中，《打倒列强》《工农兵联合起来》等歌曲在北伐时期广为传唱。与此同时，涌现了一批革命音乐家，他们同情中国民众，创作了大量反映社会生活与民众疾苦的歌曲，如萧友梅的《哀悼引》《劳动歌》；赵元任的《听雨》《卖布谣》（刘大白词）、《织布》（刘半农词）等。

20年代末，以黎锦晖为代表的流行歌曲诞生。由于这一主题的歌曲迎合了市场与个人生活需求，产生了巨大经济效益，因此发展迅速，如《毛毛雨》《蔷薇处处开》《小小茉莉》《妹妹我爱你》等，产生了广泛的社会影响，但这些歌曲也因“迎合庸俗趣味”而遭时人批判。

“九·一八”爆发后，全国各地掀起了抗日救亡运动，音乐界也积极响应，整个30年代，歌曲大都表现出“抗日救亡”的主题，如《义勇军进行曲》（田汉词，聂耳曲）、《新编“九一八”小调》（崔嵬、周钢鸣词，吕骥曲）、《救国军歌》（塞克词，冼星海曲）、《救中国》（刘良模词，佚名曲）、《保卫卢沟桥》（塞克词，冼星海曲）、《只怕不抵抗》（麦新词，冼星海曲）；也有革命民歌与工农红军歌曲，如歌颂中国共产党及民主政权的歌曲：《歌唱苏维埃》（江苏民歌）、《歌颂中国共产党》（田少伯词曲)、《共产党领导真个好》、《拥护人民政权》等；有反映红军风貌及部队生活、鼓舞斗志的歌曲：《红军歌》《我们红军》《红军纪律歌》《反围剿》《火线号召》等；也有反映民众的苦难生活及向人民宣扬革命理论的歌曲：《可怜的民众》(民歌，《可怜的秋香》曲谱)、《农民苦》、《打倒豪绅地主》、《工农革命一条心》等；还有一些反映苏区新生活的歌曲：《苏区是个好地方》《翻身歌》《过新年》等。这些“新民歌”通过对民众所熟悉的曲调重新填词，宣扬新的思想与政治主张，为革命战争及红色政权凝聚了精神力量。

进入相持阶段后，中国新音乐呈现出多元化特点，在沦陷区、国统区、解放区出现不同主题的音乐作品。由于日军在沦陷区进行文化压制，使沦陷区的音乐发展步履维艰，然而民间歌曲仍多以反日本侵略为主题，如《东北抗联第一路军军歌》《中朝人民联合起来》《中朝民族联合抗日歌》《长白黑水歌》等。汪伪政府通过拍摄《蔷薇处处开》《万世流芳》《凤凰于飞》等歌舞剧，企图营造“歌舞升平”的盛景。

国民政府极力压制革命音乐，通过“普及民众歌运委员会”大力推行《国民党党歌》《精神总动员》《总理纪念歌》等歌曲，为其统治歌功颂德。面对国民政府“消极抗日，积极反共”的政策，国统区民众展开新音乐运动，创作了反对日军侵略、反对国民党专制及坚持抗战、争取自由民主的群众歌曲。有的歌曲揭露国民党的黑暗统治，如《五块钱》(费克词)、《跌倒算什么》(舒模、李凌词)、《古怪歌》(宋扬词)、《你这个坏东西》等；有的歌曲反映人民群众的悲苦生活，如《苦命的苗家》(宋扬词)、《农民苦》。此外，还有对解放区生活的向往，如《太阳一出满天红》(周彼词)、《山那边呦好地方》(左弦词)。解放区民众在中国共产党的带领下展开新秧歌运动，除一些对沦陷区、国统区民众的同情及鼓舞斗争的歌曲外，解放区还出现了反映民主的歌曲，如《万岁，中国共产党》(麦夏吾尔词)、《没有共产党就没有新中国》(曹火星词)、《绣金匾》(陕北民歌)、《南泥湾》(贺敬之词)、《大生产》(佚名词)、《民主建国进行曲》《战斗生产》、《翻身道情》等。同时，各地出现了拥军民歌，如《送军鞋》(山西)、《献花》(河北)、《拥军花鼓》(陕北)等。解放战争时期，《咱们工人有力量》与《我们是民主青年》是具有代表性的工人歌曲，此外，还有铁路工人歌及宣扬民主、和平建国的歌曲。随着解放战争的胜利，音乐工作者创作了一批歌颂共和与新中国的歌曲。

歌曲体现出其时代的特征，作为一种社会意识折射出一个时代的社会文化及政治思想，也参与推动社会政治思想的变迁。近代以来，歌曲对革命运动的参与与推动发挥了重要作用，对歌曲与社会政治思想关系的研究是了解歌曲背景及社会政治思想发展的必然要求，也是了解音乐作品形成的客观规律、社会历史发展规律的必要条件，对音乐及社会政治思想发展具有重要的现实意义。由此，本文也希望在现代语境下考察“歌曲”对“德育”“人生”等社会层面的意义。

二

就目前所知，对近代歌曲与社会政治思想的研究工作大部分出自音乐工作者之手，多以歌曲为主线沿音乐发展历程对中国音乐展开论述。歌曲与社会政治思想二者的关系只是其内容的一个附属部分，对二者关系进行专门的分析与阐发相对较少。近年来，不断有学者从历史学的角度对音乐进行分析，对歌曲在某一历史时期的地位与作用的研究逐渐增加，其中硕博论文及期刊文献比较多，越来越多的学者开始关注歌曲与其背后的社会历史文化之关系。

论述中国音乐发展史的著作有：汪毓和编著的《中国近现代音乐史》[①] 一书论述了中国音乐从鸦片战争到民主革命时期（1840—1949）的发展历程，以鸦片战争以来中国音乐的发展为主线，介绍了不同历史背景下中国音乐的发展变化。正如作者所说，近百年来，“中国各种传统音乐在新的时代和社会生活的冲击下，也确实在缓慢地发展、演变”。音乐通过变革发挥社会作用，而其发展、演进也是为了适应社会变革，二者是相互作用的结果。因此，“从音乐文化事业的建设讲，其最终目的还是要使它在人民社会生活中发挥其应有的积极作用，推动社会的进步和历史的前进，同时也要使它在人类的文化艺术、人类的精神文明的发展中不断促进

① 汪毓和编著：《中国近现代音乐史》，人民音乐出版社，2009 年版。

和不断更新的作用"。作者对1840—1949年间歌曲创作主题、内容的变化进行了阐述，并考察了一些音乐家的音乐思想。该书在分析歌曲创作变化的原因时提到社会历史变迁的影响，但没有具体分析歌曲与现实社会政治思想的关系，及歌曲如何参与、推动社会、历史的发展。其另一部著作《中国近现代音乐史1840—2000》① 一书分上下两编。上编论述了1949年前的音乐发展史；下编论述了中华人民共和国成立后的音乐发展。该书以时间为线，辅以重要历史事件突出论述了不同历史时期的音乐主题。曾遂今、冯玲、李思露编著的《中国音乐史》②、日本学者田边尚雄的《中国音乐史》③、田可文编著的《中国音乐通史》④ 以及王采、关玉铭主编的《中国音乐史纲要》⑤ 等也是音乐史著作。这几部著作的时间跨度较大，论述了从远古到近现代中国音乐的发展历程，包括乐器、乐律、记谱法等，基本都以音乐为主线分析中国音乐的发展变化。这些音乐史著作中都提到中国音乐变化的社会历史背景及时代主题，也提到与政治运动相适应的音乐运动。但是，历史背景只是作为音乐主题变化的一个因素在著作中被提及，音乐始终是其主线与研究对象。在《中国音乐通史》与《中国音乐史纲要》两部作品中，作者在每一章的第一节分别以"历史概要""社会概况"为题给出不同时期的历史背景，但缺少与音乐的结合，缺少对历代音乐变化与社会历史演进的相互关系研究，对歌曲与生活、社会政治思想关系的阐发也涉及较少。但这些著作对音乐史、音乐创作、不同音乐特点的研究具有重要价值，尤其《中国音乐史》一书，作者引入很多珍贵的文献资料。丁牧主编的《中国音乐的历史》⑥ 与蒋菁、管建华、钱茸主编的《中国音乐文化大观》⑦ 也都是音乐史著作，阐述了前秦到改革开放以来的中国音乐发展史。《中国音乐的历史》一书切入不同的研究角度——从具体的歌曲（音乐）与音乐家入手，研究历代音乐（歌曲）特

① 汪毓和编著：《中国近现代音乐史：1840—2000》，上海音乐学院出版社，2012年版。

② 曾遂今、冯玲、李思露编著：《中国音乐史》，上海科学技术文献出版社，2016年版。

③〔日〕田边尚雄：《中国音乐史》，陈清泉译，山西人民出版社，2015年版。

④ 田可文编著：《中国音乐通史》，西南师范大学出版社，2018年版。

⑤ 王采、关玉铭主编：《中国音乐史纲要》，中国言实出版社，2014年版。

⑥ 丁牧主编：《中国音乐的历史》，中国商务出版社，2018年版。

⑦ 蒋菁、管建华、钱茸主编：《中国音乐文化大观》，北京大学出版社，2001年版。

点及其发展变化。相较而言，该书涉及的范围较广，增加了台湾音乐、粤语歌等内容。《中国音乐文化大观》更似一部百科全书式的音乐书籍，书中除论述音乐发展史外，还论述了音乐与中国传统文化的关系，如音乐与民俗、宗教、哲学、书法、舞蹈、建筑等的关系，也分析了音乐的精神、艺术特点、审美构成等。就音乐史的角度而言，这两部著作都不失丰富性与完整性。李岚清在《上海：中国近现代音乐的摇篮》① 中指出，中国近现代音乐的创作背景是列强侵略、国运危艰，因此，“鲜明的爱国主义”是自学堂乐歌以来中国近现代音乐的一个特征。该书从多个方面论述了上海在中国音乐发展史上的重要性，从区域性的微观角度论述了近现代中国音乐的发展。

李静的《乐歌中国——近代音乐文化与社会转型》② 一书从文化的角度对中国音乐发展加以论述，作者立足音乐文化与社会转型思考传统乐教理念在现当代的社会意义，考察了近代音乐文化与社会转型的关系。在作者看来，近代音乐能够重新进入“政”“教”体系，究其原因，在于“近代的有识之士不但把一个国家的兴盛与否归因于音乐教育的好坏，而且就连西方整个文明所取得的成绩，也被归功于音乐的巨大作用”。李罡主编的《中国流行音乐简史》③ 以流行音乐为研究对象，论述了从流行音乐史前到 1969 年的流行音乐史。该书中学堂乐歌、流行音乐及抗战后上海歌坛等内容对近现代歌曲与政治思想变迁的研究具有重要参考价值。

论述中国近代政治思想的著作有：陈旭麓的《近代中国社会的新陈代谢》④ 一书从社会结构、社会生活、社会意识等方面论述了中国近代社会的新陈代谢，变革与推陈出新是其思想主线。作者论及 20 世纪初“欧风美雨”给中国带来的社会影响，谈及哲学、电影、戏曲、小说的变革，但遗憾的是没有将歌曲囊括在内。其中“欧风美雨驰而东”“揖美追欧，旧邦新造”“山重水复”“新文化运动”等内容为近代歌曲“变奏”的研究

---

① 李岚清：《上海：中国近现代音乐的摇篮》，文汇出版社，2010 年版。

② 李静：《乐歌中国——近代音乐文化与社会转型》，北京大学出版社，2012 年版。

③ 李罡主编：《中国流行音乐简史》，中国文联出版社，2004 年版。

④ 陈旭麓：《近代中国社会的新陈代谢》，中国人民大学出版社，2015 年版。

提供了重要的政治、思想资源。萧公权的《中国政治思想史》[①] 一书对中国历代政治思想进行了细致的梳理。作者把中国政治思想划分为从创造到成熟的五个阶段，探讨了先秦到近代中国政治思想的变迁。该书为讨论中国音乐与社会政治思想的关系提供了重要的思想背景。吕思勉的《中国政治思想史》[②] 论述了从上古到近代的中国政治思想，作者分析了中国产生开明专制思想、民主思想、易接受社会主义、民族主义的社会根源，这些思想对中国近代歌曲的演变产生了巨大影响，甚至引起音乐思潮。李泽厚的《中国近代思想史论》[③] 一书从思想史的角度论述了从洪秀全到鲁迅时代的中国思想变迁，涉及不同历史时期的主流思想，包括哲学思想、社会政治思想。吴雁南、冯祖贻、苏中立、郭汉民主编的《中国近代社会思潮（1840—1949）》（第四卷）[④] 一书从抗日救亡思潮讲起，论述了文化复兴、自由主义、中间路线等社会思潮，同时也涉及抗战时期的投降主义逆流与国民党的建国理论与主张，对抗战以来中国社会思潮做了详细的论述。该书是研究歌曲思想来源的重要依据。高瑞泉主编的《中国近代社会思潮》[⑤] 也是一本评析中国近代社会思潮的著作。作者从思潮发生的可能性讲起，分析了人道主义、进化论、实证主义及科学主义、近代唯意志论、文化激进主义、文化保守主义、无政府主义等社会思潮，立足于政治思想探讨了政治与各种思潮的关系。

其他相关文献还有：曾遂今著的《音乐社会学》[⑥]，从社会学的角度对音乐的发展进行论述，将音乐社会学作为研究对象，考察了中西、古今的音乐社会观，其音乐社会学及社会音乐的生产与传播为研究歌曲的传播提供了重要理论依据。修海林、罗小平的《音乐美学通论》[⑦] 一书提出音乐具有健康、道德、智力等价值，从美学角度对音乐进行了分析，指出：

---

① 萧公权：《中国政治思想史》，中国人民大学出版社，2014 年版。

② 吕思勉：《中国政治思想史》，四川人民出版社，2018 年版。

③ 李泽厚：《中国近代思想史论》，生活 · 读书 · 新知三联书店，2008 年版。

④ 吴雁南、冯祖贻、苏中立、郭汉民主编：《中国近代社会思潮（1840—1949）》（第四卷），湖南教育出版社，2011 年版。

⑤ 高瑞泉主编：《中国近代社会思潮》，上海人民出版社，2007 年版。

⑥ 曾遂今：《音乐社会学》，上海音乐学院出版社，2004 年版。

⑦ 修海林、罗小平：《音乐美学通论》，上海音乐出版社，1999 年版。

“反映被压迫、被侵略民族爱国思想的音乐作品可以动员全民族人民奋起反抗压迫者和侵略者。”该书从宏观角度论证了不同类型歌曲的价值，其音乐的美学视角拓宽了近代歌曲“变奏”研究的视阈。蒋存梅的《音乐心理学》① 从心理学角度研究音乐与人的关系，所提及音乐的情绪唤起与激活等作用对研究音乐在社会生活中传播、推动政治思想及政治运动提供了理论来源。同时，作者也指出，听者不仅可以知觉，还可以体验音乐情绪，这对音乐传播起到重要作用。梅里亚姆著的《音乐人类学》② 从文化人类学与民族音乐学的角度对音乐进行研究，在谈及歌词的作用时指出，歌词不仅反映文化与社会价值，还记录传说、历史，同时，“政治运动和社会运动常常通过歌曲得以传达，并影响和推动公众的意见的形成”。而社会抗议歌曲则“代表了社会成员对付他们无法接受的社会环境的一种方法”。它的一个社会功能在于“可以通过鼓动集体情感来实现社会变革”。

歌曲是时代的产物，为人类生存所必需，如索哈尔所说，人类一切社会、组织、个人都不能没有音乐，“音乐在客观上是人们所必不可缺的，也就是说人类（在其结构的一切水平上）有对音乐的需求”③。近代歌曲随社会政治思想的演进不断变化，以独特的方式展现了不同时代的风貌与主题。因此，对近代歌曲进行研究可以窥见不同时代社会政治思想的变迁，有助于我们更全面地了解历史，了解音乐文化在社会政治思想发展中的重要作用。

三

“欲观其国之风俗人心，迹其流传之乐歌。”④ 近代以来，随着社会政治思想的变迁，歌曲不断发生“变奏”，无论在曲调的选择与构成还是歌

① 蒋存梅：《音乐心理学》，华东师范大学出版社，2016 年版。

② 〔美〕梅里亚姆：《音乐人类学》，穆谦译，人民音乐出版社，2010 年版。

③ 〔苏〕索哈尔（Coxop，A.）：《音乐社会学》，杨洸译，中国文联出版公司，1985 年版，第 105 页。

④ 竹庄：《论音乐之关系》，张静蔚编：《中国近代音乐史料汇编：1840—1919》，人民音乐出版社，1998 年版，第 213 页。

词的创作，都伴随着社会政治思想与政治运动发生变革。

学堂乐歌随着晚清民族危机的不断加深而兴起，是音乐教育思潮的产物，在爱国救亡运动中发挥了重要的推动作用。在“中体西用”的影响下，“向西方学习”成为普遍的救国思想。日本明治维新及日俄战争后，国内掀起向日本学习的风潮。学堂乐歌受此影响，多采用日本曲调进行创作。音乐教育的真正目的“不在乐谱而在歌词。盖学校中之用意，不必尽人能知音乐，而不可使一人不能唱歌”①，以日本歌曲为摹本创作的乐歌旋律平稳、音域较窄，易于学唱。此后，因欧美大调气势恢宏，更适合鼓舞人心、振奋精神，乐歌多采用欧美曲调。也有少量采用中国传统曲调填词的乐歌，多选用音域窄、音区低、旋律平稳的旋律，适合普通群众演唱。学堂乐歌是各种社会思潮的产物，如军国民教育（尚武）、平民教育、体育教育、卫生救国、科学救国等在乐歌中都有反映。音乐工作者针对不同阶段学生的知识特点，创作深浅不同的乐歌。一些乐歌带有明显的“政治性”，直接以政治运动或政治口号为歌词进行思想启蒙，同时也推动社会政治运动的发展。学堂乐歌起初是为学堂音乐教育而作，但因其内容紧随时代、贴近生活与政治，最能反映当时社会政治思潮的变化，因此也为民众所喜爱。五四时期，学堂乐歌发展到鼎盛，知识青年高唱并印发学堂乐歌宣扬新思想。此后，虽学堂乐歌逐渐衰落，但它在社会、政治、军事等方面发挥的作用不容忽视。

歌曲不仅参与社会政治运动，还是国民教育、政治改革的重要工具。除学堂乐歌外，民众还创作民歌、民谣参与政治运动与改革，如戒鸦片、戒缠足、阅报、发展铁路交通、女权、女学等为主题的歌曲。歌曲创作不再局限于专业的音乐工作者，普通民众也能通过对已有曲调填词进行创作。这些歌曲更贴近社会生活，同时也使歌曲的思想启蒙功能更突出。

20 世纪 20 年代，随着新音乐的发展，歌曲呈现出多元化特点。这一时期，民间歌曲更多地反映社会政治与民众生活，很多歌曲是对军阀与列

① 沈心工辑译：《小学唱歌教授法》，张静蔚编：《中国近代音乐史料汇编：1840—1919 》，人民音乐出版社，1998 年版，第 219 页。

强的控诉，反映民众生活的艰辛，鼓励广大民众进行反抗。随着国民革命的兴起，大量从军与革命的歌曲诞生，以国民革命、北伐战争为主题的歌曲是这一时期歌曲创作的特点，最能反映时代主题。这些歌曲或鼓励从军，或阐述从军之乐，或鼓励革命斗争。很多歌曲传唱于革命队伍中，为革命军提供了巨大的精神动力。1929 年，《古田会议》提出将革命的文艺与政治相结合，明确了歌曲的政治功能。歌曲对政治的参与在于它以特有的形式对政治思想进行宣扬与诠释，并通过声音深化歌词对听众产生的意向，在灵魂深处引起听众共鸣，达到“物我一体”，从而引导听众的行为实践。如黑格尔所说：“耳朵一听到它，它就消失了；所产生的印象就马上刻在心上了；声音的余韵只在灵魂最深处荡漾，灵魂在它的观念性的主体地位被乐声掌握住，也转入运动的状态。”① 近代先进分子也正是意识到歌曲的这种内在感染力，充分利用歌曲进行思想启蒙，使歌曲成为政治生活的一部分，不同主题的歌曲也成为一个时代的印迹而铭记于民众心中。

抗日战争爆发后，歌曲的社会功能更加突出，这一时期也是歌曲创作的一个高峰期。在抗日救亡的社会思潮下，音乐界纷纷开展抗日运动，革命音乐工作者大量创作抗战歌曲，开展抗日歌咏活动，通过歌曲宣扬民族精神与国家意识，激发民众的爱国热情，如李绿永所言：“我们很明白，在民族革命斗争中，抗战音乐已成为战士的生命。”② 不可否认，抗战歌曲在整个抗日战争中发挥了重要作用，歌曲积极配合抗日主张与形势、政策，进行政治宣传与动员，如丰子恺所言：“抗战以来，艺术中最勇猛前进的要算音乐。……只有音乐，普遍于全体民众，像血液周流于全身一样。”③ 这一时期的歌曲主题更鲜明，也更加平民化，尽管中国下层民众文化水平不高，但能唱小曲者“十人而九”，这就为发挥歌曲的社会功能提供了可能。抗战歌曲紧随战争形势而不断发生“变奏”，在抗战初期，

---

① 〔德〕黑格尔：《美学》第三卷（上册），朱光潜译，商务印书馆，1981 年版，第 333 页。

② 李绿永：《新音乐运动到低潮吗?》，吕骥编：《新音乐运动论文集》，生活 · 读书 · 新知三联书店，2012 年版，第 67 页。

③ 丰子恺：《谈抗战歌曲》，丰陈宝等编：《丰子恺文集》（艺术卷 4），浙江文艺出版社，1990 年版，第 4 页。

歌曲多用日本的侵略事实激发民众的国家意识与爱国热情，号召民众团结起来反抗侵略。其中，还有很多控诉国民政府不抵抗政策的歌曲，这类歌曲在社会生活中形成强大的舆论力量。

中国共产党提出“建立抗日民族统一战线”后，社会各界积极响应，革命音乐工作者也积极创作反映这一主题的作品，鼓励民众团结一心，建立抗日民族统一战线。歌曲营造出浓厚的社会氛围，在民众心中形成“抗日救亡”的深刻印象，促使他们为抗日民族统一战线的建立而奋斗。统一战线建立后，革命音乐工作者响应中国共产党“国防政府”的号召提出“国防音乐”。“国防音乐”极具时代精神，它是音乐，更是政治，发挥歌曲的政治功能是“国防音乐”创作的主要目的与动力。有些歌曲直接诞生于抗日战争的炮火中，带着血的印记，在民众中广为传唱，同时也直接作用于民众抗战。罗曼·罗兰在评论革命音乐时指出：“时代之魂在其中复活了，那么强烈，那么纯洁，因为当代巨大的变故在孤独的巨人心中是显得强烈与纯洁的，这种印象即和现实接触之下也不会减损分毫。”①这一时期的音乐作品，很多为欧美大调的进行曲，以恢宏的气势给人以力量，坚定了民众抗日的信心与勇气。除由专业音乐工作者创作的进行曲外，普通民众创作的歌曲也大量涌现，反映了民众的心声。这些歌曲以最简单的形式表达出与民众生活最贴切的内容，很多歌曲采用重复的创作手法，一些歌曲采用口号形式，内容简短，节奏感强，宣扬了抗日政治主张，也易于非专业的民众学唱、传唱与记忆。正如勋伯格（Arnold Schoenberg）所说，音乐能给人耳、智能留下印象，“这些印象和印痕蕴含的力量，影响着我们灵魂中最隐秘的部分，影响着我们的情感世界”②。歌曲以特殊的方式触动民众内心的情感，鼓励他们积极为民族独立而斗争。

抗战歌曲中还涌现出一批反映民主政治的歌曲，通过对中国共产党、八路军、新四军感恩的表达，体现边区政府的民主政治。这些歌曲感情细腻，文辞浅近却不俚俗，从百姓与共产党、八路军、新四军的日常生活细节体现民众真切的内心情感，表达了共产党与民众之间以及军民之间的鱼

① 〔法〕罗曼·罗兰：《贝多芬传》，傅雷译，四川人民出版社，2017年版，第28页。
② 马淑慧：《音乐教育心理学教程》，上海音乐学院出版社，2011年版，第27页。

水深情。这些歌曲广泛传唱于民众中，无论在抗战生产还是工作、生活中时常被唱起，成为政治生活中的重要内容。

20世纪40年代，随着国内局势的变化，歌曲的“政治性”更加浓厚。抗日战争胜利之际，“争取和平，实现民主”及建立民主政府成为时代的最强音，社会各界高呼和平、民主，音乐工作者与先进分子也通过歌曲扩大和平、民主思想在民众中的影响力，进行全民性的思想启蒙。这种思想、舆论力量曾一度迫使蒋介石赞成民主。但蒋介石的“民主”终为假象，为实现其一党专政，国民政府不惜违背民意发动内战。内战爆发后，歌曲也随之发生“变奏”，反对内战、争取和平的歌曲大量涌现。这些歌曲一面向民众宣扬和平建国的政治理念，一面痛斥国民政府的专制统治。面对国民党当局的文化封锁，歌曲成为发表言论的隐性“政治”。这些歌曲真实反映了国统区政治、经济的衰败及民众的苦难生活，歌曲或嘲讽、或批判、或诉苦，被民众广泛传唱，形成一种文化力量，引导民众的思想与行动。这一时期，中国共产党领导的根据地、解放区所创作的歌曲与国统区的歌曲形成鲜明对比。与国统区所呈现的黑暗、沉重不同，根据地与解放区是一片“晴朗的天”。共产党实施的民主政策使广大劳动民众当家作主，广大农民获得了土地，他们在共产党的带领下进行生产劳动，高歌新生活的到来。因此，传唱于根据地与解放区的歌曲多歌颂民主与新生活，同时，还有一批对国统区民众报以同情的歌曲。

中国成立之际，歌曲的注意力转移到中华人民共和国的建设，大量歌唱中华人民共和国的音乐作品诞生，营造出浓烈的社会氛围。歌曲歌唱民主与共和，高歌人民群众当家作主，追思民众为建立中华人民共和国做出的巨大付出与牺牲。从这些歌曲中可以感受到民众的喜悦与欢愉，也可窥探一段简约的近代中国史。

综上所述，无论哪个时代的歌曲，都是对该时代社会、政治、经济、文化、军事等方面的反映，并随社会政治思想的变迁而“变奏”。歌曲通过建立一种贴近民众、贴近生活的音乐文化模式在社会政治中发挥作用，成为生活政治。就一个时代而言，歌曲中所蕴含的思想精神对当时社会政治的影响不容小觑，那些试图通过歌曲反映社会政治与社会思潮的作品，能够唤起民众对社会政治与社会思潮予以关注的歌曲，能够激发民众社会情感与政治行动力的歌曲，在社会政治生活中所起到的思想启蒙、政治动员作用都应予以重视，同时，还应积极、正确引导歌曲创作为社会政治服务。

《罗生门》：从小说到电影

韩连庆*

【摘要】日本作家芥川龙之介擅长从日本民间故事集《今昔物语》中取材，用现代小说的技法进行重写，例如《罗生门》《鼻子》等。鲁迅最早翻译了他的这些小说，并受到了这些作品的影响。《罗生门》成为芥川最有名的小说，是因为日本导演黑泽明根据他的几篇短篇小说改编成了同名电影。《罗生门》的编剧是日本著名剧作家桥本忍，他擅长设置悬念，电影的主线往往是由不同人物对同一事件的不同叙述组成。黑泽明通过《罗生门》展示了他作为画家的构图才能，而且回到电影的原点，探索了电影的运动本性。

【关键词】《罗生门》　黑泽明　芥川龙之介　桥本忍　《今昔物语》

一、小说

日本作家芥川龙之介（以下简称芥川）的短篇小说《罗生门》最早发表在 1915 年 11 月的《帝国文学》上，当时并没有引起多大反响。直到 1916 年 2 月在《新思潮》上发表了《鼻子》之后，他才受到日本文坛的关注。1921 年 5 月 11 日至 13 日，北京的《晨报》“小说栏”分三次连载了鲁迅翻译的《鼻子》。这是芥川的小说第一次被翻译成中文。随后，鲁

---

* 韩连庆，北京航空航天大学人文与社会科学高等研究院副教授。

迅又翻译了《罗生门》，发表在6月14日、16至17日的《晨报》“小说栏”。[①] 1923年6月，鲁迅将这两篇小说收入他与周作人合译的《现代日本小说集》，由上海商务印书馆出版。

芥川精通汉语，能赋汉诗。他看过《现代日本小说集》，并在1925年发表的一篇文章中肯定了该书的翻译质量。1927年，年仅35岁的芥川自杀后，鲁迅深为惋惜。在1927年开明书店出版的鲁迅等人翻译的《芥川龙之介集》中，也收入了《鼻子》和《罗生门》。

鲁迅认为芥川是“日本新兴文坛中一个出名的作家”。在《现代日本小说集》的附录“关于作者的说明”中，鲁迅说芥川的作品主题，“最多的是希望已达之后的不安，或者正不安时的心情。他又多用旧材料，有时近于故事的翻译。但他的复述古事并不专是好奇，还有他的更深的根据：他想从含在这些材料里的古人的生活当中，寻出与自己的心情能够贴切的触着的或物，因此那些古代的故事经他改作之后，都注进新的生命去，便与现代人生出干系来了”[②]。

鲁迅在两篇小说的“译者附记”和《现代日本小说集》的附录中都说，《鼻子》的故事取自日本的旧传说，而《罗生门》的原型出自日本平安朝（794—1192年）的民间故事集《今昔物语》。[③] 其实这两篇小说的原型都出自《今昔物语》。

《今昔物语》包括一千余则故事，分为“佛法”“世俗”“恶行”“杂事”等部，以富于教训意味的佛教评话为多，也收录了一些世俗故事。芥川非常喜欢《今昔物语》，曾将该书称为日本古代的“人间喜剧”，具有“野性之美”。他所创作以日本历史为背景的小说，有很多直接取材于《今昔物语》。[④]

《鼻子》的原型故事出自《今昔物语》卷二十八“本朝及宿报”第

---

① 鲁迅翻译的《鼻子》和《罗生门》，可参见《鲁迅著译编年全集（四）》，人民出版社，2009年版。

② 《鲁迅全集（第十卷）》，人民文学出版社，2005年版，第243页。

③ 《鲁迅全集（第十卷）》，人民文学出版社，2005年版，第244页。

④ 据说《今昔物语》是由平安朝中期的文学家源隆国据路人讲的故事笔录而成。芥川在1919年还写过一篇《龙》的小说，讲述了源隆国收集素材的故事。

20篇《池尾禅珍供奉鼻长过人》。讲的是一个和尚由于鼻子过长，吃饭时专门有一人负责托着他的鼻子，由此闹出不少笑话。[①] 芥川对这个故事进行了再创作，讲的是一个和尚为自己的长鼻子犯愁，他的徒弟找了个偏方，将和尚的鼻子变小。但别人见惯了和尚的长鼻子，一旦见到他的鼻子变短，纷纷笑话他，让他感觉非常尴尬。幸亏第二天和尚的鼻子又变长了，他才变得心安理得，觉得别人不会再笑话他。芥川试图通过这篇小说，揭示人心中的两种相互矛盾的感情："没有人对旁人的不幸不寄予同情的。但是当那个人设法摆脱了不幸之后，这方面却又不知怎的觉得若有所失了。说得夸大一些，甚至想让那个人再度陷入以往的不幸。"[②]

《罗生门》的故事出自《今昔物语》卷二十九"本朝及宿报"第十八篇《在罗城门楼上发现死人的盗贼》。"罗生门"一说是"罗城门"之误，"罗城"就是城的外廓。据日本导演黑泽明讲，"罗生门"是日本室町时代（1392—1477）的能乐演员和作家观世信光在创作的能乐剧本中改为现名的。[③] 罗城门是公元8世纪末建立的日本平安京（在京都）南面的正门。后来日本皇室衰落，战乱频仍，罗城门年久失修，残破不堪，今已不存。

《罗生门》的原型故事很简单，讲的是一个盗贼上京作案，躲在罗生门下，发现一个老太婆在拔自己死去的女主人的头发准备做假发，于是盗贼剥掉老太婆的衣服后扬长而去。[④]

芥川的《罗生门》讲的是一个被辞退的仆人在京都罗生门下避雨，为今后的生计发愁，掂量着是做强盗还是活活饿死。后来他发现罗生门城楼上有个老太婆在拔死人的头发，问她用来做什么。老太婆说是做假发，尽管这样做是不道德的，但是这个死去的女人生前也拿晒干的蛇肉当鱼干卖。老太婆并不觉得她们是在做坏事，因为不这么做，只能饿死。仆人听罢，恢复了做强盗的勇气。他抢夺了老太婆的衣服，说自己不这么做也得

① 参见《今昔物语》，北京编译社译，周作人校，新星出版社，2017年版，第1256—1257页。

② 〔日〕芥川龙之介：《罗生门》，文洁若等译，人民文学出版社，1999年版，第14页。

③ 〔日〕黑泽明：《蛤蟆的油》，李正伦译，海南出版公司，2007年版，第246页。

④ 参见《今昔物语》，第1347页。

饿死，说罢扬长而去。①

从当时的影响上来说，《鼻子》的影响比《罗生门》要大。后来《罗生门》之所以有名，主要是因为黑泽明根据芥川的小说《竹林中》改编成电影，并融入罗生门的场景，影片也取名《罗生门》。因此，现在国内出版的各种版本的芥川龙之介的小说选集也都取名《罗生门》。

《竹林中》的原型故事出自《今昔物语》卷二十九“本朝及宿报”第二十三篇《携妻同赴丹波国，丈夫在大江山被绑》。这个原型故事也比较简单，讲的是一个男子携妻回娘家，路上遇到一个年轻汉子同行。这个男子贪便宜，用自己的弓箭换了汉子的宝刀。中午吃饭时，汉子将夫妻两人引入林中，用扣在弓弦上的箭制服了男子，将他绑在树上，强奸了男人的妻子。汉子走后，妻子给丈夫松了绑，数落丈夫是个窝囊废，连妻子都保护不了。丈夫无话可说，继续与妻子赶路。故事的最后，作者不免又发点感慨，说那个汉子虽是强盗，也还有良心，没有劫夺他们的衣物。她的丈夫则愚蠢至极，竟在深山之中把弓箭交给一个素不相识的人。②

芥川创作的小说《竹林中》，改成了武士金泽武弘在竹林中被杀，妻子真砂被强盗多襄丸强奸。③ 整篇小说由 7 个人的供词组成，很像一出戏剧或电影剧本。发现尸体的樵夫、遇到武士夫妇的云游僧、抓住多襄丸的捕役、真砂母亲这 4 个人的供词，只是用来交代事件发生的背景，而对于金泽武弘的被杀，3 个当事人有着完全不同的陈述。

多襄丸说，自己并没有想杀害那名武士，但事后那个女人抓住他不放，说在两个男人面前丢丑，不管两个男人哪个活下来，她情愿跟他走。多襄丸不想用卑鄙的手段杀死武士，就与武士用长刀比武，最后杀死了武士。在多襄丸的陈述中，武士是在决斗中，被自己用长刀杀死的。

真砂说，事后丈夫厌恶和轻蔑自己，她就跟丈夫说，自己先杀了他，

---

① 芥川的《罗生门》还融入《今昔物语》卷三十一“本朝及宿报”第三十一篇《在东宫侍卫班房门前卖鱼的老妪》中的内容，这一篇讲的就是一个老太婆把晒干的蛇肉当成鱼干来卖的故事。

② 参见《今昔物语》，第 1355—1356 页。

③ 强盗多襄丸的名字借自《今昔物语》卷二十九“本朝及宿报”第二篇《多襄丸、调伏丸二强盗》。

然后自杀。她在迷乱中用镶有宝石的短刀刺死了丈夫，随后却昏迷过去。醒来后她再也无力自杀，走出竹林，落脚在清水寺。在真砂的陈述中，武士是被她用短刀杀死的。

金泽武弘的鬼魂借女巫之口说，多襄丸花言巧语劝真砂跟他走，临走之前，真砂要求多襄丸杀死自己的丈夫。多襄丸对她顿生厌恶，问武士是否要杀掉她。迟疑之际，真砂逃走，多襄丸随后去追。武士心灰意冷，回头用妻子落下的短刀自杀身亡。临死前，他感觉有人从自己的身体上拔走了短刀。在武士的陈述中，他是用短刀自杀的。

从3个人的叙述中，我们看不出事情的真相，因为每个人都从私心出发，为了维护自己的“尊严”，掩盖了事情的“真相”。甚至那个发现尸体的樵夫，证词也是不可靠的。因为他在报官前，将凶器据为己有，并在典史查问时，谎称没有看见凶器。

芥川的小说《竹林中》手法高明，主题深刻，揭示了人的不可信赖和自私自利。但是作为故事来说，无疑存在一个明显的漏洞。多襄丸说是用长刀杀死了武士，真砂说自己用短刀杀死了丈夫，武士说自己是用短刀自杀的，那么起码可以通过验尸来证明武士到底是被什么凶器杀死的，这至少可以澄清部分“真相”。

从芥川对这几个故事的改编来看，《今昔物语》只是平白直叙地讲故事，最后作者再发表点评论，很像蒲松龄在《聊斋志异》的每个故事的最后来段“异史氏曰”，从前面的故事引申出道德教训来，结果把好好的故事给毁了。芥川作为新思潮派①的代表性作家，反对自然主义的写实方法。他从日本的传说和古籍中取材，用现代主义的小说手法，赋予这些古老的故事以新的含义。赞赏者认为芥川的小说技法独特，而批评者则认为他的小说过于西方化。这些评价倒很像后来黑泽明的电影《罗生门》所遭受的“待遇”。②

鉴于芥川的文学成就，日本著名的《文艺春秋》杂志在1935年设立了“芥川文学奖”。这一奖项至今仍然是日本国内最具影响的文学奖，许

① 又称“新现实主义”或者“新技巧派”。

② 参见韩连庆：《“尴尬”的黑泽明》，载《书屋》，2008年第9期。

多日本作家都因获得“芥川奖”而扬名文坛，例如井上靖、松本清张、大江健三郎等人。

很多国内外的研究者都指出，鲁迅不仅译介了芥川的作品，而且他的写作手法和风格也受到芥川的影响。鲁迅曾经坦言，自己的文学创作所取法的，大抵是外国的作家。在翻译完芥川小说之后的1922年，鲁迅就创作了第一篇以中国古代神话为题材的短篇小说《不周山》（《补天》），直至1935年完成了《故事新编》。从《故事新编》的创作方法和语言风格来看，鲁迅多少受了芥川的影响。

此外，众多研究者也指出，鲁迅的《阿Q正传》和芥川的《罗生门》、《药》与《受难者》、《一件小事》和《桔子》、《幸福的家庭》和《葱》等作品之间，在立意、情节和场景设置上的相似之处。

二、剧本

电影《罗生门》的剧本最早是由日本剧作家桥本忍完成的，这也是他拍成电影的第一个剧本，当时他只有32岁。自此之后，他还先后参与了黑泽明的《生之欲》《七武士》《活人的记录》《蜘蛛巢城》《战国英豪》《懒汉睡夫》《电车狂》等影片的编剧。他还为成濑巳喜男、冈本喜八、小林正树、山本萨夫等日本众多著名导演撰写过剧本，一生创作的电影剧本超过70部，被誉为日本战后“编剧第一人”。

20世纪80年代初，国内公映过一部很有影响的日本电影《砂器》，这部电影就是桥本忍根据日本著名推理作家松本清张的同名小说改编的。他曾先后改编过六部松本清张的作品，而《砂器》的改编是松本清张最满意的一部。①

桥本忍不仅喜欢改编松本清张的推理小说，而且在他所撰写的70多

① 《砂器》的剧本由桥本忍和山田洋次（以导演“寅次郎的故事”系列电影著称）共同完成。该片的导演野村芳太郎曾担任过黑泽明的副导演，影片的音乐监督是芥川龙之介的儿子芥川也寸志。《砂器》在1974年拍摄时，曾被日本影坛誉为“金字塔之作”。《砂器》讲述的是一名老人在车站被害，警察根据各种线索，追查到杀人者是著名的钢琴家和贺英良，他为了掩盖童年时患麻风病的经历，杀害了自己的养父。

个剧本中，有大量作品采用类似推理小说式的悬念设置，例如根据日本小说家泷口康彦的小说《异闻浪人记》改编的《切腹》。[1]

日本电影评论家小笠原隆夫认为，一般设置悬念的方式是“现在进行时”，例如在限定的时间内主人公能否完成预定的任务？如果我们预知到任务会完成，那么任务是如何完成的？两个对手对垒，谁会输谁会赢？一方是如何取得胜利的？另一方又是如何失败的？好莱坞电影很擅长这种以正在发生的现在时间为情节点、朝向未来的悬念设置方式。[2]

但是，桥本忍设置的悬念却往往是朝向过去的，也就是说集中在过去到底发生了什么事情、从现在开始事情会如何发展。这很类似侦探推理小说的结构。小笠原隆夫把这种设置悬念的方法称为“朝向过去的”。例如，《砂器》是从侦破一起凶杀案开始的，《切腹》是从井伊和津云半四郎讲述同一个人的故事开始的，而《罗生门》是从一个避雨的路人在罗生门下听到一个樵夫神经质般地唠唠叨叨，从而激起了好奇心，要求樵夫讲讲到底是怎么回事开始的。在这些剧本中，设置悬念的方式都是“过去发生了些什么、从现在开始会如何发展”。

桥本忍在撰写《罗生门》的剧本时，还是个籍籍无名、一心想当编剧的公司职员，而黑泽明已经完成了《姿三四郎》及其续集以及《最美》《无愧于我的青春》《美好的星期天》《泥醉天使》《平静的决斗》《野狗》《丑闻》等影片。这些电影无论是票房还是口碑，大多数都取得了成功。甚至当黑泽明还是副导演时，导演伊丹万作在读了他创作的剧本《达摩寺的德意志人》之后就预言，黑泽明将会成为撑起日本电影的大人物。

1950 年，黑泽明在为松竹公司拍摄完成《丑闻》后，大映公司邀请他按照自己的想法为大映公司拍摄一部电影。黑泽明决定接受邀请，却苦于不知道拍什么好。这时他想起以前看过一个叫桥本忍的业余编剧根据芥

---

[1] 《切腹》由日本著名导演小林正树执导，曾荣获 1963 年戛纳电影节评审团大奖。电影讲的是德川幕府时期，许多诸侯失势，大量武士失业，成为浪人。有些走投无路的浪人跑到大户人家门口，说是借其地面切腹，实为借机敲诈。井伊家有一次来了个名叫津云半四郎的浪人，要求在其门口切腹。津云半四郎和井伊家的人在对话过程中，双方都说了关于同一个人的两段故事。《切腹》和芥川龙之介的小说《手绢》、《大石内藏助的一天》等作品一样，讽刺的是日本推崇的武士道精神。

[2] 小笠原隆夫：《日本战后电影史》，苗棣等译，北京广播学院出版社，2001 年版，第 237 页。

川龙之介的《竹林中》改编的剧本。

二战后期，桥本忍因肺结核病住进了伤病军人疗养所，闲极无聊，从病友那里借了一本电影杂志，读了上面刊载的由伊丹万作创作的电影剧本，感觉这种东西自己也能写出来。后来他根据自己的经历完成了《山里的军人》的剧本，寄给了伊丹万作。伊丹万作很赏识桥本忍的才华，对他悉心加以指导，视为自己的弟子。后来伊丹万作英年早逝，临死前又将桥本忍托付给导演佐伯清。

桥本忍在休假期间偶然在书店买了本《芥川龙之介全集》，萌发了将他的一些小说改编成电影的想法，预感到就此可以创作出一部前所未有的日本电影。他还列出了一个详细的改编清单，其中就包括《竹林中》和《罗生门》。桥本忍最终根据《竹林中》改编成电影剧本《雌雄》，由佐伯清推荐给了黑泽明。

黑泽明与桥本忍详谈后觉得他很有见地，但就剧本来说，里面只有三段当事人的叙述，不够一部电影的容量。这时桥本忍随口说了一句："那么把《罗生门》加进去的话，怎么样？"话一出口，桥本忍又后悔了，因为他尚不知道如何将《罗生门》和《竹林中》嫁接起来。最终还是黑泽明将场景设定为樵夫和云游僧在罗生门下避雨，向一个路人讲述竹林中发生的故事，增加了一段樵夫的叙述。后来桥本忍在评价黑泽明时曾说，他是一个能够抓住灵光闪现的人。①

电影开拍前，《罗生门》的三位副导演跟黑泽明说，他们看不懂《罗生门》的剧本到底要说明什么问题。黑泽明认为剧本写得很清楚，再仔细读读就明白了。可是三位副导演说，他们都仔细读过，可还是读不懂，希望黑泽明给他们解释一下剧本。于是，黑泽明就跟他们说了下

① 相关内容可参见桥本忍：《复眼的影像——我与黑泽明》，张嫣雯译，中信出版社，2012 年版。据黑泽明在《蛤蟆的油》中说，将《竹林中》和《罗生门》嫁接在一起的想法是他想出来的。植草圭之助是黑泽明的童年挚友，两人曾经合作了黑泽明的《美好的星期天》和《泥醉天使》的剧本。后来两人分道扬镳，没有再合作。植草圭之助写了本回忆录《虽然已是黎明——青春时代的黑泽明》，对黑泽明《蛤蟆的油》中关于两人早期的合作有不同的说法。这些或许也是黑泽明自己的"罗生门"。有的评论家认为："就如卢梭和弗洛伊德所提示的，自我剖析是一种比纯虚构更具有欺骗性的叙述。但黑泽明在他的自传中无法触及或不愿触及的东西，不管是有意还是无意，最后还是出现在他的剧本和电影里。"可参见保罗·安德利尔：《黑泽明的罗生门》，蔡博译，人民文学出版社，2019 年版，第 115 页。

面这番话：

> 人对于自己的事不会实话实说，谈自己的事的时候，不可能不加虚饰，这个剧本描写的就是不加虚饰就活不下去的人的本性。甚至可以这样说：人就算死了也不会放弃虚饰，可见人的罪孽如何之深。这是一幅描绘人与生俱来的罪孽和人难以更改的本性、展示人的利己心的奇妙画卷。诸位说仍然不懂这个剧本，因为它描写的人心是最不可理解的。如果把焦点集中在人心的不可理解这一点来读，那么，我认为就容易理解这个剧本了。①

一番解释之后，三位副导演中有两位理解了，剩下的那位仍然无法理解，黑泽明只好请他另谋高就。

有论者说，《罗生门》的主旨是阐明客观真理不存在和人的不可信，影片中增加樵夫的一段供词就为了使真相更加扑朔迷离，更能彰显影片的主旨。但是倘若如此的话，其实还可以为《罗生门》增加一段陈述，那就是武士既不是多襄丸杀的，也不是真砂杀的，更不是自杀的，而是樵夫在抢夺短刀的时候杀死的。

黑泽明在《罗生门》之前拍摄的《泥醉天使》是以战后日本物资匮乏为背景，讲述了一个在臭水沟旁边的黑市行医的大夫，拯救一个身患结核病的地痞流氓的故事。影片基调尽管有些悲凉，但仍然歌颂了在道德沦丧的社会中对道德信念的坚守。

黑泽明在《罗生门》之后拍摄的《生之欲》讲述了一个在政府部门任职30年的小科长，在得知自己身患胃癌，时日无多的情况下，克服政府部门相互推诿的官僚作风，帮助社区居民填平臭水沟、建设公园的故事，整部影片洋溢着积极乐观的人道主义精神。《泥醉天使》中的臭水沟，在《生之欲》中被填平了，也预示着战后日本重新找回了信心。

从《泥醉天使》到《生之欲》中所贯穿的道德主张，也就是黑泽明

① 〔日〕黑泽明：《蛤蟆的油》，第249页。这就是所谓的“罗生门效应”（Rashomon Effect），已成为英文中的固定用法。

所理解的武士道精神。他出身武士家庭，从小接受武士的训练，既练习剑术，也注重加强自身的修养。他的武士道精神在后来的《七武士》中体现得最明显。影片中七武士的首领堪兵卫实际上就可以看作是黑泽明的代言人。他看到一个村庄的农民要被强盗抢掠，就挺身而出，感召了六位武士，率领他们与村民一道对抗强盗。黑泽明电影中的人物往往都体现出了这种武士道精神。

从这种观点来看，黑泽明也不会在《罗生门》中轻易放弃自己的世界观和道德观。他曾说，只当我们停止自私自利，而从他人的观点设身处地地看待事物时，才会真正感受到什么是人道主义。他在《罗生门》的结尾让樵夫收留弃婴就表明了这一点。

因此，如果说芥川的小说《罗生门》和《竹林中》要表现的是人的自私自利和不可信，那么剧本《罗生门》在继承小说主旨的基础上，表现的却是人还是可信的。《罗生门》虽然可以看作是战后日本社会的真实写照，影射了伦理道德的沦丧，但正因为如此，才更显示出人道主义和英雄主义的可贵。《罗生门》中的云游僧说，正是因为人性愚蠢和懦弱，才会时常妄言，这明显也是黑泽明的代言。

对于《罗生门》的主旨，日本电影评论家佐藤忠男认为，“《罗生门》是主张相信人的作品还是主张人不可相信的作品，这样的议论并无太大的意义。如果要讲人可以相信，那么对于黑泽明来说，除此之外适当的题材也不是没有。如果说他主张人是不可相信的，那么，可以想见，就没有必要对加在结尾部分的人道主义进行一番辩解了。我想的也许简单，黑泽明选择这一题材的第一动机，只不过是想从心所欲地试一试导演的艺术技巧罢了……《罗生门》正是由于极限地运用了精湛的导演技巧，才成为一部杰作。”①

三、电影

很多评论者都已指出，《罗生门》的镜头完全是画家的杰作。黑泽明

① 〔日〕佐藤忠男：《黑泽明的世界》，李克世、崇莲译，中国电影出版社，1983 年版，第 107 页。

上小学的时候受一位老师的影响，开始对绘画感兴趣，立志要当画家。黑泽明的父亲喜欢书法，对黑泽明喜欢绘画很理解，也不反对他当画家的理想。父亲劝黑泽明报考美术学校，但黑泽明当时只倾慕印象派画家塞尚和凡·高，对上美术学校并不太感兴趣。中学毕业后，黑泽明没有考取美术学校，这使他能自由地绘画。后来，黑泽明的绘画作品两次入选全国性的绘画展览。由于家庭经济收入拮据和对当时左翼运动的绘画倾向不满，黑泽明逐渐对绘画失去了兴趣，觉得从绘画中找不到自己要表达的东西，自己也不是当画家的料。

但是黑泽明对绘画一直保有兴趣。随着年龄的增长，黑泽明对绘画的兴趣逐渐从欧美转向日本传统艺术。当黑泽明报考日本东宝制片厂助理导演时，曾对后来成为他的老师山本嘉次郎说，自己喜欢的是江户时代的画家和他们的作品。

黑泽明回忆说，自己习惯从手绘分镜头开始构思影片，这样可以使脑海中的影像具体起来，也可以使摄制组的工作人员明白自己的意图，而年轻时画画的经历，无疑对自己的帮助很大。

晚年时期的黑泽明一度在日本国内受到排斥，曾经有 5 年的时间没有电影可拍，只好自导自演威士忌广告为生。这期间黑泽明一直在为他的下一部影片《影子武士》做准备，为影片画了几百张草图和油画。1980 年，在美国导演乔治·卢卡斯和弗朗西斯·科波拉等人的帮助下，黑泽明完成了电影《影子武士》的拍摄，并获得了戛纳电影节金棕榈奖。人们发现，电影基本上就是按照黑泽明的那些草图和油画“复制”出来的，甚至连人物和道具的位置、化妆、发型、服装、场景设计都基本一致。

晚年的黑泽明拍片较少，有大量的时间从事影片的前期工作。拍摄《乱》之前，黑泽明也为电影绘制了大量的草图，这些草图形神兼备，就连后来电影中的那种悲凉的气氛也能从草图中看出来。这也就是为什么很多评论家会时常在他的电影中发现作为画家的黑泽明的原因。

在评论家眼里，黑泽明是画家，而在导演的眼中，黑泽明的成就是因为他深谙电影的本质。印度导演雷伊曾说，《罗生门》之所以能赢得无数赞誉，主要是因为黑泽明对“运动”和“身体运动”的精确控制。因为电影美学中的一句重要的格言就是“电影必须运动”，而《罗生门》是暗示这点的杰作。

黑泽明在自传《蛤蟆的油》中曾说，拍摄《罗生门》之前，他正在被一种焦躁感所困扰，“因为电影已经进入有声时代，无声电影的优点以及它独特的电影美早已被人们弃之不顾了。所以我想，应该回到无声电影的时代，有必要探索一下电影的原点”①。《罗生门》正好是他实现这一想法和意图的素材。

黑泽明早年之所以喜欢电影，主要是受他的哥哥黑泽丙午的影响。黑泽丙午曾经担任过“辩士”的工作，也就是无声电影的讲解员。黑泽明在少年时期就喜欢看电影，但是很讨厌辩士的解说，到晚年还坦言很喜欢无声电影。他认为，当在电影中去除了文学、美术、戏剧、音乐等因素以后，剩下的东西才是电影的本质，而无声电影恰恰体现了电影的本质和电影本身的美。因此，在拍摄《罗生门》时，黑泽明想要回到电影的原点，按照无声电影的模式来拍。他的一个做法就是删去无用的对白，尽量用动作来表现电影的内容和人物的心理活动。

《罗生门》中的很多段落都是按照无声电影的模式来拍摄的。例如在开场段落中樵夫陈述自己是如何发现尸体的。原作剧本是这样来描写的：“卖柴的走上山去。肩头扛着斧子，腰里插着柴刀。扛着的斧子的刃儿，在漏过树叶射下来的夏天的阳光下，一闪一闪地发亮。萋萋的长草掩径，长得差不多一人来高。卖柴的分开深草前进。小鸟儿被人声惊起，飞向天空。”②

剧本中的这一段话，黑泽明用了20多个镜头来拍摄：有全景、中景、特写，也有跟拍、移拍、俯拍；有森林、天空的全景，也有太阳射入森林的全景；更多的是从正面、侧面和后面等不同的角度拍摄樵夫行走的镜头。他甚至还从正面拍摄了太阳，而这在当时来说是摄影的禁忌，因为太阳光通过镜头聚焦在胶片上，有烧毁胶片的危险。但是黑泽明认为，森林中的光与影是《罗生门》的基调，要用错综复杂的光与影来表现人的奇妙

① 〔日〕黑泽明：《蛤蟆的油》，李正伦译，南海出版社，2014年版，第248页。

② 〔日〕黑泽明：《活下去——黑泽明电影剧本选集》（上），李正伦译，中国电影出版社，1988年版，第152页。

的心理活动，因此，怎样抓住制造光影的太阳就成了关键。摄影师宫川一夫出色地完成了黑泽明的要求。这些镜头连贯地剪辑在一起，从而造就了一个光影互动的世界，加上作曲家早坂文雄谱写的太鼓音乐，隐喻了人心走向迷途的过程。当年在威尼斯电影节上映时，这个段落震惊了整个电影节，被称作“摄影机初入森林”。

多襄丸初次遇到金泽武弘和真砂时，心生歹意，用手慢慢拖动长刀，引起了金泽武弘的注意。这个段落也没有一句对白，但是故事的情节交代得清清楚楚，真砂的美貌、多襄丸的歹心、金泽武弘的警觉都表现得很形象。多襄丸强吻真砂的场面用 14 个镜头组接起来，中间反复穿插了太阳的正面特写，并通过真砂的眼神和手势的变化，透射出了心底萌动的欲望。整个段落也没有对白，却生动地展示出每个人物的心理变化。

《罗生门》的原作剧本有 56 场戏，黑泽明在拍摄时删去了三场戏，总共拍了 53 场戏，却有 417 个镜头。这部电影完全是靠剪辑撑起来的。黑泽明非常重视电影的剪辑，每天拍摄结束后都亲自进行剪辑工作，有时候花在剪辑上的时间跟拍摄的时间一样多。如果时间允许，他还会把剪辑完成的样片给工作人员看，以便让他们明白影片为什么这么拍。与他工作的人曾说，黑泽明并不一定是世界上最伟大的导演，但一定是世界上最伟大的剪辑师。

《罗生门》中的丛林场景是在日本奈良拍摄的。在这个光影互动的原始丛林中，黑泽明将大量多襄丸在丛林中放纵奔跑的短镜头剪辑起来，加上三船敏郎的那种生命活力仿佛要从银幕上倾泻出来的表演，有力地象征着人的欲望勃发和狂喜。

在原作小说中，多襄丸被捕后在供词中说，他杀人只不过是用腰间的长刀，而当权者单凭权力和金钱就能杀人，不知是谁的罪孽更大。这段陈词虽然没有在电影中出现，但是黑泽明却通过电影镜头将多襄丸的这种心态形象地呈现出来。《罗生门》公映后不久，日本开始流行一种“太阳族”电影，表现的就是“阳光下的罪恶”之后的“快感”，模仿的就是《罗生门》中的多襄丸。

拍摄《罗生门》时，黑泽明恰好 40 岁，正当盛年。这部影片在获奖之前，在日本公映时就取得了成功。后来的获奖只不过是锦上添花，使日本电影走向世界迈出了第一步。从《罗生门》中的狂风、闪电、暴雨、太鼓音乐等表现手法来看，已经具备了黑泽明后来电影的基本元素。

但是当时日本的电影评论界认为，《罗生门》并不是特别了不起的杰作，黑泽明自己也不认为《罗生门》是日本电影的代表作。在20世纪60年代，当别人问黑泽明对自己的哪几部作品比较喜欢时，黑泽明提及的是《七武士》、《白痴》、《生之欲》和《泥醉天使》。[①]

从事后回溯的角度来说，《罗生门》对于黑泽明的意义在于让他尝试了一些新的导演手法；对于日本电影来说，意义在于振奋了战后的国民精神，为西方认识日本电影打开了一扇大门；对于亚洲电影来说，意义在于使西方认识到除了欧美国家，东方国家也能制作出精良的电影；而对于世界电影来说，《罗生门》就像同时期的美国黑色电影和意大利新现实主义电影一样，促进了战后电影的成熟和发展。

① 我看过的第一部黑泽明的电影就是《罗生门》，当时的感觉是，这么有名的电影怎么这么"难看"。直到后来看了他的《用心棒》（大镖客），才真正喜欢上他的电影。

学园·书评

面叙契阔与联床夜话

——从罗宗强写给傅璇琮的信谈起

谷曙光*

【摘要】 本文由著名学者罗宗强先生写给傅璇琮先生的一封毛笔信札谈起，从一个特殊的视角呈现二位学术翘楚的“管鲍之交”，堪称当代学林相濡以沫的典范。

【关键词】 罗宗强　傅璇琮　书信　学术交往

2020 年 4 月 29 日，南开大学的一代大家罗宗强先生故世了，从我的微信朋友圈看，引发了极大的震动。罗宗强先生的《隋唐五代文学思想史》是我攻读硕士研究生阶段最早精读的几本学术著作之一，罗先生思辨之敏锐、文字之富赡，令初涉学林的我惊为天人。那时，傅璇琮先生的《唐代诗人丛考》《唐代科举与文学》同样是我推崇的心爱之书，而罗先生和傅先生遂成为我彼时的学术偶像。我无缘得见罗先生，但后来却有幸得到傅先生的亲炙，而罗、傅二位先生是学界的“管鲍之交”，堪称当代学林相濡以沫的典范。我无力也无资格撰写怀念罗先生的文字，只想从一个特殊的视角——罗先生写给傅先生的信札入手，聊志一个晚辈的缅慕之忱。

* 谷曙光，中国人民大学国学院教授。

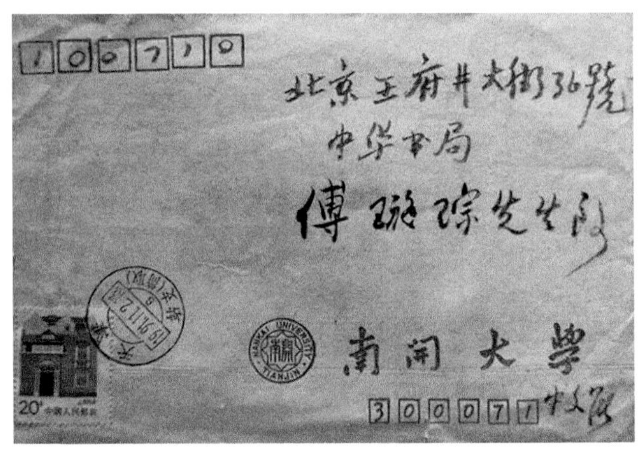

信封

我曾侥幸得到罗宗强先生写给傅先生的一封毛笔信札，是1991年11月1日所写，2日发出，3日即到北京，带信封。兹将信的全文迻录，再略加分析。

傅先生：

信到，非常高兴。原久未见信，十分不放心，当时考虑，不外二端，一是出远门，一是身体不适，现在算是放心了。

十一月中来津，望即来电话，以便详谈，我可以去接你。

系主任事终于推不掉，今日正式上任了。实在没意思之极，任期三年，待工作稍上轨道，弟即超脱，由两位副主任具体办理，挂名即可。

新加坡大学汉学会之论文集，弟月前收到通知，谓此事正在进行中，问论文是否须改动。

此间昨日计算机系一位四十余岁、平时身体甚健壮之教师，忽在教学楼之过道处倒下，心肌梗塞，送去抢救。人生事，实在难测。弟近日请一位中学时老友，写了一条幅，录话剧《天下第一楼》结尾之一副对联："好一座危楼谁是主人谁是客，只三间老屋时宜明月时宜风。"颇爱闲时吟诵，觉趣味盎然也。

匆匆，但愿身步健，而诸事稍顺遂，不至太伤脑筋。

颂秋安！

弟　宗强　上

十一月一日

此信用毛笔写在旧式笺纸上，罗先生的字颇有骨力，因系老友间书札，故显出潇洒疏放之姿态。当罗先生自称时，都用小字右侧写，以表谦逊，细节亦透露老辈文人之素养。信先写久不得老友消息的悬想，还有对傅先生来津的期待等；而其中关于任系主任事，最堪玩味。罗先生以六十花甲，出任南开中文系系主任，从“终于推不掉”“实在没意思之极”等话，看出罗先生的本意实是“敢告不敏，摄官承乏”（《左传》语）。当时的南开中文系，罗先生是当然的学术翘楚，学校要借重名学者，原可理解。

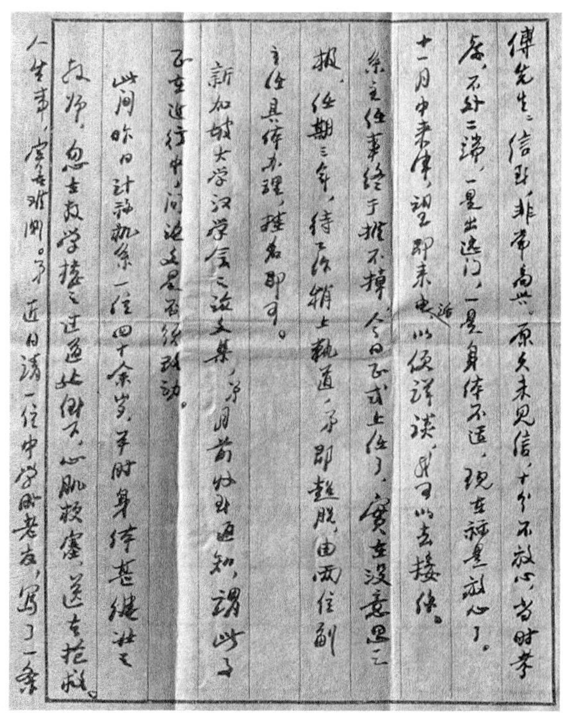

傅先生：信到，非常高兴。原久未见信，十分不放心，当时

虑，不外二端，一是出远门，一是身体不适，现在算是放心了。

十一月中来津，望即来电话，以便详谈，我可以去接你。

系主任事终于推不掉，今日正式上任了，实在没意思之

极。任期三年，待工作稍上轨道，弟即超脱，由两位副

主任具体办理，挂名即可。

新加坡大学汉学会之论文集，弟日前始得通知，谓此

正在进行中，问论文是否须改动。

此间昨日计算机系一位四十余岁，平时身体甚健壮之

教师，忽去教学楼之过道处倒下，心肌梗塞，送去抢救。

人生事，实无常例。弟近日请一位中学的老友，写了一条

罗信第一页

有时造化弄人，越“不愿论簪笏”，越事与愿违。没想到罗先生上任不久，就碰到了令他焦头烂额的事，什么事呢？其实是大学中一直以来最常见的烦恼——评职称。在另一封信里（1992 年 1 月 10 日），罗先生直言：“弟近日焦头烂额，评职称，矛盾百出，实在是无法控制，僧多粥少；而大家于此又甚为在意，有一种疯狂的心态，真不知如何是好。这三年不知如何挨过。”的确，对一个不愿做“学官”的书生而言，碰到此种涉及同事利益的敏感事，最觉棘手。其实，这种话，是最“不足为外人道也”的，而罗先生愿意向傅先生倾吐，足见二老推心置腹、无话不谈。

越三年，罗先生表示：“弟今年 10 月任期届满，决念‘归隐’小楼，集中精力写书，瞻望前景，光明可见，心向往之。”（1994 年 5 月 12 日）由此可见，罗先生丝毫不恋栈，渴望“归隐”，他的淡泊是一以贯之的，

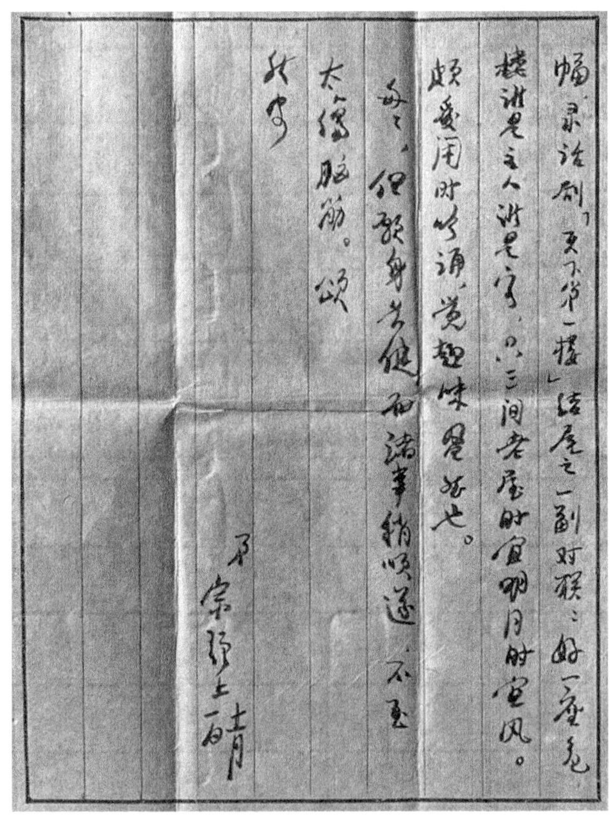

幅，录话剧「天下第一楼」结尾之一副对联：好一座危楼谁是主人谁是客，只三间老屋时宜明月时宜风。颇爱闲时吟诵，觉趣味无穷也。每每，但愿身体健而诸事称顺遂，不至太伤脑筋。颂

秋安

罗宗强上

罗信第二页

是发自内心的。适逢罗先生的《魏晋南北朝文学思想史》即将杀青，故心情格外愉快。1991 年 11 月 1 日信中提到的话剧《天下第一楼》是北京人艺的名作，从罗先生喜欢的对联，亦可见他那时的心态。罗先生还有一句名言——“青灯摊书，实在是一种难以言喻的快乐。”（《玄学与魏晋士人心态·后记》）而傅先生极倾心此句，屡为揄扬。结合书信，我们可以理解，罗先生是个很纯粹的读书人，清风明月，孤檠著书，才是他理想中的生活。

还有一件事，很能看出罗先生的超旷。1991 年，南开大学为叶嘉莹先生被授予“加拿大皇家学会院士”开会祝贺。罗先生作为系主任，自然要张罗，但罗先生给傅先生的信里却透露：“其实毫无开会之必要，相当于一学部委员而已。有谁为一学部委员开会庆祝者？”（1991 年 11 月 22 日）然而，正如村上春树所言，“仪式是一件很重要的事情”，给寂寞的人文学者增添一点庄严的仪式感，优礼褒奖，何乐而不为？因此，笔者并不赞同罗先生的观点。不过，“人心之不同，如其面焉”，原不可强同，亦不必强求。但由此可知罗先生的为人和性情，是偏于内敛和恬淡的。

罗先生在信的开头，一般都是真诚的问候，譬如 1991 年 11 月 22 日信之起首言：“今日忽接兄信，知兄患胃溃疡，甚为忧念，不知化验结果如何？万望赐以数语。不知能否住院疗养一段时间？兄近年实劳累过度，好人多灾，自古而然，此亦一例。盖皆全身心以为他人，而置己之身心于不顾故。”又有一信的开头是：“这一次检查胃镜结果如何？甚念，便中盼告。但愿没什么大事，老天应保护好人才是。”（1992 年 1 月 10 日）无不殷殷存问，而傅先生观信，是会感到融融暖意的。

北京、天津相隔不远，想来无论是罗先生赴京，还是傅先生到津，两人都是要“面叙契阔”（罗先生信中语）、“联床夜话”（傅先生文章语）的。这两个词极传神，最能体现二老莫逆于心，时有春树暮云之思。罗先生屡屡在信中表达了对傅先生来津的期待，傅先生到南开讲学和主持博士论文答辩，自是常有之事。

1994 年，罗先生在台湾出版了一本论文集《道家道教古文论谈片》（文津出版社），特地送给傅先生。从送书这件小事，也可见罗、傅交谊之深，罗云：“弟在台出一论文集，只给十本书，送校图书馆、系资料室三本，今日寄一本给你，一本给王元化先生，国内不再送了，一是文集小，一是样书少，兄为知友，什么样的书都要面呈的。十年辛苦，只这小小一册，唯兄知然。”（1994 年 10 月 30 日）人文学者著书之艰辛，于最后一句毕现。作为晚辈，我真是感同身受。

在罗、傅通信中，随处可见罗先生的态度之虔诚和治学之严谨。兹举一例。当今唐诗研究的权威陈尚君先生，也出现在罗先生 1994 年 10 月 30 日的信中。罗云：

> 今年初，陈尚君同志数次来信，说《二十四诗品》非图作，此举实石破天惊，近说已成三万字，送给你了。此事因涉及改修拙著，故弟正在翻书，自宋起，一本本翻，进展极慢。如找不出确系图作之证据，则弟当在修改时采取陈尚君兄之论点。然自目前所翻到者，则可证王官谷之自然景物，尚可提供撰《诗品》之条件。待积以时日，翻到一定程度再说吧！

《二十四诗品》非司空图所作，乃晚近唐代研究之一大公案，由陈尚君、汪涌豪二先生创发。尚君先生虽是晚辈，但可看出罗先生对他的新论点极重视。罗先生要修改的书，是其名著《隋唐五代文学思想史》，他更欲以“竭泽而渔”的态度去翻古书，表示如找不出确证，就采取尚君先生的论点。从信中可知他不但从善如流，而且花极大的工夫去爬梳浩如烟海的文献。令我感动的不仅是态度，还有躬亲力行。

我在细读了若干封信之后，深深感到，罗、傅二老之间，看不到任何庸俗的东西，有的，就是君子之交淡若水的恳挚和“奇文共欣赏，疑义相与析”的切磋。这种纯粹的学术友谊，表现为相视而笑、谊切苔岑，是极珍贵的。求诸当下，尤为少见，亦堪提倡。

罗、傅两位先生惺惺相惜的一个表现，是互写序言。傅先生给罗先生的《玄学与魏晋士人心态》作序，劈头就说：“宗强兄是我的畏友。我说这话，一是指他的学识，一是指他的人品。”真正的学术知音，才会如此开门见山，爽朗如光风霁月。罗先生在给傅先生《唐诗论学丛稿》所作序言中，最令我动容的，是下面这句：“上天真也不公，浮滑钻营而富贵寿考者往往有之；而勤谨耕耘者，却常常贫寒困顿，英年早逝……”罗先生其实是有感而发。傅先生曾有文感慨学者吴汝煜的英年病逝，而罗先生乃由此唏嘘语言文字学家郭在贻的中年弃世。其实，从司马迁开始就表现出对所谓“天道”的疑惑，此种深沉的慨叹，罗、傅二老皆有之。

罗宗强与傅璇琮两位先生相差只一岁，罗是1932年生人，傅则1933年。我以为，两人相交之密、相知之深，乃是缘于同辈学人的那种风雨晦明、升沉遭际。我不禁思及唐人李频的一首《勉力》：

日月不并照，升沉俱有时。自媒徒欲速，孤立却宜迟。尽力唯求己，公心任遇谁。人间不得意，半是鬓先衰。

罗先生和傅先生那一辈人，历经坎坷。傅先生1957年就被打成“右派”，从北大“左迁”到出版社，校雠古书，一直如履薄冰、如临深渊；而罗先生1964年从南开研究生毕业，即被分配到江西赣南师范学院任教，

傅先生《濡沫集》书影

亦无用武地，11 年后得好友帮助，才重返南开。两位先生的学术基础都极好，却因时代的缘故，青年即遭困厄（傅先生更为蹇舛），俯仰屡变，一直熬、耗到中年，才在新时代的学界出人头地、大放异彩。窃以为，他们在“升沉俱有时”上，必定有着惺惺相惜的默契和感慨。我忽又想到，罗、傅两位先生总算是“失之东隅，收之桑榆”了；而像裴斐、沈玉成等同辈人，就更加坎壈侘傺了。“人间不得意，半是鬓先衰”，当一心向学之学人吟此一联，能不洒一掬之泪？

在 2004 年第 5 期《文艺研究》上，有一篇罗宗强先生的访谈录，题目是《自强不息，易；任自然，难。心向往之，而力不能至》。用这么个略显拗口的题目，或许是罗先生的本意。对于一般人，自强不息就不容易做到了；而罗先生却更进了一层，要委运任化，足以说明先生是有“慧根”的，已豁然“悟道”矣。这或许也是罗先生的学术能超越群侪，进入高妙境地的缘故？

傅先生的《唐诗论学丛稿·后记》有云：“本来，我服膺于‘鱼相忘

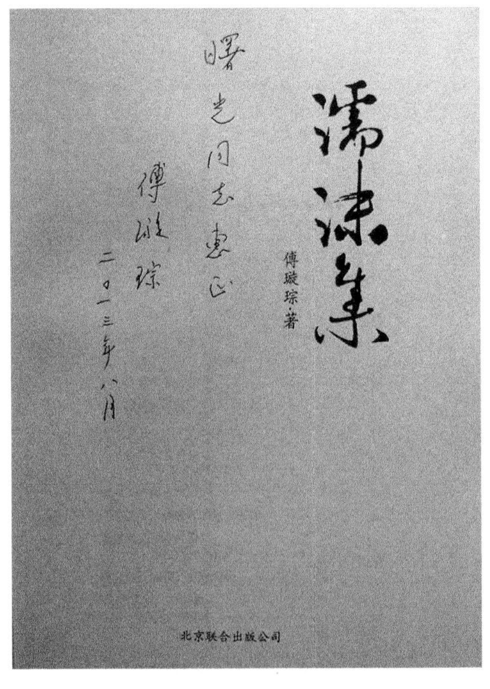

傅先生送给作者的《濡沫集》

乎江湖，人相忘乎道术’这两句话的，但在目前我们这样的文化环境里，为友朋的成就稍做一些鼓吹，我觉得不但是义不容辞，而且也实在是一种相濡以沫。”我每读及此，即为之动容。又，傅先生有一本学术散文集，书名即《濡沫集》。罗先生和傅先生的交往，声应气求，胸无宿物，亦可视为学术上的相濡以沫。

总体而言，罗、傅二老是学术知己，罗信毫不隐讳，坦露心迹，极见真诚，故很值得一谈。想来罗先生家里也藏有不少傅先生的书信，我突发奇想，如果将来能出一本小册子——《罗傅往来书信集》，岂不是好？然而，傅先生家藏之信札已然四散矣。覆水难收，思之怅然。

系统论法学与中国法律的转型*

泮伟江**

【摘要】 由萨维尼和奥斯汀奠定的现代法理学传统以分析实证主义法学为正统，通过法理学研究范围的限定和法律与道德分离的命题奠定学科自主性的基础。法律是什么的问题则是现代法理学学科最核心和基础的问题。所有其他的法理学问题都源于对该问题的分析和回答。系统论法学借助德国卢曼的社会系统理论的概念和方法论资源，围绕“法律是什么”的问题形成了一整套完整而系统的论述，具有现代法理学范式更新的意义。《法律系统的自我反思——功能分化时代的法理学》一书以中国法律转型的现象为经验基础，将它上升到法理学的层次进行理论建构和思考，是系统论法学研究中国化的一次重要理论努力。

【关键词】 现代法理学　系统论法学　功能分化　自我反思　法律转型

一

现代法理学的出现大致是在18、19世纪，大致有两个传统，德国传

---

* 本文系《法律系统的自我反思——功能分化时代的法理学》（泮伟江著，商务印书馆，2020年版）一书的序言。

** 泮伟江，法学博士，北京航空航天大学法学院副教授，博士生导师。

统一般追溯到萨维尼，英国的传统则视奥斯丁为奠基人。其中萨维尼由于同时又是现代民法学的奠基人，因此许多法理学的教科书通常都追随英美法理学的传统，尊奥斯汀为现代法理学的奠基人。人们通常也用法律与道德分离的命题来理解现代法理学学科的确立过程，而这又是通过对法律科学研究对象或范围的划定，以及特定研究方法的确立相关的。就研究对象或范围来说，无论是萨维尼还是奥斯汀，都强调以“实证法”为现代法理学的研究对象，因此与传统的自然法理论划清了界限。就研究方法来说，现代法理学往往都强调法理学研究的科学性和实证性的特征。因此现代法理学学科的创立确实是通过分析实证主义法学的创立而产生的。当然，现代法理学并不局限于分析实证主义法学，同时也包含着现实主义法学、自然法法学、批判法学等。但分析实证主义法学的形成奠定了现代法理学的基础，同时也构成了现代法理学的主要内容，规定了现代法理学发展的主轴，这大致是没有错的。由此造成的历史效果是，其他各种现代法理学的流派，都是在批评和回应分析实证主义法学的基础上发展起来的。因此，在问题意识、方法论等方面，都受到了分析实证主义法学的影响。奥斯汀所开创的英美法理学传统一度衰落，自哈特执掌牛津大学法理学教席之后，通过与德芙林勋爵、拉德布鲁赫、富勒、德沃金等人的一系列的辩论，同时吸收了20世纪语言哲学、政治哲学、社会学、伦理学等学科的养料，再度复兴，从而大大提升了法理学研究的学术品质和影响力。

作为中国法理学研究者，当我们回顾现代法理学的历史时，难免会碰到一个问题，那就是如何理解当代中国法理学研究的品性和定位问题。任何一门学科的成立，都必须直面本学科自身的定位和基本问题。那么，在古今中西的时空交错中，中国的法理学研究又该如何定位和理解自身？例如，从法理学学科自身的传统来说，现代法理学显然就是现代西方法理学。同时，相对于法理学天然具有的本土性，法理学处于更为抽象和普遍的层次，追问的是“法律是什么”这个最根本的问题。那么，中国法理学是否就因此是“法理学在中国”，而不可能是“中国法理学”？如果这就是问题的答案，那么中国的法理学研究与中国当代法律与社会的转型的实践与经验之间又是一种什么样的关系？中国法理学与英美法理学、德国法理学相比，是否具有某种相对独立的品格与自主性？这些问题恐怕并没有那么好回答。又例如，如果我们通过普遍性、抽象性等现代法理学的理论品性来认识和理解这个问题，就可以推论出没有“中国法理学”，而只能是“法理学研究在中国”。但如果法理学的研究对象是实证法，那么说中国的法理学研究与中国法律的实践没有关系，恐怕也有点说不过去。康德的哲学思考的当然是人类的普遍问题，但他的思考一定还是借助了他那个时代和地域中人类生存的经验材料。我们当然可以说康德的哲学是“哲学在德国”，但更多的时候，我们还是把康德的哲学看作德国哲学或欧陆哲学，并且认为德国哲学或欧陆哲学与英美哲学之间存在着很多方面的实质性差异。

就此而言，中国法理学的说法仍然是可以成立的。同时中国法理学与中国法律与社会的转型实践之间也一定存在着非常重要的关系。任何一种思考与研究，都会既受益，又受制于所生活的时代和文化的生活背景。中国法理学既应该虚心学习现代西方法理学，借助于他们的智识传统与资源，同时又不能是现代西方法理学设置在中国却与中国的法律与社会环境相对隔绝的“空间站”。当然，即便如此，如果不能通过概念、方法论等理论工具的阐释和说明，形成一套至少逻辑自洽、概念的内涵与外延相对清晰，并且具有说服力的理论体系，也不可能产生中国法理学的理论成果。围绕中国法理学研究与中国法律和社会转型实践之间关系的这些讨论和思考，就构成了《法律系统的自我反思——功能分化时代的法理学》一书问题意识的核心，也是该书中一系列具体问题的分析和展开的重要理论背景。

无论是萨维尼还是奥斯汀，他们基本上都是通过研究对象或范围的界定来区分“应然的法”与“实然的法”的。这被现代西方法理学的传统所继承。从我们现在的眼光来看，这样一种观察视角和思维方式，仍然遗留了旧欧洲传统形而上学之存有论的痕迹。例如，当人们用这样一种观察角度和研究思路来观察“实际存在的法律”时，为了将法律与其他社会现象区分开来，就会去寻找一些法律的“固有特征”，从而将法律与其他社会现象区分开来，回答法律何以为法律的问题。但问题是，正如萨维尼所发现的，实际存在的法律经常是混乱的，充满了各种内在的矛盾。这又具体体现在两个方面：一方面，不同主权国家之间的法律经常充满矛盾，同时哪怕民族国家内部的实证法素材，也充满着各种混乱和矛盾。这一点到了20世纪末和21世纪初的全球化时代，就变得更为尖锐，例如下面这个问题就不断地被提出来：对现代西方法理学传统而言，何以“我们的法律”就是法律，而“他们的法律”就不是法律？通过存有论的特征归纳，来寻找用以标记“法律必然是什么”的特征之困难重重，至此昭然若揭。

这说明，虽然现代西方法理学通过分离命题至少一只脚踏出了旧欧洲本体论自然法的宇宙之外，落入充满偶联性的现代世界之中，但仍然有一只脚停留在旧欧洲本体论自然法的宇宙之中，似乎有点进退两难。哈特在社会理论的研究进路与哲学的研究进路之间的摇摆不定，很大程度上也与此相关。我们当然不能苛求19世纪的奥斯汀，但我们至少可以对此加以反思。哈特理论自身的模糊性与多样性，也给了我们重新打开思考空间的可能性，尤其是他最终没有贯彻到底，但确实为现代法理学带来新鲜眼光和社会理论面向的“描述社会学”的可能性。《法律系统的自我反思——功能分化时代的法理学》书中所提倡的系统论法理学在某种程度上可以看作承接了哈特法理学的社会理论面向的尝试，并进一步地拓展了此种理论观察与分析的空间与可能性。

二

在哈特法理学核心关键处存在着一个法律和社会演化的维度。哈特通过从简单社会向复杂社会演化的框架中，提出了他的法理学理论中最核心的概念装置，即初级规则/次级规则的区分。而他法理学中最核心的概念“承认规则”恰恰是作为次级规则的一种类型提出来的。当然，简单社会与复杂社会的区分更像是韦伯意义的“理想类型”，主要是为了对比初级规则与次级规则在功能与特征方面的差异，但哈特确实是在一种时间面向的演化维度中提出这一对理想类型区分的。作为客观历史事实的法律与社会的演化当然要比哈特的这个模型复杂得多。由于哈特将自己的理论看作一种“法哲学”，因此他可以将“简单社会”看作一种类似于霍布斯意义的“自然状态”式的“思想实验”。该思想实验的原始设定，就是“假如没有次级规则，法律与社会将呈现出何种形态”，由此展开对次级规则之结构与功能特征的说明。各种法人类学的研究成果当然可以被当作哈特关于“简单社会”设想的佐证，同时哈特又可以不必去负担他的“简单社会”设想不符合历史细节的责任。

尽管如此，从“简单社会”到“复杂社会”的演化这个中间阶段并非可有可无，其对法理学的意义也不可小觑，甚至不小于“简单社会”与“复杂社会”这两种理想类型。例如，即便就分离命题本身的理解而言，该命题所表达的含义也主要不是现代复杂社会与远古简单社会之间的差异，而是处于二者之间的前现代高度文明的社会与现代社会之间的断裂。同时，加上这个中间阶段，就不再仅仅是三种理想类型之间的简单并列和比较，而是形成了动态的法律与社会演化的图景。显然边沁和奥斯汀所反对的也不是简单社会中的法律，而是传统欧洲的自然法传统。

系统论法学的思考正是从这里开始的。系统论法学将人类社会的演化理解为一个社会分化的过程，同时也认同美国社会学家戈登维泽（Alexander Goldenweiser）的观点，即对任何一个结构性问题来说，可行的解决方案都是有限的。因此，尽管一方面，人类社会的演化是非目的论的，乃是在世界的复杂性与偶联性之中的演化，各种偶然事件在其中发挥了非常重要的作用，人类社会的演化也尝试了各种各样不同的演化可能性与方向；但同时从另外一方面来说，人类社会的演化仍然并非完全恣意和杂乱的，大多数尝试过的演化可能性与方向都没有成功，真正成功并稳定下来的演化形式仍然是有限的。从此种理论框架的视角出发观察，人类社会大致经历了四种分化形式：条块分化、中心—边缘分化、阶层分化与功能分化。其中，中心—边缘分化的形式往往与阶层分化的形式结合起来，形成帝国模式。所以从时间的线索看，人类法律与社会演化经历的三个阶段，刚好对应于哈特所谓的简单社会、中间阶段和复杂社会的三种类型与阶段。这个方面，卢曼做了相当长时间的理论工作和努力。例如，在《社会的社会》第四章中，卢曼详细阐述了人类社会所经历的三种分化形式与阶段的演化过程。而在《法社会学》中，卢曼则详细阐述了法律与社会共同演化的过程，尤其是法律演化过程中形成的“古代法”、“前现代高级文明的法律”与“现代实证法”三种法律形态。卢曼的这些工作给系统论法学的研究提供了一个非常扎实的基础。例如卢曼的工作揭示了现代法理学产生的一个非常基本的历史背景和处境，就是整个社会从阶层分化的社会向功能分化社会的转变过程，以及与此相伴随的“前现代高级文明的法律”向“现代实证法”的转变过程。卢曼也将这个过程称作“法律系统的分出”。这个过程所产生的一个重要的后果，便是传统形而上学宇宙论的坍塌，也即自然法的衰落，从而使得现代法律的偶联性与复杂性被充分地释放出来。所谓法律与道德的分离命题，就是这个过程及其结果在法律理论层面的显现。

系统论法学将现代法理学的产生与现代社会功能系统的分出，以及由此导致的现代社会偶联性与复杂性的释放联系起来进行理解。在此基础上，系统论法理学进一步思考现代法理学中的一系列核心问题：法律是什么？在充满各种偶联性与复杂性的现代社会中，秩序如何可能？现代法律在现代秩序的演化中发挥了何种功能？现代法律与现代社会的关系是什么？现代法律与现代政治、经济等其他功能子系统之间的关系又是什么？现代法律内在结构、运作逻辑、核心特征又是什么？例如，现代法律如何将自身与其他社会现象（尤其是其他功能子系统）区分开来？现代法理学与现代法律之间的关系又是什么？

这些问题都是系统论法理学所关注的核心问题，也是《法律系统的自我反思——功能分化时代的法理学》一书中所收入的一系列文章探讨的主题。例如，在《双重偶联性问题与现代法律的生成》一文中，我主要从现代社会秩序生成的基本原理与模型的角度，探讨现代法律在现代秩序中的功能问题，指出现代法律的生成与现代社会秩序形成的时间面向的复杂性化约有关系。具体地说，现代法律的社会功能是预期稳定性的维持。《法律的二值代码性与复杂性化约》一文则从另外一种角度进一步论证现代法律在时间维度复杂性化约的功能，而现代法律合法/非法二值代码性这个核心特征即根源于此。同时，这也构成了现代法律区别于现代政治、现代经济等其他现代功能子系统的核心特征。在《宪法的社会学启蒙》一文中，我以现代法律系统与现代政治系统之间的关系为例，说明现代法律系统与其他现代功能子系统之间的关系，也即“结构耦合”的关系。

现代法理学中最核心的问题就是“法律是什么”的问题。所有其他问题都是从这个问题派生出来的。系统论法理学自不例外。当然，现代法理学中各家各派基于各自的基本概念与方法论立场从这个问题引申出来的那些问题，相互之间是存在根本区别的。例如英美分析实证主义法学就不太愿意去处理法律与社会关系的问题，而更关注法律效力的问题。凯尔森虽然关注法律与社会的问题，主要也是从效力问题引申出来，强调规范有效性与事实有效性之间的区别。在这些理论看来，法律的本质乃是规范（norm）或者规则（rule）。与此相反，社会学法理学、现实主义法学则更强调法律的实效性，因此更为关注法律与社会的关系，但这些问题意识仍然可以追溯到他们对“法律是什么”问题的理解。系统论法理学所运用的方法论工具自然与上述各家各派都不太相同，但由于“法律是什么”这个现代法理学的核心论题的存在，系统论法理学当然可以被拿出来与纯粹法学、英美分析实证主义法学、社会学法学、现实主义法学、哈贝马斯的商谈论法学进行比较，与他们在同一个问题和舞台上竞技。《法律是由规则组成的体系吗》《超越错误法社会学》《辉煌的失败》《通过社会认识法律》等文章便是这种努力的一种尝试。

按照卢曼的说法，现代功能子系统的运作导向三种不同类型的指涉，即：导向整全性社会，具体来说就是功能子系统的社会功能（Funktion）问题；导向其他功能子系统，具体来说就是功能子系统对其他功能子系统而言的功效（Leistung）问题；导向自身，具体来说就是功能子系统相对于自身的反思（Reflection）的问题。对此，本书都有专门的文章做了处理。《双重偶联性问题与现代法律的生成》与《宪法的社会学启蒙》主要处理前两个问题，即功能的问题与功效的问题，而《在科学性与实践性之间》和《论法社会学对法学的贡献》两篇文章主要处理的就是第三个问题。当然，除了这两篇文章之外，其他各篇文章也多多少少涉及这个问题。相对于前两个问题，这个问题更显复杂，也更难说清楚，因为里面涉及如何处理现代法理学与它的研究对象的认识论关系问题。系统论法学在这个问题上持激进的认识论建构主义，或者说，持一种自然化的认识论立场。这是一种非常激进的认识论，也最难为普通人所接受。例如，这样一种认识论立场很大程度上来源于以梅西会议为基础而发展出来的现代控制论，尤其是福斯特的二阶观察理论与马图拉纳的自创生理论。但卢曼借助于斯宾塞–布朗的形式律（the law of Form），在这些成果基础上做了非常激进的发展和改进。福斯特的二阶观察理论强调二阶观察与一阶观察之间的实质差异性，认为二阶观察具有一阶观察所不具有的反思性。而马图拉纳则认为观察只能源于心理系统，在心理系统之外无观察概念的适用余地。但借助于斯宾塞-布朗，卢曼进一步将观察定义为一种形式性的概念，即做出一项区分，并标示其中的一侧。因此，任何能够做出一项区分并标示其中一侧的运作都是一种观察。就此而言，我们也可以认为细胞也能够做出观察。因此，诸如二阶观察、自创生等概念不仅适用于生物学，同时也适用于社会学。借助于对控制论、系统论、信息论、现象学、建构主义认识论、形式律等交叉学科研究成果的创造性综合，卢曼建立了独树一帜的社会系统理论。系统论法学因此就可以分成两个部分：一个部分是法律系统的自我观察和自我反思；另外一个部分则是社会学对法律系统自我观察的观察。《在科学性与实践性之间》对应着这两个部分的前一个部分，而《论法社会学对法学的贡献》则对应着后一部分。

三

我最早注意到卢曼的理论是《北大法律评论》中李猛为其所主持的一个专题研究所写作的一篇短小精悍的导言“法律与社会”，其中提到了卢曼对流行的法律社会学的批评。卢曼因此提出了一个问题，即法律的规范性的社会学意涵究竟是什么。卢曼的这个质问，对于中国法社会学研究也是适用的。我当时在中国政法大学政管系读行政管理专业，但对法律有着非常浓厚的兴趣，平时听了很多法律课程，一起读书的小伙伴中多数也是法律专业的同学，读得最多的就是法理学、社会学和哲学方面的书。当时郑永流老师刚好有一篇《安身立命，法学赖何》的小文章，从不同的角度点出了类似的问题。原本因热爱柏拉图一度想转专业到哲学系，却因此转到了法理学专业，成为郑永流老师的硕士，跟随郑永流、舒国滢等老师从事法学方法论方向的学习和研究。后来我又觉得法学方法论过于纸上谈兵，并且自己的兴趣和特长更靠近抽象思辨性的研究，因此硕士毕业后经过再三考虑，索性就想往理论法社会学方向发展。当时刚好通过哈贝马斯读书小组与高鸿钧老师有了一些交往，觉得高鸿钧老师的社会理论法学的方向更适合我的兴趣和自我定位，因此抓住机会转到清华大学法学院跟随高鸿钧老师学习。在2005年一个炎热的午后，当我又拿起李猛老师组织的《北大法律评论》的那个社会理论专题时，终于静下心来认真地读完了其中刊载的卢曼的文章《法律的自我复制及其限制》。这应该是我认真读过的卢曼的第一篇文章，当时就惊为天人，似乎解决了很多长期困惑我的一些问题，并且对许多问题的判断，似乎远超过哈贝马斯所带来的启发。我本来是通过上高鸿钧老师的哈贝马斯课而得以认识恩师的。高老师最初对我的印象应该也是通过我上课的表现形成的。所以高老师最初以为我博士论文的研究方向大概会与哈贝马斯有关。当我提出要以卢曼的理论为主要研究方向时，高老师除了告诫我研究卢曼的难度之外，居然非常支持，并且与我交流了各自阅读卢曼的一些认识和体会。这让我感动于恩师的宽容之外，也深深为恩师的博学精深所折服。博士期间，我又借国家高水平大学建设所提供的机会，赴德国法兰克福大学法学院收集研究资料和信息，并对卢曼的研究文献做了些初步的阅读和整理。后来李君韬兄翻译的台湾版《社会中的法》出版，高老师又带领我们花费了几年的时间逐字逐句地阅读，并且在清华形成了一个既松散又紧密的系统论法学的研究共同体。其中陆宇峰、张文龙和我都将卢曼的理论作为主要的学术支撑资源进行开发和研究，而马剑银、鲁楠、余盛峰、杨静哲等虽然没有把卢曼的理论作为主要的研究方向，但也花费了大量的时间和精力阅读卢曼的著作。后来，我又通过各种途径认识了纪海龙、李忠夏、宾凯等学友，他们都将卢曼的系统论法学作为研究的主要方向或者重要的支撑理论。同时，在法教义学与社科法学的争论中，张翔、雷磊等学界朋友也非常重视卢曼系统论法学所提供的视野与论证支持。这些都给我的研究提供了很大的鼓励。

就我个人的研究来说，我对卢曼理论的兴趣更多地源于我求学和研究过程中对中国法律与社会转型问题的关注。在对中国法律与社会转型过程的观察和思考过程中，受问题意识的牵引，我对卢曼理论的兴趣日益浓厚。而反过来说，随着对卢曼理论研究和理解的深化，我自己也觉得能够更加清晰和深刻地观察和理解中国法律与社会转型过程中所呈现出来的种种复杂的现象。因此，我之被卢曼的理论所吸引，与我被中国问题所吸引，完全是一致的，二者类似于一种解释学的循环关系。因此，我并不认为本书仅仅是一本卢曼研究的专著。本书首先是一本中国法理学研究的专著，它核心的关注是中国法律与社会转型中所出现的种种理论和实践中的疑难问题，并将它们放到现代法理学的层次上进行分析和思考。而所借助的资源，则是卢曼社会系统理论的资源，尤其是卢曼直接关涉到法律理论的一系列著作。当然，卢曼本人虽然是法律人出身，并写作了大量的法理学论文和专著，但他并没有使用“系统论法学”的概念。但我认为这一点并不重要，因为卢曼研究的视野和问题意识远远超越了现代法理学的层次，而是站在与韦伯、帕森斯等社会学巨擘比肩的层次进行一般社会理论层次的思考。他对现代法理学问题的论述，无疑也是从一般社会理论的层次上进行的。但这并不妨碍我们在从事现代法理学层次的思考和理论建构时，借用卢曼一般社会系统理论的思考成果与资源。同时，由于围绕着“法律是什么”这个现代法理学核心问题所展开的系统思考和理论建构时所形成的一系列的视角、立场、观点、方法、概念和原理层面的阐述，已然形成了与传统的分析实证主义法学、概念法学、利益法学、纯粹法学、社会学法学、现实主义法学、批判法学、自然法法学等法学理论不同的、系统而独特的理论体系，那么系统论法学的说法也是可以成立的。当然，需要补充说明的是，系统论法学并非要像社科法学那样在法律适用的层面去替代法教义学，甚至与法教义学形成竞争。如本文所一再强调的，系统论法学不过是围绕着“法律是什么”的问题所形成的一整套相对比较完整而系统的现代法理学的理论论述而已。

同时，本书的系统论法学也并非卢曼关于法律的一系列论述的整理与研究。本书所谓的系统论法学主要是借助了卢曼社会系统理论与法律相关的一系列概念工具和理论阐述，结合中国法律与社会转型而形成的一整套现代法理学的论述。这也意味着卢曼理论的本土化。卢曼在思考和形成他的整个社会系统理论时，所依赖的学术资源和观察的经验参照仍然主要是西方社会的历史演化。例如，在卢曼关于社会演化的三种分化形式中，虽然关于条块分化那部分阐述使用了很多远超出欧洲传统的人类学研究成果，但关于阶层分化与功能分化形式的阐述，主要仍然是借助于欧洲中世纪封建社会的历史与近现代的历史资源。当然，卢曼的社会系统理论本身仍然是一种普遍化的理论，并不仅仅着眼于解释欧洲的历史与经验。因此，我们完全可以借用卢曼的理论框架，并基于中国法律与社会演化的历史与现状，对他的理论进行进一步的深化和发展。比如说，在与欧洲的卢曼理论研究者交流时，他们非常感兴趣的一点，就是中国社会是否发生了功能分化的现象。卢曼在阐述阶层分化时，虽然着墨不多，同时也承认中国的阶层分化确实与西方中世纪的阶层分化现象存在明显差异，但他仍然认为阶层分化构成了中国社会分化的一种主要形式。我在回答欧洲的卢曼理论研究者的上述问题时，所给出的答案是：目前中国社会正处于演化的“关隘期”，因此功能分化的趋势和反功能分化的趋势都很明显。这一点其实在欧洲从阶层分化形式向功能分化形式的转变过程中，也是非常明显的。但就目前笔者的观察来说，当下中国日益呈现出一种超大规模复杂社会的发展趋势，因此功能分化的趋势不断被增强，其效应也日益显著。对中国当代法律社会演化的现象和趋势进行描述和理解，也是我的学术兴趣重心之所在。但这并非《法律系统的自我反思——功能分化时代的法理学》这本书的核心任务。因此，该书中关于系统论法学与中国社会功能分化的研究，主要是结合中国法教义学本土化、司法改革等具体问题展开，通过一个相对比较具体的切面来管窥一斑。关于中国超大规模复杂社会的研究，则是这本书之后我研究的兴趣和重心之所在。就此而言，本书也可以看作我未来这项研究的导言和预备吧。

侗族建筑文化之维的统合性研究

——读《大地之居：一个东方音乐民族的建筑艺术》

廖君湘*

【摘要】《大地之居：一个东方音乐民族的建筑艺术》进一步深化了侗族建筑文化之维的统合性研究，是侗学界在文化人类学理论观照下，弥补既有方法的局限，优化研究范式，在理论、方法、内容等方面都堪称推陈出新之标举性成果。

【关键词】《大地之居》　侗族　建筑文化　研究成果

民族的理论概定，是在基本共同语言、生存地域、经济生活和心理素质基础上产生的一种人类共同体，其实质最终表现为文化共同体的存在。世界上存在多少民族单元，就会有多少不同特质的体系化民族文化。文化体系有结构的分层，包括若干级序化的上下文化丛结，同时，每一层级亦可以存在若干并列关系的平行文化丛结。而最基础的文化丛结，则由相互关联的具体文化要素（元素）组成。各民族在特定环境内皆以其独特的创造力打造自己的生活家园、生活空间，因此，作为物质文化丛结的主要组成部分，丰富缤纷的民族建筑物、建筑文化，顺理成章地成为学界争相研究的对象。

---

* 廖君湘，湖南科技大学、湖南省“方言与民俗文化研究”基地教授，主要从事民族学研究。本文引用的参考材料，均来自《大地之居》的“田野札记”、“跋语”及正文，不再一一注明出处。

侗族擅长干栏建筑，以鼓楼、廊桥为代表的建筑智慧，可媲美其享誉世界的“天籁之声”——侗族大歌（嘎老，gal laox）。虽然鼓楼、廊桥等经典建筑技艺暂只列为国家级非物质文化遗产名录，而侗族大歌已进入世界人类非物质文化遗产代表作名录。侗族建筑类型丰富，包括了民居、鼓楼、花桥、萨坛、戏台与禾仓等，极富民族与地方特征。侗学界青睐侗族建筑物的研究，不仅在建筑传统、建筑类型与形式、建筑风格、建筑材料、工艺技艺、建造程序与过程、功能等方面，学术积累较丰厚，也涉及对建筑与聚落、建筑空间的发展脉络、建筑地域共性与单体个性之间的关系诸多方面。总体上体现出描述性、可感知的形而下研究范式的张力互动。在此基础上，随着文化人类学思维的引入，学者们视侗族民族建筑为乡土建筑的典型，从建筑为文化之物、文化之载体的高度，探寻产生建筑的乡土文化逻辑。相关研究的代表性专著成果有：蔡凌的《侗族聚居区的传统村落与建筑》（中国建筑工业出版社，2007 年），以侗族村寨的空间与形态为切入点，从建筑、村落到文化区域，分析住宅与文化变迁的关系、鼓楼的社会文化意义，并比较了南侗与北侗两个亚文化区的村寨空间特征有何差异性；赵晓梅的《中国活态乡土聚落的空间文化表达——以黔东南地区侗寨为例》（东南大学出版社，2014 年），侧重于建筑空间作为活态遗产保护价值角度，分析黔东南地区的侗寨聚落群建筑空间所表达的民族文化意蕴。聚落功能性空间保障日常生活需求，仪式性空间保障精神需求。聚落空间整体即文化空间，基于文化共识而感知与居住，承载着侗族千年来的民族生活与历史文化；赵巧艳的《空间实践与文化表征：侗族传统民居的象征人类学研究》（民族出版社，2014 年），借鉴象征人类学理论分析框架，对侗族传统民居空间格局、建造仪式、象征秩序、象征符号、观念意象诸层面，系统地阐释侗族传统民居背后的文化结构、思维模式和象征意义。

《大地之居：一个东方音乐民族的建筑艺术》（张泽忠著，漓江出版社 2019 年，以下简称《大地之居》），则进一步深化了侗族建筑文化之维的统合性研究，是侗学界在文化人类学理论观照下，弥补既有方法的局限，优化研究范式，在理论、方法、内容等方面都堪称推陈出新之标举性成果。

《大地之居》整体上把握住侗族环境、物质和非物质三大文明遗存形态的相互支撑与依存关系，挖掘潜藏于族群生命意识深处和观念意识世界的生态观、自然观、民族的生态理念，感受其生命系统观念模式特有的审美感知力；从侗族和谐共生“诗意栖居”的理念、追求及其实践智慧、分列于干栏建筑序列的空间造型方式、大歌的时间艺术化方式和生存环境的生成性方式三个区间，确立学术体认的有效路径；以丰富的田野图像、音频资料，打造视觉和听觉叙事文本，具象化地呈现鲜活至今的栖居模式、干栏建筑、单体与群体组序、建筑环境及大歌演唱艺术所蕴藏的深刻文化内涵。

《大地之居》在研究方法上，既遵循人类学、建筑学、艺术美学等学科研究的一般性法则，又注重吸纳新兴学科和交叉学科的前沿理论、方法。在对文化主位者的语言、概念、知识类别进行客观如实的记录、归纳和概括的前提下，将人类学知识谱系移置在后现代哲学和语言论哲学语境，对居所、鼓楼、廊桥、大歌等侗族建筑文化物、它们的价值意义，“居方之所”深层的栖居哲学、生态智慧，展开了系列形而上范式的探究。

作为第一批阅读者，除却上述对《大地之居》学术贡献的简略认知之外，令我感触最深刻或作为文化人类学本土研究最具有启示意义之处，还在以下三个方面。

其一，在地方性知识的研究领域，专业能力强而身体里流淌着民族血液的本土（本民族）学者也许更有身份优势。浓烈的民族生命情感与深沉的赤子情怀，能够更优化客位研究与主位研究之长处，以学术研究的客观真实挖掘出少数民族文化（地方性知识体系）的独特价值。如作者针对主流性的“农耕民族对审美对象仅注重内在美、简略形式美”的认知观点，论证侗族干栏建筑具有“内在美与形式美的统一”的原生性文化基因，属于人类文化遗产基因库的创造性元素；针对西方古典主义建筑学仅肯定石构建筑的伟大艺术，否认木构建筑的史书建筑意义，主张侗族鼓楼、廊桥的独特格局及其圣化品格，是“至今还在说话的鲜活生命”，能够纠正西方建筑史观念的狭隘与偏见；侗族干栏建筑承载着民族的原生性栖居基因编码、建筑的历史脉络与表征，影响、规范着侗族栖居文化的价值向度和文明程度，在全球化语境下由此而展开的系统性研究，将对客观认识民族文化的优势、提升文化自信力，推进传统文化传承创新并实现创造性转化，都具有积极意义。因此，《世界遗产公约》保护人类文化多元性和创造力的愿景实现，极需要所有少数民族族群的本土学者对于文化环保问题，持守文化自信的独立观点、看法，增强学术话语权。《大地之居》的出版，无形当中起到了示范、引领的作用。

其二，不忘初心、厚积薄发的治学态度，是产生一部真正意义的高质量学术产品的关键充要条件。在老一辈学者心目中的圭臬，近些年来却因着某些急功近利力量的遮蔽，导致粗制滥造的学术风气盛行，学术著作数量可观而比较有质量的成果并未同步增加。《大地之居》当属厚积薄发的精品，该著作虽然是2008 年国家社科基金西部项目“侗族建筑艺术‘创造性转化’研究”（批准号：08XMZ021）的最终结项成果，其情缘则始于作者 1983 年在程阳侗寨永济桥修复现场的考察、调查工作以及对小小一根“香竿”（侗语记音，民间木构建筑师的建筑设计图）竹片的迷恋；研究工作之发轫，是 1992 年《侗族民间建筑的审美信息》一文中的“侗族建筑审美风格”的问题意识及探索性观点；旷世经年，累积二十六个年头岁尾。靠着“敢于吃螃蟹”的执拗精神，一边行走黔湘桂三省的侗寨山乡，坚持田野调查收集案例材料；一面参悟前沿学科理论展开分析和探究，求解诸多问题的答案。完成《侗族风雨桥》《侗族文学与文化》（法文版）《诗意的生存——侗族生态文化审美论纲》《变迁与再地方化——广西三江独峒侗族“团寨”文化模式解析》《侗族古俗文化的生态存在论研究》等著述的同时，作者打磨了二十余年的“不忘初心”之作，终于瓜熟蒂落、付梓传存。

其三，与时俱进，创新学术成果的合力模式及传播表达方式、力度，方能拓宽成果价值的多元实现途径。

《大地之居》亦是张泽忠教授团队合作、强强联手协力完成的精品著作。该书的高清图片挑选自摄影家张清澍二十多年来所拍摄的数万张干栏居所建筑照片图库，尽管囿于篇幅之限，挂一漏万，仍然比较完美地配合表达了文字文本的思想要义和研究主题；尊重作者的学术严谨理念、求实、求美精神，专业的技术力量，从出版环节精心雕琢文字、图片、封面、扉页、版式、纸张诸要素，反复订正、修改及审校，使全书的文字、图片、视频表里通融，相互辉映；书中的视频制作，部分文字的英文翻译，则交给有专长的十多位学术同仁们襄助完成。之所以强调及认同这些不足挂齿的细节，不只是由此体现著作者对于学术良知的持守态度，还可以加深对人文学科研究工作团队合作意识重要性的认识。

《大地之居》著述主旨在阐释“天地—人—神—居所”的栖居哲学思想，侗族建筑、聚落的审美价值和文化品质与品格，以及在人类建筑艺术与建筑文化史之地位。更因其潜在的再生能力富含的创造性活力，而在人类文化基因库和多元文化生态系统中极具现实性生态价值。著述的出版，不唯象牙塔内小圈子的激扬文字，其重要贡献在于为现代化语境下亟待解决的民族地区文化遗产传承，生态文明资源的抢救和保护工程实施，创新性继承、弘扬干栏栖居传统的主体性精神等等，提供学术实证的依据，获得相应的话语权。因之，为实现《大地之居》的出版价值，扩大其学术思想在政府、民间的影响，在学术信息阐释方式和载体文本形式上，进行了有益的探索，应该是一种与时俱进的创新特色。当然，具体效果怎样，还有待书籍出版传播后的实际检验。特色之一，考虑读图时代浅阅读受众的阅读习惯及人文理解层次的差别，结构呈现图文的内容全书结构，“借用建筑语言，以文字叙事与图片叙事搭建几乎完全平行的两个块面空间，辅以星雨般的脚注，将全书图文连缀起来，以此解说全书的主旨。文字部分从理论维度解析侗寨居所建筑的格局模式选择和持守的诗意性品质和品格。图片叙事则以关键词加组图的方式，提拎出每一组图片所蕴含的人文意义。”栖居环境、建筑实体、象征隐喻、文化蕴涵、哲学意境、学术逻辑、理论概念，条分缕析，提供了迅速理解本书要义的便捷。特色之二，借助融媒体平台技术，将传统纸质书补充了“可听觉”的内容。为了充分说明侗乡自然、物质和非物质三种文明遗存形态生命整体的同一性，本书配置了 12 个侗族大歌视频，放置于现代纸书 RAYS 和喜马拉雅两个融媒体平台，读者扫描附载的微信二维码即刻免费观看。

身往之，心思之，力用之。《大地之居》倚重于作者经年累月长期积累下来的扎实田野调查资料，结合引用丰富的文献，经过透彻的分析、严谨的论证，书中所形成的主要观点、基本结论，公允、客观，多有令人信服的学术发现和创见，提供给后学深化精思的启发，乃至于构建了一处学术推进的现代驿站。所构建的以文字图像和视频为载体的传播媒介，让侗族文化的主人“知爱其土物，乃能爱其乡土，爱其本国”，从而达到唤起族群文化认同，自觉保护侗族栖居家园文化的目的。

《文化传播》稿约

一、约稿说明

《文化传播》由北京航空航天大学人文与社会科学高等研究院、文化与艺术传播研究院主办，以“文化思辨、创新涵育”为主旨，坚持思想性、文化性、学术性、实践性，分为“前沿视点”“经典与通识”“学术观察”“专题研讨”“高研论坛”“学园·书评”等栏目。主要收入文化传播与管理领域的学术成果、研究论文以及以梳理中西经典及文化传承为内容的专论、著述。尤为欢迎有新观点、新方法、新视角的稿件和立意新颖、议理考据、逻辑严密，能及时反映所研究领域最新成果的文章。

《文化传播》竭诚面向国内外专家、学者约稿，欢迎惠寄研究论文、专题著述或相关最新学术成果。编辑部将严格按照学术规范流程，对稿件实行匿名评审、择优录用。严禁一稿多投，自稿件寄出后两个月未接到本刊通知的，作者可自行处理。

来稿请寄：北京海淀区学院路 37 号北京航空航天大学人文与社会科学高等研究院《文化传播》编辑部（邮编：100191）；投稿邮箱：wenhuachuanbojikan@ 163. com

二、来稿体例规范

1. 一般来稿以 10000 字为限（包括注释和参考文献），特殊稿件可增至15000字，学术动态综述以3000～4000字为限。

2. 来稿必须遵循国际公认的学术规范，引文注释必须清楚准确，论述言之有据，论证逻辑全文一致。来稿应特别注意专业术语的规范性。在专业术语的使用上，特殊术语应给出明确界定，或注明出处，如属翻译术语请用圆括号附原文。

3. 来稿中出现外国人名时，一律按商务印书馆出版的《英文姓名译名手册》翻译，并在第一次出现时用圆括号附原文，以后出现时不再附原文。

4. 来稿一律不退，请自留底稿。

5. 本书编辑对稿件有修改和删改权，如不同意请注明。

6. 来稿请自备副本，原稿概不退回。

7. 来稿文责由作者自负，来稿必须未经正式出版。

8. 被本集刊选中出版的稿件，著作权属于作者本人，版权属于《文化传播》集刊。

9. 来稿要求以中文写作，来稿应包括中英文标题、中英文摘要、中英文关键词。

10. 文章第一页以脚注的形式标注文章说明和作者简介，文章说明在前，作者简介在后。作者简介包括姓名、单位、职务职称、邮箱地址。

11. 稿件正文内各级标题按“一”、“（一）”、“1.”、“（1）”的层次设置，其中“1.”以下（不包括“1.”）层次标题不单占行，与正文连排。

12. 各类表、图等，均分别用阿拉伯数字连续编号，后加冒号并注明图、表名称；图编号及名称置于图下端，表编号及名称置于表上端。图片需注明出处，如“数据来源：2003年统计年鉴、2008年统计年报”。使用他人图片需提供授权。

13. 获得基金资助的文章，应依次注明基金项目来源、名称、项目编号等基本要素。

14. 本刊加入网络系统，如有不加入网络版者，请在来稿时注明，否则视为默许。

15. 为保护著作权、版权，投稿本集刊的文章如有征引他人著作，必须注明出处。应包括：作者/编者/译者、出版年份、书名/论文题目、出版地、出版者，如是对原文直接引用则必须注明页码。

16. 行文中，外国人名第一次出现时，请用圆括号附原文，文章中再次出现时则不再附原文。在英文参考文献中，外国人名一律姓氏在前，名字以缩写随后，以逗号分隔。

如：Mary Richmond 应写为：Richmond，M.

17. 中国人的外文作品，除按外文规范注明外，在文末应在其所属外文姓名之后以圆括号附准确的中文姓名，如无法确认中文姓名则不在此列。

18. 外国人名、地名的翻译以商务印书馆 1983 年出版的《英语姓名译名书册》和《外国地名译名书册》为标准。

凡投稿者即视为同意上述约定。

北京航空航天大学人文与社会科学高等研究院

文化与艺术传播研究院

《文化传播》编辑委员会

Table of Contents & Abstracts

Cultural Identity Confidence and the Urgency of Cultural Output

Abstract: Contemporary China needs to take the rise of culture as its sustainable development force, establish China's "cultural confidence" in the rise of great powers, stress the importance of the reconstruction of China's "cultural identity position", enhance the soft power of culture, set up the strategy of "cultural output", and push on the cultural mission of "re-sinicization" of cultural confidence.

Keywords: Rise of great powers; Cultural identity; Cultural confidence; Cultural output

Discussion on the Form of Chinese New Poetry

Abstract: This paper analyzes and discusses the formation and development of Chinese new poetry from the following aspects: the aesthetic research on the form of new poetry, the principle of adhering to the norms of new poetry's form and the diverse applications of the poetry style, the aesthetic discussion over the new style of the poetry, and the consensus about forming the unified style of poetry in this circle.

Keywords: New poetry; Poetry style; Standardizations; Diversity; Aesthetic discussion

How can We Talk with this Era: Value Dissemination Methods in the Era of Digital Media

Abstract: In today's era, we face with many great changes of multiple relationships, such as the sequence of learning, the sequence of time, the sequence of space, the sequence of supply & demand, and the sequence of selection. Doing a good job in corporate culture and propaganda is essentially the dissemination of values, concepts and beliefs. The main premise is to learn to talk with this rapidly changing era, learn to effectively communicate with others, and enhance the dissemination value in the era of digital media.

Keywords: Digital media era; Corporate culture; Dissemination methods; Value

The Formation and Development of Chinese Multi Culture from the Perspective of the Silk Road

Abstract: It is wise and far-sighted to mention the Silk Road again. At the same time of economic exchange and development, we must attach equal importance to the cultural exchange role of the Silk Road. Looking back to the history of the Silk Road, we might appreciate its important role in the formation and development of Chinese culture. In today's fierce competition of various cultural forms in the world, China's ancient excellent traditional culture must develop in the communication and integration with various civilizations. The history of various countries at home and abroad shows that an excellent nation or country should treat the foreign cultures with a broad mind. In the 5000 year history of civilization, China had not interrupted the communication with foreign civilizations in almost every period. Therefore, Chinese traditional culture can form its unique cultural form with the characteristics of the time in every period of communication with foreign cultures.

Keywords: Silk Road; Cultural exchange; Western regions

The Reading Range of Calligraphers and the Ideological Depth of Calligraphy Works

Zhang Ruitian / 48

Abstract: What kind of dictions to write is a considerable problem for calligraphers. The choice of dictions embodies the calligrapher's cultural accomplishment and classical literature mastery. After all, calligraphy is a comprehensive art, lacking literary links, that is, incomplete, will also cripple the ideological depth of calligraphy works.

Keywords: Calligraphy creation; Diction selection; Artistic accomplishment; Aesthetic interest

An Important Part in Tang and Song Dynasty Ancient Prose Movement: Tu Mu's Prose Writing and His Influence

Abstract: Tu Mu's creation on ancient prose is an important part of the whole movement of ancient prose in Tang and Song Dynasty. His creation inherits from *Tso Chuan*, *Shiji*, *Hanshu*, Han Yu, Liu Zongyuan and Tang legend, and then opens the creation of ancient prose and Fu in Song Dynasty. Tu Mu further enriched and perfected the narration, scenery and lyric of ancient prose, which greatly enhanced the vitality of ancient prose creation. What's more, such influence also permeated into parallel prose creation. At the same time, Tu Mu made Fu develop towards the direction of ancient prose, and created the combination of ancient prose and parallel prose. His Fu *On the Ah Fang Palace* made the final formation of Wen Fu and influenced til Song Dynasty. For example, Ouyang Xiu's *Ode to the Sound of Autumn*, Su Shi's *Boating at the Red Cliff* were all influenced by it, both of which were famous Fu in the Song Dynasty.

Keyword: Tu Mu; Ancient prose; Ancient prose in Tang and Song Dynasty; Put ancient prose into parallel prose; Fu with prose characteristics

The Order Between Heaven and Human Beings: *The Book of Songs* and the Sacrifice Tradition of Zhou Dynasty

Abstract: The rulers of Zhou combined sacrifice rites with ritual music system to form a more complete sacrifice system to pray for good fortunes and educate the people. *The Book of Songs*, a social encyclopedia of Zhou Dynasty, records many sacrifice activities of Zhou's people. This paper attempts to explore the details of sacrifice rites of Zhou's people recorded in *The Book of Songs*, including the sacrifice activities, music and dance used in sacrifice rites, sacrifice objects, etc.. On the basis of hierarchical system and the social functions of sacrifice rites of Zhou Dynasty, this paper reveals the sacrifice tradition of the worship to the heaven and law established by Zhou people

Keywords: *The Book of Songs*; Zhou Dynasty; Sacrifice rites; Rites and music; Sincerity and Respect; Order

The Enlightenment of Confucius' Life-long Education "Landscape"

Wang Yanji / 101

Abstract: The life-long education thought appeared in 60s of last century has become an ideological trend, which radically changed the way we study and made an epochal improvement in education. However, contained within the apparent success is also a lurking threat. This paper attempts to elaborate on the essence of Confucius' education thoughts by discussing his life-long education "landscape", which can be helpful for improving the modern life-long education idea and education system.

Keywords: Confucius; Life-long education; "Landscape"; Enjoying-learning stature

Xunzi's Consciousness in Mind and Cultivation Methods: Zhu Xi's Explanation to Xunzi's Theory of Mind and Nature

Li Lizhu / 111

Abstract: When Xunzi mentions Xing (nature), he means emotional desires, which cannot supply a moral foundation for being a good man. When he mentions Xin (mind), he admits inborn capacity of knowing and activating belongs to mind. Zhu Xi criticizes Xunzi's theory of human nature itself being bad, however appreciates Xunzi's theory of mind's consciousness. Although Xunzi's mind cannot bulid a moral subjectivity for human beings, it shows the knowledge part which traditional Confucianism sometimes ignores. The cultivation methods of Confucianism should include moral and knowledge. The latter is exactly what Xunzi's mind shows.

Keywords: Xunzi; Zhu Xi; Mind's consciousness; Cultivation methods

The Leadership Art of Duke Huan of Qi and the Rise and Fall about His Hegemony

Zhang Xiaofeng / 120

Abstract: Duke Huan of Qi was the most powerful among "the five overlords during the Spring and Autumn Period" . He was not perfect, but he could finally achieve his hegemony. "Alliance the princes many times and restoring peace to the country", what he did become a model for later generations to admire and praise. There were many factors for Duke Huan of Qi's achievements, and his brilliant leadership art is undoubtedly the most important one. Duke Huan of Qi's boldly appointment, wise identification, sparing no efforts to select talents, trusting and treasuring talents, not only helped him gathered a large number of outstanding talents under his command, such as Guan Zhong, Ning Qi, Xi Peng, Bao Shuya, but also made all counselors able to apply the talents to their positions, thus his country become stronger, his people become richer, and he also achieved a great career. However, in his later years, the Duke Huan of Qi made great mistakes in selecting counselors. He appointed villains, which led to the destruction of the country, and left him the laughingstock in the world. The influence of Duke Huan of Qi's leadership on his hegemony had lefting deep enlightenment for later generations.

Keywords: Duke Huan of Qi; Art of leadership; Rise and fall of hegemony

The Problems and Countermeasures of the Public Cultural Service of Capital University Museums

Cai Jinsong, *Zhang Pubiao*, *Liu Jianxin* / 133

Abstract: University museum is one of the important institutions of public cultural service. Providing public service to the society is their essential attribute and important function. In recent years, people pay more and more attention to the development of university museums, and the construction of university museums is entering a new stage of development. Especially in Beijing, where universities gather and higher education resources are very rich. There are many museums in universities, whose construction and development status are relatively leading in our country. Constantly improving the capacity and level of public cultural service of the capital university museums is not only the urgent demand of the construction and development of the university museum itself, but also the inevitable demand of the capital universities to carry out the mission of cultural inheritance and innovation, social service and integrate into the construction of the national cultural center. However, it should be noted that the construction of the capital university museums have made outstanding achievements, while there are still many deficiencies in museums' opening, serving the public, cultural education and cultural communication. We need to explore a more reasonable and effective development mechanism, provide public cultural services to the public in a higher quality and greater extent, so that capital university museums can play a leading and exemplary role in accelerating the construction of the national cultural center and improve the level of public cultural service.

Keywords: National cultural center; Capital university nuseums; Public cultural service

Food Museum: Types, Cases and Expansion

Abstract: As a cultural phenomenon combining catering culture, intangible cultural heritage and professional museum, food museum integrates catering and culture, catering and intangible cultural heritage, catering and enterprise, catering and material culture exhibition, merges many opposite categories together, and becomes a new way to spread catering culture. Rooted in the problem awareness of "type generalization-typical case-evolution trend" of the catering museum, the food museum can be divided into six main types by using four methods like on-the-spot investigation, literature tracking, case analysis and ethnography recording. This paper makes a detailed case analysis of the Kairui Yuxiandu Royal Cuisine Museum and Erguotou Museum in Beijing. Based on the discussion of "type four" museum, this paper holds that this type of museum is the best specimen and test ground to fulfill the productive protection of intangible cultural heritage, and foresees that it will become an important trend of museum. The research concludes that: The food museums should define themselves as a "museum", which is insurmountable; The six types of food museums have their own internal operation logic; Food museums should be closely combined with inheritors of intangible cultural heritage, which is conducive to the work of inheritors and protectors.

Keywords: Food museum; Intangible cultural heritage; Productive protection; Inheritor; Cultural space

Animal Ethics in TV Program Expression: Conflict and Balance

Yang Yang / 160

Abstract: Animal theme has entered television expression, which has aroused our attention to animal ethics. On the one hand, animal-themed TV programs have promoted the understanding and awareness of animals, and aroused the enthusiasm for animals and environmental issues; on the other hand, there still exist three paradoxes in making animal-themed TV programs: the deviation from the theme and expression, the conflict between science and entertainment, and the contradiction between commercial interests and public welfare. This paper takes animal-themed programs as the research object, analyzes the reasons why some TV animal programs ignored the ethical issues, with a view to exploring a rational channel for animal ethical expression in media public spaces, so as to balance public issues and media development.

Keywords: TV expressions; TV programs; Animal protection; Animal ethics; Media ethics

The Development of IP Theory and Its Practice inTourism Characteristic Towns

Xiao Yueqiang, *Hu Xuefei*, *Li Linqiang* / 169

Abstract: China's tourism industry is experiencing the fourth revolution in which the increasing differentiation of consumers and their demand for high-quality tourism products promotes the tourism industry to vigorously carry out the supply-side structure reform. The integration of IP into the process of tourism transformation and upgrading is becoming a new engine and new momentum of tourism development. Starting from the connotation of IP, this paper analyzes the inevitability of cultural tourism IP in the transformation and upgrading of tourism industry, and excavates the dynamic mechanism and significance of its formation. Then it probes into the development of the basic theory of IP from four aspects: the Core Competitiveness Theory of Enterprises, the Resource-niche Theory, the Brand Community Theory and the Consumer Stickiness Theory, which helps to analyze and form the theoretical texture of IP. In addition, based on the theoretical support and building concept of IP, this paper suggests the practical path of IP in tourism characteristic town, which is divided into two categories: self creation and cooperation.

Keywords: IP; Tourism characteristic towns; Formation mechanism; Practical path

Conservatism Literary Theory in A Radical Era: A Study of Liang Shih-chiu's Classicalism Literary Thoughts

Abstract: Liang Shih-chiu's literary theory movement happened in an era when Chinese contemporary literature and literary thoughts were becoming increasingly radical. As a man deeply influenced by neo-humanism, he tried to construct and advocate classicalism literary theory by explaining the common points in humanity, the eternal truth, reason, etc. , and offer a different possibility for the literature development in this era. Comparing to the various literary thoughts at that time, the classicalism literary thought advocated by Liang Shih-chiu was undoubtedly conservative, and also suffered fierce critiques due to its gap with the era.

Keywords: Radical era; Conservatism; Liang Shih-chiu; Classicalism

The Songs' Variation in Modern China and the Change of Social Thoughts

Kang Huifang / 199

Abstract: As a kind of social awareness and popular daily aesthetic activity, songs have been closely related to social life through the ages. Songs, no matter what time, are the artistic portrayal and reflection of the era in society, politic, economic, culture, military and so on, and they varies with the changes of social and political thoughts. In the great changes of modern society from the year 1840 to 1949, songs often promoted the changes in social and political thoughts by establishing a musical and cultural mode close to people and life, and finally had an impact on society and politics. "Songs' variation", as an important perspective of studying the changes of social thoughts in modern China, has unique significances and values.

Keywords: Modern China; Songs' variation; Changes of social thoughts

Rashomon: The Novel to the Film

Han Lianqing / 213

Abstract: The Japanese novelist Ryunosuke Akutagawa is good at getting materials from the classical work *Konjakumonogatarisyu Collectio* and rewriting them with modern techniques, such *Rashomon* and *The Nose*. His works were firstly translated into Chinese by Lu Xun, whom was also influenced by those novels. *Rashomon* is the most famous novel of Ryunosuke because Japanese director Kurosawa Akira adapted it into a film. The scriptwriter of *Rashomon* is Hashimoto

Shinobu who is expert in sitting up suspense. The main line of the film is often composed of different narratives about the same event by different characters. Kurosawa not only shows his composition ability as a painter, but also goes back to the origin of a film and explores the movement nature of films.

Keywords: *Rashomon*; Kurosawa Akira; Ryunosuke Akutagawa; Hashimoto Shinobu; *Konjakumonogatarisyu Collectio*

The Friendship Between Scholars: Luo Zongqiang's Letters to Fu Xuancong

Abstract: This paper starts with a letter written by a famous scholar, Mr. Luo Zongqiang, to Mr. Fu Xuancong. From a special perspective, it presents the friendship between two academic leaders, just like the the story of Guan Zhong and Bao Shuya, which can be regarded as a model in contemporary academic circles.

Keywords: Luo Zongqiang; Fu Xuancong; Letters; Academic contact

Social System Theory of Law and the Transformation of Legal System in China

Abstraction: Modern jurisprudence was founded by Friedrich Carl von Savigny (German Tradition) and John Austin (Anglo-Saxon Tradition), in which legal positivism is the main stream. Through the limit of the jurisprudence and the separation thesis between law and moral, modern jurisprudence wins its autonomy. The most fundamental and important question of modern jurisprudence is: what is the law? All the other problems are serve to analyze and answer this question. The social system theory of law uses the theoretical tools and methods from Niklas Luhmann's Social System Theory, systematically answers this question, and forms a complete and systematic exposition, which has a significance for updating the paradigm of modern jurisprudence. The book *Selbst-reflection of the Legal System—The Jurisprudence in the Functional Differentiation Society* analyzes the legal transformation of China in the level of jurisprudence, and it can be seen as a very important try of the localization of system theory of law.

Keywords: Modern jurisprudence; Social system theory of law; Functional differentiation; Self-reflection; Legal transformation

Integrated Studies on Tung Nationality's Architectural Culture: Reading *House on the Earth*: *The Architectural Art of an Oriental Musical Nationality*

Liao Junxiang / 249

Abstraction: *House on the Earth*: *The Architectural Art of an Oriental Musical Nationality* further deepens the integrated research on the architectural culture of Tung nationality. This book makes up the limitations in existing methods and optimize the research paradigm under the guidance of cultural anthropology theory. It is an exemplary achievement in theory, method, content and other aspects for the Tung nationality's academic community.

Keywords: *House on the Earth*; Tung nationality; Architectural culture; Research findings